应用型本科经管类"十三五"规划教材（第二批）

宏观经济学

HONGGUAN JINGJIXUE

主编 郭 明 杨慧菊

·广州·

图书在版编目（CIP）数据

宏观经济学/郭明，杨慧菊主编. —广州：华南理工大学出版社，2016.1
应用型本科经管类"十三五"规划教材. 第二批
ISBN 978-7-5623-4818-4

Ⅰ.①宏… Ⅱ.①郭… ②杨… Ⅲ.①宏观经济学－高等学校－教材 Ⅳ.①F015

中国版本图书馆CIP数据核字（2016）第010968号

宏观经济学

郭明　杨慧菊　主编

出 版 人：	卢家明
出版发行：	华南理工大学出版社
	（广州五山华南理工大学17号楼，邮编510640）
	http：//www.scutpress.com.cn　　E-mail：scutc13@scut.edu.cn
	营销部电话：020-87113487　87111048（传真）
总 策 划：	毛润政
执行策划：	王柳婵
责任编辑：	孙罗欣　朱彩翮
印 刷 者：	广州市穗彩印务有限公司
开　　本：	787mm×1092mm　1/16　印张：14　字数：320千
版　　次：	2016年1月第1版　2016年1月第1次印刷
印　　数：	1～3 000册
定　　价：	31.00元

版权所有　盗版必究　印装差错　负责调换

应用型本科经管类"十三五"规划教材（第二批）

编写委员会

主　　任： 黄培伦（华南理工大学广州学院管理学院）

副主任： 田　艳（北京理工大学珠海学院商学院）

　　　　　翟晓燕（广东外语外贸大学南国商学院国际管理学院）

　　　　　查俊峰（广州大学华软软件学院管理系）

　　　　　任俊生（广东培正学院管理学院）

秘书长： 毛润政（华南理工大学出版社）

编　　委： 刘飞燕（华南理工大学广州学院管理学院）

　　　　　李庚寅（广东外语外贸大学南国商学院国际经济与金融学院）

　　　　　吕秉梅（广州大学松田学院经济学系）

　　　　　郭松克（广州大学松田学院管理学系）

　　　　　李季霞（广东工业大学华立学院管理学部）

　　　　　张丽宏（广东工业大学华立学院会计学部）

　　　　　吕建军（广东培正学院经济学系）

　　　　　王家兰（华南农业大学珠江学院财政会计系）

　　　　　王　坤（北京理工大学珠海学院商学院）

　　　　　董　平（北京理工大学珠海学院商学院）

　　　　　单志红（广东工业大学华立学院会计学部）

　　　　　方计国（广东培正学院管理学院）

　　　　　管妙娴（广州大学松田学院管理学系）

　　　　　李红娟（华南农业大学珠江学院财政会计系）

　　　　　张　鹏（广州大学华软软件学院管理系）

总 序

  2015 年 1 月 10 日，由广东应用型本科院校经管教学协作会（华南理工大学广州学院为会长单位）与华南理工大学出版社联合举办的"应用型本科经管类'十三五'规划教材出版研讨会暨广东应用型本科院校精品课教研室主任会议"在华南理工大学出版社隆重召开，研讨会围绕"建设精品课程、打造精品教材"的主题，就此搭建一个应用型本科院校经管类教师的交流平台；以"精品教材"为标杆，着眼于"十三五"规划，推出成系列的应用型本科经管类教学的优质教材。

  （1）搭建应用型本科院校经管类教师交流的平台。将每年举办专业建设、课程教学等专题性的研讨交流活动，可进行交流学科与专业发展的探索；评选年度标杆学校和特色专业，提升应用型学校办学水平，促进教学协作；开展"三个一"（一门课、一堂课、一片段）的精品课程教学汇报和观摩，切磋教学技艺，分享教学经验，设立教学奖项，让年轻的教师更好、更快地成长起来。

  （2）推出成系列的应用型本科经管类优质教材。以"精品教材"为标杆，着眼于未来，在"十二五"规划的基础上，推陈出新、继往开来。以"和的最优"为理念，着眼于"协同加集成"，协同创新、集成优势；教师也要改变单兵作战的方式，寻找合作伙伴，实现优势互补。合作让人更精彩，更能创造出值得世人期待的精品。

  （3）面向应用型本科院校。大学教育有研究型、应用型、技能型之分，应用型本科是大学本科教育的主流。面向先进制造业、现代服务业和信息化社会，须致力于培养高素质的应用型本科经管类专业人才：一是"有人品"（思想品德与心理素质），二是"有理论"（理论功底与学习能力），三是"有专长"（基于通经管、懂技术、会外语，进而形成专长）。

  （4）注重理论及其应用。这是应用型本科的显著特征，有别于研究型的学术导向，也有别于技能型的技能导向。管理是行为方式，说到底是思维方式。所谓"思路决定出路"，没有理论思维作为指导，不可能实现真正的管理现代化。面向应用型本科的在校生，教学的目标与方式将不再满足于长篇大论式的"说与记"，更期待在互动和开放的环境中"学与习"。

  （5）编写出适用于经管类专业的好教材。专业的基础在课程，课程的基础在

教材。一是"小课堂、大课本",为课程提供教学的依据,更提供课外阅读材料,以支撑和弥补课堂讲授之不足;二是"教师易教,学生易学",课程教学以教材为本,课外阅读以教材为要;三是"串讲专题,学以致用",关注理论的思维路径,突出理论的应用导向;四是"喜闻乐见,别开生面",以各章栏目设置为例(学习目标、引例、文字、图表、专栏(链接)、本章小结(要点回放)、关键术语、习题、案例等),另可配合提供教学支持(教学博客、专供教师用的教案PPT以及教学网站等);五是"兼容并包,一书多用",既可用作应用型本科生的教学用书,也可作为各行业从业人员管理培训和自学提高之用。

韩愈《师说》:"师者,所以传道授业解惑也。"旧说新解,教学的主要目的,就在于人格开发(非智能因素:EQ)、专业开发(专业意识和技能)、智能开发(知识和能力:IQ)。"师傅引进门,修行在个人",最重要的是让学生学会学习,养成好习惯,掌握好方法,奠定立身处世之本。

创新在于借鉴和改进。没有借鉴的改进是乱来,没有改进的借鉴是抄袭。"纸上得来终觉浅,绝知此事要躬行",陆游的这一诗句,道破了知与行的真谛。管理理论源于实践而又应用于实践,是"致用"之学,管理之道在于"行"。世界上的事,想到的未必都能做到,想不到的一定做不到。想得好才能做得好,首先要有好的想法;想到更要做到,坐言起行,身体力行!

是为总序。

黄培伦
2015 - 06 - 28

(黄培伦简介:教授、博士生导师,华南理工大学广州学院管理学院院长,历任华南理工大学工商管理学院副院长、电子商务学院副院长、华南管理案例研究中心主任、广东省人力资源管理协会副会长、广东省政府发展研究中心特约研究员等,兼任广东省本科高校专业教学指导委员会委员、广东省企业管理现代化创新成果评审委员会委员暨专家组负责人等。)

前　言

宏观经济学是高校经济管理类相关专业的专业基础课，本门课程的学习对后续课程的学习非常关键。现在宏观经济学方面的教材市场上已经有很多，但是许多教材书中所用案例主要都是国外的，由于学生对国外经济案例缺乏足够了解导致理解有一定困难，本书试图将宏观经济学中的案例尽可能中国化，这样有助于学生进一步理解宏观经济学的基本原理及分析方法，同时尽量将宏观经济学知识与现实生活紧密联系起来，以便让学生能实实在在地感受到宏观经济学在现实生活中的实用性。为增强阅读性，本书在编写中引用了大量相关阅读材料和案例，需要注意的是，书中引用的阅读材料及相关文章仅作为宏观经济学分析问题的例子引用，所引用材料及文章的观点仅供参考，但不代表编者完全赞同其观点，只是提供多种分析思路以便读者甄别。

参加本书编写的是从事应用型本科西方经济学教学工作的一线教师，对应用型本科的专业培养目标和应用型本科的学生有着广泛的接触和深入的了解。本书力求更加适合应用型本科学生学习的实际需要，为培养应用型实用人才做出贡献。本书具体编写分工情况如下：第1、4、5、8、9章由郭明编写，第2章由谷雯、杨慧菊编写，第3章由苏志鹏、吴壁鸿编写，第6章由陈雪、卢泽回编写，第7章由杨慧菊编写。本书由郭明、杨慧菊任主编，主编提出编写的指导思想和编写大纲，负责全书的审定、修改、总纂和定稿工作。为了突出本书的特色，审核统稿时对全书各章节做了相应的补充完善，主要增加了阅读材料、案例和相关的网络资源等。

非常感谢华南理工大学出版社及其编辑对本书出版的大力支持，非常感谢广州大学华软软件学院及国际经贸系的大力支持。本书在编写过程中参考了大量国内外流行的同类教科书和论著，以及相关网站、相关文献和资料，在此一并表示感谢。

由于编者学识水平有限，本书肯定存在不足和疏漏之处，敬请专家、学者及广大读者批评指正，以便将来进一步完善提高。

编　者

2015年12月

目 录

第1章 导 论 ... 1
1.1 宏观经济学的研究内容 ... 4
1.1.1 宏观经济学与微观经济学 ... 4
1.1.2 宏观经济学研究的基本问题 ... 5
1.2 宏观经济学的研究方法 ... 7
1.3 宏观经济学的产生和发展 ... 9
1.4 宏观经济学中的基本经济概念 ... 13
本章小结 ... 15
练习题 ... 16

第2章 国民收入核算理论 ... 21
2.1 国内生产总值 ... 23
2.2 国民收入核算方法 ... 25
2.2.1 用生产法核算 GDP ... 25
2.2.2 用支出法核算 GDP ... 26
2.2.3 用收入法核算 GDP ... 28
2.2.4 国民收入核算的其他指标 ... 30
2.2.5 关于国民收入核算的几点说明 ... 32
2.3 宏观经济循环模型 ... 38
2.3.1 两部门经济的收入流量循环模型 ... 39
2.3.2 三部门经济的收入流量循环 ... 41
2.3.3 四部门经济的收入流量循环 ... 42
本章小结 ... 43
练习题 ... 43

第3章 简单国民收入决定理论 ... 50
3.1 消费、储蓄和投资 ... 52
3.1.1 消费函数 ... 54
3.1.2 储蓄函数 ... 57
3.1.3 投资函数 ... 60
3.2 简单的国民收入决定理论 ... 62
3.2.1 简单国民收入决定理论的基本假设 ... 62

3.2.2　均衡国民收入（均衡产出）的概念 …………………………………… 62
　　3.2.3　简单的国民收入决定模型 …………………………………………… 64
　　3.2.4　乘数论 ………………………………………………………………… 66
本章小结 ……………………………………………………………………………… 68
练习题 ………………………………………………………………………………… 68

第4章　产品市场与货币市场的一般均衡 ………………………………………… 74
4.1　IS 曲线 ………………………………………………………………………… 75
4.2　LM 曲线 ……………………………………………………………………… 77
　　4.2.1　货币市场中的货币需求 ……………………………………………… 77
　　4.2.2　货币市场中的货币供给 ……………………………………………… 80
　　4.2.3　均衡利率的决定 ……………………………………………………… 82
　　4.2.4　LM 曲线及推导 ……………………………………………………… 83
　　4.2.5　LM 曲线的三个区域 ………………………………………………… 84
4.3　IS－LM 模型 ………………………………………………………………… 85
　　4.3.1　产品市场和货币市场同时均衡的形成 ……………………………… 85
　　4.3.2　IS 和 LM 曲线的移动 ………………………………………………… 86
本章小结 ……………………………………………………………………………… 89
练习题 ………………………………………………………………………………… 90

第5章　总需求与总供给模型 ……………………………………………………… 94
5.1　总需求 ………………………………………………………………………… 94
　　5.1.1　总需求概述 …………………………………………………………… 94
　　5.1.2　总需求函数与总需求曲线的推导 …………………………………… 95
　　5.1.3　IS 曲线和 LM 曲线移动对总需求曲线的影响 ……………………… 96
5.2　总供给 ………………………………………………………………………… 97
5.3　AD－AS 模型 ………………………………………………………………… 99
本章小结 ……………………………………………………………………………… 101
练习题 ………………………………………………………………………………… 101

第6章　失业与通货膨胀 …………………………………………………………… 106
6.1　失业理论 ……………………………………………………………………… 107
　　6.1.1　失业的定义 …………………………………………………………… 107
　　6.1.2　失业指标体系 ………………………………………………………… 107
　　6.1.3　失业的种类 …………………………………………………………… 108
　　6.1.4　充分就业和自然失业率 ……………………………………………… 112
　　6.1.5　失业的影响 …………………………………………………………… 112

6.2 通货膨胀 ··· 113
  6.2.1 通货膨胀的定义及种类 ··· 113
  6.2.2 通货膨胀产生的原因 ··· 115
  6.2.3 通货膨胀的持续 ··· 117
  6.2.4 通货膨胀的预期 ··· 117
  6.2.5 通货膨胀的经济效应 ··· 117
  6.2.6 治理通货膨胀的对策 ··· 119
6.3 失业与通货膨胀的关系 ··· 120
  6.3.1 凯恩斯对失业与通货膨胀之间关系的观点 ······························· 120
  6.3.2 菲利普斯曲线 ··· 120
本章小结 ··· 122
练习题 ··· 122

第7章 宏观经济政策 ··· 125
7.1 宏观经济政策目标 ··· 126
  7.1.1 宏观经济政策目标 ··· 126
  7.1.2 宏观经济政策工具 ··· 130
7.2 财政政策 ··· 131
  7.2.1 财政政策的概念 ··· 131
  7.2.2 财政政策的工具 ··· 131
  7.2.3 财政政策的种类 ··· 133
  7.2.4 自动稳定器 ··· 134
7.3 货币政策 ··· 134
  7.3.1 中央银行 ··· 135
  7.3.2 存款创造 ··· 140
  7.3.3 货币政策及其工具 ··· 142
  7.3.4 货币政策的种类 ··· 149
  7.3.4 货币政策的局限性 ··· 151
7.4 财政政策和货币政策的搭配使用 ··· 153
本章小结 ··· 153
练习题 ··· 154

第8章 经济周期与经济增长 ··· 158
8.1 经济周期理论 ··· 159
  8.1.1 经济周期的含义与阶段 ··· 160
  8.1.2 经济周期的类型 ··· 160
  8.1.3 经济波动的原因 ··· 160

8.1.4　创新引起的经济波动 ·· 162
8.2　经济增长理论 ·· 163
　　8.2.1　经济增长的含义和特征 ·· 163
　　8.2.2　经济增长的源泉 ·· 164
　　8.2.3　经济增长率的分解 ·· 167
　　8.2.4　哈罗德—多马模型 ·· 168
　　8.2.5　新古典经济增长模型 ·· 172
本章小结 ··· 177
练习题 ··· 178

第9章　开放经济理论 ··· 180

9.1　开放经济的基本知识 ··· 182
　　9.1.1　经济开放程度的衡量与决定开放的因素 ························ 182
　　9.1.2　当代国际贸易发展的几大趋势及国际贸易理论 ················ 182
　　9.1.3　国际收支及其均衡 ·· 189
　　9.1.4　汇率及汇率制度 ·· 192
9.2　开放经济中的国民收入均衡 ··· 201
　　9.2.1　开放经济中的总需求与国民收入的决定 ························ 201
　　9.2.2　开放经济中国民收入均衡的变动 ································ 201
9.3　开放经济中的国民收入调节 ··· 203
　　9.3.1　开放经济中各国经济的相互依赖性 ····························· 203
　　9.3.2　内在均衡与外在均衡同时实现的困难 ··························· 204
　　9.3.3　最优政策的选择与配合 ·· 205
　　9.3.4　对外经济政策 ··· 206
本章小结 ··· 207
练习题 ··· 208

参考文献 ··· 210

第1章 导 论

【教学提示】

导论部分对宏观经济学的研究内容及体系、宏观经济学的研究方法、产生和发展的历史等基本问题进行提要性介绍,从而对宏观经济学有一个初步的了解和认识。

【教学目的】

通过本章的学习,你应该能够:
- 了解宏观经济学的产生和发展历程;
- 掌握宏观经济学的主要研究内容;
- 熟悉宏观经济学的研究方法;
- 理解宏观经济学和微观经济学的区别和联系。

【阅读材料 1-1】

统计局:2015 年三季度 GDP 同比增长 6.9%

2015 年前三季度,面对世界经济复苏不及预期和国内经济下行压力加大的困难局面,党中央、国务院立足国内、国际两个大局,科学统筹稳增长、促改革、调结构、惠民生、防风险,实施有效的区间调控、定向调控、相机调控,进一步深化改革开放,大力推进大众创业、万众创新,积极增加公共产品和服务供给,经济运行总体平稳,呈现稳中有进、稳中向好的发展态势。

初步核算,前三季度国内生产总值 487 774 亿元,按可比价格计算,同比增长 6.9%。分季度看,一季度同比增长 7.0%,二季度增长 7.0%,三季度增长 6.9%。分产业看,第一产业增加值 39 195 亿元,同比增长 3.8%;第二产业增加值 197 799 亿元,增长 6.0%;第三产业增加值 250 779 亿元,增长 8.4%。从环比看,三季度国内生产总值增长 1.8%。

一、农业生产形势较好

全国夏粮总产量 14 107 万吨,比上年增加 447 万吨,增长 3.3%;早稻总产量 3 369 万吨,比上年减产 32 万吨,下降 0.9%;秋粮有望再获丰收。前三季度,猪牛羊禽肉产量 5 896 万吨,同比下降 1.3%,其中猪肉产量 3 828 万吨,下降 3.6%。

二、工业生产缓中趋稳

前三季度,全国规模以上工业增加值按可比价格计算同比增长 6.2%,增速比上半年回落 0.1 个百分点。分经济类型看,国有控股企业增加值同比增长 1.3%,集体企业增长 1.7%,股份制企业增长 7.5%,外商及港澳台商投资企业增长 3.5%。分三大门类看,采矿业增加值同比增长 3.3%,制造业增长 7.0%,电力、热力、燃气及水生产和供应业增长1.7%。分产品看，565种产品中有288种产品产量同比增长。前三季度，规模以上工业企业产销率达到97.5%。规模以上工业企业实现出口交货值86 187亿元，同比下降1.1%。9月份，规模以上工业增加值同比增长5.7%，环比增长0.38%。

1～8月份，全国规模以上工业企业实现利润37 663亿元，同比下降1.9%。规模以上工业企业每百元主营业务收入中的成本为86.13元，主营业务收入利润率为5.38%。

三、固定资产投资增速回落

前三季度，固定资产投资（不含农户）394 531亿元，同比名义增长10.3%（扣除价格因素实际增长12.0%），增速比上半年回落1.1个百分点。其中，国有控股投资125 201亿元，增长11.4%；民间投资255 614亿元，增长10.4%，占全部投资的比重为64.8%。分产业看，第一产业投资11 007亿元，同比增长27.4%；第二产业投资162 189亿元，增长8.0%；第三产业投资221 335亿元，增长11.2%。从到位资金情况看，前三季度到位资金417 717亿元，同比增长6.8%。其中，国家预算资金增长20.5%，国内贷款下降4.4%，自筹资金增长8.2%，利用外资下降26.2%。前三季度，新开工项目计划总投资299 822亿元，同比增长2.8%。从环比看，9月份固定资产投资（不含农户）增长0.68%。

前三季度，全国房地产开发投资70 535亿元，同比名义增长2.6%（扣除价格因素实际增长4.2%），增速比上半年回落2.0个百分点，其中住宅投资增长1.7%。房屋新开工面积114 814万平方米，同比下降12.6%，其中住宅新开工面积下降13.5%。全国商品房销售面积82 908万平方米，同比增长7.5%，比上半年加快3.6个百分点，其中住宅销售面积增长8.2%。全国商品房销售额56 745亿元，同比增长15.3%，其中住宅销售额增长18.2%。房地产开发企业土地购置面积15 890万平方米，同比下降33.8%。9月末，全国商品房待售面积66 510万平方米，同比增长16.4%。前三季度，房地产开发企业到位资金90 653亿元，同比增长0.9%。

四、商品销售稳中有增

前三季度，社会消费品零售总额216 080亿元，同比名义增长10.5%（扣除价格因素实际增长10.5%），增速比上半年加快0.1个百分点。其中，限额以上单位消费品零售额101 089亿元，增长7.5%。按经营单位所在地分，城镇消费品零售额185 843亿元，同比增长10.3%，乡村消费品零售额30 237亿元，增长11.7%。按消费形态分，餐饮收入23 071亿元，同比增长11.7%，商品零售193 009亿元，增长10.4%，其中限额以上单位商品零售94 926亿元，增长7.5%。9月份，社会消费品零售总额同比名义增长10.9%（扣除价格因素实际增长10.8%），环比增长0.87%。

前三季度，全国网上零售额25 914亿元，同比增长36.2%。其中，实物商品网上零售额21 510亿元，增长34.7%，占社会消费品零售总额的比重为10.0%；非实物商品网上零售额4 404亿元，增长43.6%。

五、进出口同比下降

前三季度,进出口总额 178 698 亿元人民币,同比下降 7.9%。其中,出口总额为 102 365 亿元人民币,下降 1.8%;进口总额为 76 334 亿元人民币,下降 15.1%。进出口相抵,顺差 26 031 亿元人民币。9月份,进出口总额 22 241 亿元人民币,同比下降 8.8%。其中,出口 13 001 亿元人民币,下降 1.1%;进口 9 240 亿元人民币,下降 17.7%。

六、居民消费价格基本稳定

前三季度,居民消费价格同比上涨 1.4%,涨幅比上半年扩大 0.1 个百分点。其中,城市上涨 1.5%,农村上涨 1.3%。分类别看,食品价格同比上涨 2.3%,烟酒及用品上涨 1.6%,衣着上涨 2.9%,家庭设备用品及维修服务上涨 1.1%,医疗保健和个人用品上涨 1.8%,交通和通信下降 1.8%,娱乐教育文化用品及服务上涨 1.5%,居住上涨 0.7%。在食品价格中,粮食价格上涨 2.3%,油脂价格下降 3.7%,猪肉价格上涨 7.7%,鲜菜价格上涨 6.9%。9月份,居民消费价格同比上涨 1.6%,环比上涨 0.1%。前三季度,工业生产者出厂价格同比下降 5.0%,9月份同比下降 5.9%,环比下降 0.4%。前三季度,工业生产者购进价格同比下降 5.9%,9月份同比下降 6.8%,环比下降 0.6%。

七、居民收入保持较快增长

根据城乡一体化住户调查,前三季度全国居民人均可支配收入 16 367 元,同比名义增长 9.2%,扣除价格因素实际增长 7.7%,比上半年提高 0.1 个百分点。按常住地分,城镇居民人均可支配收入 23 512 元,同比名义增长 8.4%,扣除价格因素实际增长 6.8%;农村居民人均可支配收入 8 297 元,同比名义增长 9.5%,扣除价格因素实际增长 8.1%。全国居民人均可支配收入中位数 14 460 元,同比名义增长 10.2%。三季度末,农村外出务工劳动力总量 17 554 万人,与上年同期基本持平。三季度,外出务工劳动力月均收入 3 052 元,同比增长 9.1%。

八、经济结构持续优化

产业结构继续优化。前三季度,第三产业增加值占国内生产总值的比重为 51.4%,比上年同期提高 2.3 个百分点,高于第二产业 10.8 个百分点。内需结构进一步改善。前三季度,最终消费支出对国内生产总值增长的贡献率为 58.4%,比上年同期提高 9.3 个百分点。城乡居民收入差距进一步缩小。前三季度,农村居民人均可支配收入实际增长快于城镇居民人均可支配收入 1.3 个百分点,城乡居民人均收入倍差 2.83,比上年同期缩小 0.03。节能降耗继续取得新进展。前三季度,单位国内生产总值能耗同比下降 5.7%。

九、货币信贷平稳增长

9月末,广义货币(M_2)余额 135.98 万亿元,同比增长 13.1%,狭义货币(M_1)余额 36.44 万亿元,增长 11.4%,流通中货币(M_0)余额 6.10 万亿元,增长 3.7%。9月末,人民币贷款余额 92.13 万亿元,人民币存款余额 133.73 万亿元。前三季度,新增人民币贷款 9.90 万亿元,同比多增 2.34 万亿元,新增人民币存款

13.00万亿元，同比多增1.93万亿元。前三季度，社会融资规模增量为11.94万亿元。

总的来看，三季度经济增速虽略有回落，但稳中有进、稳中向好的大势没有改变，经济运行仍在合理区间，结构调整步伐加快，新动力孕育成长。但也要看到，国内外环境依然复杂严峻，经济仍存在下行压力。下一阶段，要认真贯彻落实党中央、国务院各项决策部署，坚定不移地推动改革开放，坚定不移地加快结构调整和转型升级，坚定不移地打造"大众创业、万众创新"和增加公共产品、公共服务"双引擎"，为经济保持中高速、迈向中高端奠定坚实基础。

（资料来源：国家统计局网站　www.stats.gov.cn　2015-10-19）

阅读材料1-1中主要讲述了我国前三季度的宏观经济情况，其中涉及的国内生产总值 GDP、投资、居民消费价格指数 CPI、就业、收入、广义货币（M_2）、狭义货币（M_1）、流通中货币（M_0）等都是宏观经济学中的概念范畴，我们在本书宏观经济学的学习中都要详细了解。

1776年，苏格兰经济学家亚当·斯密《国富论》的发表，标志着经济学作为一门独立学科诞生了。1890年，马歇尔出版《经济学原理》，建立了以均衡价格理论为核心的经济理论体系，标志着微观经济学的诞生。但从1929年1月以美国为中心的经济大危机很快席卷各资本主义国家，成为震撼整个资本主义世界的历史上最严重的经济危机。这次危机使经济学家、政治学家不约而同地来讨论政府在未来为防止出现这样的经济波动而可以采取的调节措施。1936年，凯恩斯发表了《就业、利息与货币通论》，引起了经济学界的轰动。由于凯恩斯的理论强调了经济的宏观方面，而把以往的经济理论又基本归于微观方面，因此经济学中的宏观经济学与微观经济学明确地分工了，也标志着宏观经济学的诞生。

1.1　宏观经济学的研究内容

1.1.1　宏观经济学与微观经济学

微观经济学研究单个经济主体的行为，消费者如何实现效用最大化，厂商如何实现利润最大化，市场机制又如何把千百万的个体决策者的活动协调起来等。宏观经济学研究社会总体的经济行为及其后果（社会总体的经济运行状况），即研究如何使国民收入（社会总产出）稳定地（没有通胀和衰退）以合适的速度增长。经济学的目的是实现社会经济福利的最大化，为了达到这一目的，在资源稀缺的情况下就要做到资源的有效配置和充分利用，宏观经济学以资源的有效配置为前提来研究资源的利用问题，因为社会总产出的多少直接关系到对资源的利用，所以宏观经济学研究社会总产出的增长。

宏观经济学和微观经济学是经济学的两大区域，并且两者有着明显的区别。

宏观经济学涉及经济总量的活动，包括总产生和收入，总就业和失业，价格水平和通货膨胀，它是理论经济学的一个重要方面，和微观经济学共同构成理论经济学的基础。微观经济学注重经济活动中各经济主体如何作出各自的最优选择，以及如何协调他们的选择（通过市场或通过等级制度），强调的是个别经济主体（家庭、厂商和政府机构）的活动是如何联系起来而成为一个整体的，较为狭窄地集中于特殊商品的数量和价格上，诸如鸡蛋或饼干的数量和价格，并对某些资源的配置问题加以讨论。

宏观经济学把所有经济主体的同类活动归类为一个总量范畴（如把所有家庭的消费加总为总消费），把另一些活动归类为另一个总量范畴，研究所有经济主体的这一类活动总量与另一类活动总量之间的关系，以及它们对整体经济表现的影响。因此，宏观经济学和微观经济学的区别主要不在于研究对象的范畴大小与层次高低，而在于对整体经济活动内部联系的不同划分与把握。比如说，在各种经济部门中有100万人失业，肯定是宏观经济学的问题；鸡蛋价格提高或者下降，这是微观经济学的问题。不过，包括鸡蛋在内，如果每一种商品的平均价格都出现提高或者下降，那就是宏观经济学的问题了。

特别地，创造出宏观经济学和微观经济学的术语，是为了对两者进行区分，使宏观经济学能够区别于微观经济学。但是，如果把宏观经济学和微观经济学完全隔离开来则是错误的。这是因为，宏观经济学要解释经济波动现象，必须观察和了解消费者和企业的行为、劳动市场和工业组织、金融市场的作用以至政府机构，从而需要借助于微观经济学。正是在这样的意义上，只有建立在微观经济学基础之上的宏观经济学，才可能是好的宏观经济学。

1.1.2 宏观经济学研究的基本问题

自从20世纪30年代西方资本主义发生空前严重的经济危机开始，周期性的经济波动就开始成为西方国家经济发展中的痼疾。因此，有关经济周期及其波动就成为经济学家研究的主要对象，并且成为政府进行宏观调控的主要目标。所以，宏观经济运行中的基本问题，例如总产出、总需求、通货膨胀、失业、经济增长、政府治理（宏观经济政策）等，也就成为宏观经济学研究的重要对象。

从宏观经济运行的基本目标方面来看，宏观经济学研究的基本问题主要体现在实现充分就业和保持物价稳定两个方面。

1. 实现充分就业

这是从凯恩斯以来西方经济学家和政府决策人员一直关注的问题。首先需要说明的是，一般意义上的宏观经济学所说的充分就业，并不意味着每个居民都能够就业，或那些愿意求职的人百分之百都能就业。因此，宏观经济学往往这样定义充分就业，即把某一水平的失业确定为"正常"的失业（可接受的或意愿的失业）。现时人们把5%～6%的失业水平看作是正常的失业水平，人们仅仅关心超过该失业数量的失业。

这就是说,充分就业也就是社会容许有一定数量或一定比例失业的就业。按照这一定义,一个经济,当愿意工作的人有94%～95%就业的时候,就可以视为是实现了充分就业。

经济学家过去一直认为,5%～6%的失业率是可以容忍和接受的,从而94%～95%的就业率就可以看作是正常的就业率,并且可以用作衡量充分就业的标准。但是,20世纪50年代以来,西方国家的失业率有逐渐提高的趋势,也就使衡量充分就业的正常失业率随之提高。以美国为例,其50年代的失业率为4.5%,70年代为6.1%,80年代为6.3%,90年代前期则为6.6%。因此,目前世界各国的政府降低失业率,将实现充分就业作为其基本的政策目标。

2. 保持物价稳定

在市场经济中,无论是个别商品的价格,还是平均价格水平,都可能出现一定程度的提高或者下降。但近年来,美国和其他西方国家,大都经历了一个一般价格水平或平均价格水平的持续上涨,即通货膨胀。衡量通货膨胀的尺度是价格指数的变化,一个价格指数指衡量某一年相对于某一基年的价格水平。众所周知的价格指数是消费价格指数(CPI),又被称之为"生活—成本指数"。消费价格指数(CPI)就是衡量人们每年在市场中所选择的一揽子消费品的价值。消费价格指数逐年的百分比变动就是通货膨胀率。以美国为例,20世纪70年代至80年代初期,通货膨胀率相当高,使得人们日益认识到许多经济问题是由于过高的通货膨胀率而引起的,特别是当通货膨胀率不可预料的时候更是如此。而20世纪80年代晚期出现的较低的通货膨胀率,又进一步加剧了人们对通货膨胀影响经济持续稳定发展的担心。正是在这种情况下,消除过高或者过低的通货膨胀率,维持物价稳定,便不但成为政府进行宏观经济调控的基本目标,同时也成为宏观经济学研究的基本问题。

从研究的具体问题看,宏观经济学的研究对象主要有以下四个方面。

1. 总产出

既然宏观经济学是以整个国民经济活动作为研究对象的,它必然要分析与整个国民经济活动有关的或一国的总产出或经济资源利用情况有关的最基本的总量:国民生产总值、国民生产净值、国民收入以及相应的经济总量的决定与变动。因此对总产出或国民收入水平的研究是宏观经济学的核心问题。宏观经济学就是要从总需求和总供给的角度出发,分析国民收入的决定及其变动的规律。在这些基础上进一步研究和解释整体经济中的其他各种问题。

2. 通货膨胀

通货膨胀就是价格水平的普遍上升。当然,宏观经济学研究的价格水平不是单个产品或单个要素的价格,而是一国物价的总水平。物价水平为什么总是在变动?为什么通货膨胀或通货紧缩始终伴随着经济的增长,但人们仍不喜欢通胀,它到底造成了什么危害?无论如何,价格水平大幅度提高即通货膨胀对经济非常有害。因此,探讨通货膨胀的性质、种类和原因,并提出相应的对策已成为宏观经济学的主要任务。

3. 失业

20 世纪 30 年代空前严重的经济危机使西方世界的失业和半失业人口高达 4 000 多万，成为影响经济和社会发展的严重问题。而传统的经济理论由于坚持市场经济运行是和谐的，市场可以完全出清而根本无法解释经济运行中的客观事实。凯恩斯对经济大萧条的分析及其就业理论的产生革新了经济学，失业成了宏观经济学研究的主要经济问题，失业率也就成为反映要素市场和整个经济运行状况的主要经济指标。因此，研究失业的性质、特征、分类、原因以及解决方法就成为宏观经济学的重要课题。

4. 政府治理（宏观经济政策）

宏观经济学是为国家干预经济服务的。宏观经济理论要为这种干预提供理论依据，而宏观经济政策则是要为这种干预提供具体的措施。宏观经济政策是从全局上对经济运行施加影响的方法和手段，即政府为实现宏观经济运行目标而采取的措施的总和，具体包括财政政策、货币政策、就业政策、收入政策以及各种经济政策的协调等。

1.2 宏观经济学的研究方法

宏观经济学是一门内容极其复杂的学科。这一方面是由于该学科至今仍然处于不断发展变化中，其理论内容充满了存有争议的问题和观点；另一方面是由于新的分析方法和新的研究角度被不断地引入该学科，在宏观经济学中形成了不同的流派和表达方式。所以，在学习宏观经济学的时候，注意并把握其研究方法是十分必要的。

一般宏观经济学研究中最常用的研究方法主要有以下六种。

1. 总量分析方法

总量分析是对宏观经济运行总量指标及其影响因素、变动规律等进行的分析，如对国民生产总值、投资额、消费额、进出口额、物价总水平等问题的分析就是总量分析。用总量分析方法分析问题时，着重于大的经济趋势和动向，整体的经济反映和效果，而不必过分关注具体的、个别的问题或经济变量。

宏观经济学中总量分析方法最典型的运用，是其在研究总体经济表现时所采用的总供给与总需求分析。总需求（Aggregate Demand）是指在价格、国民收入和其他经济变量既定的条件下，消费者、厂商、政府和国外愿意支出的数量。总需求分析只涉及产品市场和货币市场。总供给（Aggregate Supply）是指一国的全体厂商在现行价格、生产能力和总成本既定的条件下，愿意而且能够生产和出售的产品数量。总供给分析只涉及劳动力市场。总供给（AS）曲线向右上方倾斜，总需求（AD）曲线向右下方倾斜。它们的交点同时决定了一个均衡国民收入（产量水平）和一个均衡物价水平。总供给与总需求是宏观经济分析的主线。

2. 均衡分析与非均衡分析

均衡分析是宏观经济学常用的方法，是分析各种经济变量之间的关系，说明均衡的实现及其变动。它包括局部均衡分析与一般均衡分析。局部均衡是研究个别市场的均衡，而一般均衡是研究两个或两个以上市场的均衡。从局部均衡到一般均衡，具体分析从一个市场的均衡向三个市场的均衡——产品市场、货币市场、劳动力市场推进，是一个逐步放松假设的过程。目前占主导地位的凯恩斯宏观经济学所采用的基本是均衡分析方法。

但是，从哲学的观点出发，均衡是相对的，而非均衡则是绝对的，这在宏观经济中可以得到充分的证实。现实生活中更多存在的是非均衡状态，即价格偏离均衡状态。一般来说，非均衡分析认为经济现象及其变化的原因是多方面的、复杂的，不能单纯用有关变量之间的均衡与不均衡来加以解释，而主张以历史的、制度的、社会的因素等作为分析的基本方法。即使是量的分析，非均衡分析方法也不是强调各种力量相等时的均衡状态，而是强调各种力量不相等时的非均衡状态。可以看出，非均衡分析是对均衡分析的一种深化和发展。正因为如此，非均衡分析方法在宏观经济学中也日益受到重视。

3. 规范分析与实证分析

在经济学分析中，实证分析关注事实，并避免价值判断，试图建立对经济行为的科学描述。实证分析研究和说明的是经济事实上是怎样的，或者说"是什么"的问题。显然，实证分析完全以事实为基础，对于宏观经济学最终分析制定相应的宏观经济政策十分重要。

与此相反，规范分析与价值判断相关。它研究经济应该是怎样的，或者为了达到这样，应该采取何种政策行为，意在说明"应该是什么"，或者强调"应该做什么"。规范分析法有时也会隐含着对某些特定经济政策的支持，但一般情况下，它主要依据一定的价值判断做出。

实证分析方法和规范分析方法在经济分析中都是必要的，并且相互补充。但是，目前的西方经济学，无论是宏观经济学，还是微观经济学，其主要内容的大部分都是实证经济学。不过，这并不意味着实证分析可以在经济学中替代规范分析，相反，不管是微观经济学，还是宏观经济学，同样都还需要规范分析，这是因为实证分析中也无法完全回避价值判断。

4. 静态分析、比较静态分析和动态分析

静态分析是研究变量在同一时期内的相互关系，是对经济运行的一种初步的从而比较简单的分析方法。静态分析是分析均衡的决定，它说明短期经济运行情况，不能说明经济运行的变化过程。在宏观经济学中，利用静态分析方法，可以使我们初步地掌握经济现象运动的规律，为更深入经济学分析奠定良好的基础。

比较静态分析是从静态分析发展而来的，说明从一种均衡状态变动到另一种均衡状态的过程，即原有的条件变动时，均衡状态发生了什么相应的变化，并把新旧状态进行比较，也就是说比较静态分析就是分析均衡的移动。

动态分析是研究经济变量在不同时期的变动规律，是对经济运行的一种长期分析，说明长期经济情况并能解释经济运行过程及变化动因。在宏观经济学中，对经济增长、通货膨胀、经济周期等问题的分析都采用了动态分析方法。

静态分析与动态分析的基本区别在于：前者不考虑时间因素，而后者考虑时间因素。换句话来说，静态分析考虑一定时期各种变量之间的相互关系，而动态分析考虑各种变量之间在不同时期的变动情况。静态分析和动态分析也有一定联系，这种联系表现在：静态分析是动态分析的基础，它为动态分析提供基础数据，便于准确分析经济运行规律，而动态分析则是静态分析的发展和延伸。一般来说，先进行静态分析，在静态分析的基础上进行动态分析。

5. 存量分析与流量分析

存量分析即时点分析，是指对一定时点上已存在的有关经济总量的数值及其对其他有关经济总量的影响进行分析；流量分析即时期分析则是指对一定时期内有关的经济总量的产出、投入（或收入、支出）的变动及其对于其他有关经济总量的影响进行分析。

在宏观经济学的研究中，存量分析和流量分析都是十分重要的研究方法，可以同时使用并相互支撑。过去的宏观经济学研究中比较侧重于流量分析，但是，当前宏观经济学越来越强调采用存量分析方法，使之与流量分析并重，并且着手用统计学来解决存量统计中的问题。

6. 经济模型方法

在宏观经济学的分析中，建立和运用经济模型已经成为越来越普遍的分析方法。在现代宏观经济学的层次上所用的方法当中充满了数学模型，数学模型表达的严密性与完善性是其他工具无法比拟的。

一般来说，经济模型的分析方法主要包括：经济模型的建立、经济模型有效性的理论检验和经验检验、经济模型的运用。其步骤大致是：第一，提出需要研究的问题；第二，选择已有的经济分析模型或者建立新的经济分析模型；第三，以该模型对经济现象进行描述，以期得出其是否可用的初步结论；第四，由该模型分析得出初步结论；第五，以现实数据进行必要的计量检验和分析；第六，决定其分析结论是否正确，并对其进行完善性补充和修改。

1.3 宏观经济学的产生和发展

"宏观经济学"（Macroeconomics）这个术语，最早是挪威经济学家弗里希于1933年在《动态经济学中的传播问题与推动问题》中提出的。英国古典经济学家威廉·配第被认为是宏观经济问题的最早研究者，从时间顺序上看，宏观经济学经历了从威廉·配第到魁奈、亚当·斯密、大卫·李嘉图，再到凯恩斯、弗里德曼、卢卡斯、萨缪尔森等理论学说的演变过程。从经济学说史的角度看，宏观经济学大体上经历了以下四个发展时期。

第一阶段：宏观经济学的萌芽时期（从17世纪中叶到19世纪70年代）。

17世纪英国古典经济学家威廉·配第被认为是宏观经济问题的最早研究者，他在1662年出版的《赋税论》一书被看作是西方经济学中第一部以宏观经济为研究对象的学术著作。英国古典经济学家威廉·配第在《赋税论》（1662年）、《政治算术》（1676年）、《货币略论》（1682年）中，曾研究过国家经济政策、捐税的征收和滥造货币的经济后果。配第的这些研究，说明早期的经济学说已经关注宏观经济问题。18世纪法国重农主义经济学家弗朗索瓦·魁奈在《经济表》（1758年）、《经济表分析》（1766年）中，研究了生产阶级、不生产阶级之间的农业总产品的流通，富有创见地考察了社会总资本的再生产，第一次触及了宏观经济的运行。英国古典政治经济学的杰出代表亚当·斯密在《国民财富的性质和原因的研究》（1776年）中，分析了社会总资本的再生产，研究了国家的财政收入和支出，并主张国际分工和自由贸易。英国古典政治经济学的完成者大卫·李嘉图在《政治经济学及赋税原理》（1817年）中，研究了资本主义社会中社会产品在地主、资本家和工人之间的分配规律，论及了资本积累和再生产。主要以整个国民经济活动为研究对象，对国民财富增长和物价水平进行了分析。

这一时期的经济学，并没有微观和宏观的概念。这个时期的古典经济学所研究的主要是经济增长和经济发展问题，并且奉行的是自由主义经济。在第一阶段即早期宏观经济学阶段，古典学派和重农学派虽然已经把整个国民经济活动作为研究对象了，并且已经运用了总量概念，但是与19世纪晚期以后的各种宏观经济学相比，在理论上和方法上仍有一些重要区别。

第二阶段：现代宏观经济学的准备时期（从19世纪70年代到20世纪30年代）。

属于微观经济学范畴的新古典经济学理论对于产量、收入、就业、价格水平等宏观经济方面的问题，也发表了一些看法。

从19世纪晚期开始，随着垄断资本主义阶段经济危机的频繁出现，宏观经济学主要集中于对经济周期波动的解释上，形成了许多种宏观经济学说，如瑞典学派的动态均衡理论、熊彼特的经济发展和周期理论、美国和英国经济学家的货币数量理论、美国经济学家密契尔等人对国民收入和经济周期的研究等，使宏观经济学进入了一个新的发展时期。

这一时期的西方宏观经济理论极少涉及国民收入水平的决定问题，并信奉经济自由主义，把经济周期中阶段的更替看作是经济中自发力量调整的结果。

第三阶段：现代宏观经济学的建立和发展时期（从20世纪30年代到60年代末）。

随着20世纪30年代大危机的出现，以1936年凯恩斯《就业、利息和货币通论》（一般简称《通论》）的出版为标志，现代宏观经济学才真正产生，宏观经济学进入了一个全新的发展阶段，凯恩斯被称为"现代宏观经济学之父"。现代宏观经济学与以前的宏观经济学相比，其显著的区别在于：它研究的是国民收入的变动及其与经济周期波动、失业、通货膨胀等的关系，因此被称作收入分析。它通过收入分析得出的论断是资本主义经济不可能自动调节以实现充分就业均衡，并且在通常情况下出现的是小于充分就业的均衡。

凯恩斯认为市场经济并非"美妙"的机器，经济实现充分就业只是暂时的、偶然的，而低于充分就业则是经常的、必然的。因此，反对新古典经济理论的"自由放任"式的经济政策，认为经济在偏离充分就业状态时就应该施以宏观经济政策，凯恩斯的政策主张是一种积极的政府干预性政策。

凯恩斯《通论》的发表，吸引了大批追随者。其中著名的有英国经济学家哈罗德、希克斯等，美国经济学家汉森、萨缪尔森、莫迪利安尼、托宾、索洛、奥肯等人。他们不仅大力宣传，而且积极补充和发展凯恩斯的经济思想，从而形成了一整套凯恩斯主义的理论和政策主张。

【阅读材料1-2】

约翰·梅纳德·凯恩斯（John Maynard Keynes，1883—1946）简介

凯恩斯是英国经济学家，是一位多方面的天才，曾经在数学、哲学和文学方面获得声誉。此外，他还有时间来经营一家大型的保险公司，充任英国财政部的顾问，协助管理英格兰银行，编辑一本世界闻名的经济学杂志，收集现代艺术作品和珍本书籍，并主持芭蕾舞和话剧演出。他还是一位擅长于通过精明的投机来赚钱的经济学者，不但为自己而且也为剑桥大学的皇家学院赚钱。

第四阶段：现代宏观经济学的深化及其演变时期（20世纪70年代之后）。

从20世纪60年代末到70年代初，由于凯恩斯主义以需求管理为主的政策的失效，西方国家出现了严重的滞胀局面。一些反对凯恩斯主义的经济学流派纷纷崛起，主要有以弗里德曼为代表的货币学派、蒙德尔为代表的供给学派以及以卢卡斯为代表的理性预期学派。

货币主义是以美国经济学家米尔顿·弗里德曼为首的一个经济学流派。他们的基本主张为：一是在理论上强调货币量在经济中最重要；二是在政策上反对凯恩斯主义国家干预经济的政策，主张自由放任。货币主义的基本观点详细表述为：第一，货币供给对名义收入变动具有决定性作用；第二，在长期中，货币数量的作用主要在于影响价格以及其他用货币表示的量，而不能影响就业量和实际国民收入；第三，在短期中，货币供给量可以影响实际变量，如就业量和实际国民收入；第四，私人经济具有自身内在的稳定性，国家的经济政策会使它的稳定性遭到破坏。货币主义的政策主张可概括为如下三点：其一，反对凯恩斯主义的财政政策；其二，反对"斟酌使用"的货币政策；其三，力主"单一政策规则"，即以货币供给量作为货币政策的唯一控制指标，排除利率、信贷流量、准备金等因素。

【阅读材料1-3】

米尔顿·弗里德曼（Milton Friedman，1912—2006）简介

美国著名经济学家，现代货币主义理论的创始者。1912年生于纽约市，其父母是俄罗斯犹太移民。他1928年进入鹿特吉斯大学，主修数学，1933年获芝加哥大学文学硕士学位，1946年获哥伦比亚大学哲学博士学位。1963-1981年，他又陆续获哈佛大学等国内外近二十所大学的法学、理学、人文科学和商学博士及名誉博士学位。他在世期间还担任多个政府机构的顾问，其学术思想对美国几届政府的经济政策都产生过重要影响。瑞典皇家科学院于1976年10月14日授予他诺贝尔经济学奖。

供给学派的主要观点有：反对凯恩斯主义的需求管理理论和政策，认为不是需求决定供给，而是供给会创造需求，经济分析的着眼点应该是刺激生产，主要手段是降低税率，刺激投资，促进储蓄，从而促进生产和国民经济增长。

理性预期是经济当事人在有效利用一切信息的前提下，对经济变量作出的在长期中平均说来最为准确的，而又与所使用的经济理论、模型相一致的预期。通俗地讲，理性预期假设的意思是，在长期中，人们会准确地或趋向于预期到经济变量所应有的数值。理性预期学派又称"新古典宏观经济学"，其代表人物是美国经济学家卢卡斯。其基本观点是：第一，人们可以作出合乎理性的预期，并以这一预期指导自己的行为；第二，价格具有完全的伸缩性，通过价格的调节，市场可以出清；第三，政府干预经济的政策不仅在长期内无效，而且在短期内也无效。

【阅读材料1-4】

卢卡斯（Robert E. Lucas）简介

卢卡斯1937年出生于美国华盛顿州，中学毕业后进入芝加哥大学学习历史，1959年获得文学学士学位，后进入加州大学伯克利分校研究生院继续学习历史，1964年，卢卡斯在芝加哥大学获哲学博士学位。1995年，卢卡斯无可争议地获得诺贝尔经济学奖，以表彰其在理性预期理论方面的杰出成就，以及他对这一学派发展的开创性贡献。因而理性预期理论也被称作是现代经济学中继凯恩斯革命、货币主义革命之后的理性预期革命。

20世纪80年代以后新凯恩斯主义在宏观经济学界出现。它是在凯恩斯主义受复兴后的新古典宏观经济学打击之下，吸取凯恩斯主义理论与其对立学派斗争中的经验教训而形成的，是原凯恩斯主义的复兴。

【阅读材料1-5】

宏观经济学家为什么不一致？

宏观经济理论的现状犹如一个战场，不同旗帜下聚集着各自的经济学家队伍。人

们普遍感觉到了经济学家之间的不一致：n个经济学家很可能至少出现n+1种意见。有人嘲笑说，即使历史上出现过的经济学家聚集在一起，依然不会得到一个能够简明反映现状的结论。经济学家们经常受到的指责是，他们的假定要么太多，要么太少。

宏观经济学家为什么不一致？帕金（Parkin）把宏观经济学家比作登山者，为了获得更好的景观，不同的登山者选择了不同的路线，并坚信自己的路线是最佳路线。然而，没有一个参赛者看到过这座山的山顶。在攀登的过程中，大家可能在某个地方短暂相遇，经过简短的交流又各奔前程。然后，有的队员迷失了，再也不见其踪影；有的顺原路返回，因为他们走上了一条死路；有的则宣布已经登上了顶峰，但在云开雾散之后又发现，还有更高的险峰要攀登。

事实上，宏观经济学正是在经济学家的争吵中不断前进的，因为各方都从思想的交锋中受益，正如约翰·穆勒所言："一旦战场上没有了敌人，老师和学生就都在自己的岗位上睡着了。"

（资料来源：布赖恩·斯诺登，霍华德·文，彼得·温纳齐克. 现代宏观经济学指南 [M]. 北京：商务印书馆，1998.）

1.4 宏观经济学中的基本经济概念

为了便于宏观经济研究的顺利进行，统一宏观经济学的基本框架和模型，需要了解和熟悉几个贯穿于整个宏观经济学理论体系的基本概念。

1. 三大市场

宏观经济学关心的不是个人的经济行为和局部市场的运行情况，而是整个经济的运行状况。现实经济中有很多市场，而宏观经济运行相关的市场可在理论上抽象为三大市场，即产品市场、金融（或货币）市场和生产要素市场。

产品市场包括了所有的商品和劳务的交易。商品是指有形的产品，例如：汽车、房屋、啤酒、公路等；劳务是指无形的服务，例如：医疗、警务、防务、理发、律师工作等。在产品市场中，商品和劳务的总供给和总需求是以国民收入和国民生产总值来衡量的。

金融市场包括了全部金融资产的交易，如货币、债券、股票等。所有的金融资产交易分为两部分，一是短期债券交易，发生在货币市场，二是长期债券交易，发生在资本市场。二者的界限以一年为期限，一般债券和短期贷款一年到期要归还。无论短期或长期，金融交易的目的是需要货币，所以金融市场也称货币市场。由于金融交易大量发生在短期债券市场，因此，对宏观经济具有重要影响的，往往是短期债券交易市场。

要素市场包括了用于生产商品和劳务的全部生产要素的交易。任何产品的生产至少需要三种要素中的一种，这三种要素即微观经济学中已经提出的土地、劳动和资本。

宏观经济学要逐次考察和研究这三大市场，目的是建立这三个市场的宏观经济均衡模型。这三大市场自动均衡机制将决定产品市场的一般价格和总产量、货币市场的一般利率、要素市场的要素成本和数量。发生在这三大市场运行中的总量的不断变动，将促使三大市场处于均衡状态，实现宏观经济的一般均衡。

2. 四个部门

从宏观角度看，国内市场得以推动三大市场供求运行的参与者是企业（厂商）、家庭（消费者、居民户、公众）和政府。另一方面，由于经济活动已经具有了全球化的特征，一国的经济必然要越出国界向国外扩张，从而使经济活动存在着国内经济活动和对外经济活动之分，并进而形成了与国内总量运行紧密相关的国外部门。这样，宏观经济学就常常把企业、家庭、政府和国外部门（国外消费者）作为参与宏观总量运行的四大部门。企业和家庭同属私人部门。企业部门是指所有生产最终产品和劳务的企业总和；家庭部门是指生产要素占有者的总和，也是所有消费者的总和。

3. 宏观经济变量

建立经济变量之间的联系，是建立某种经济模型，通过已知变量与未知变量的函数关系得以解释、分析经济发展规律，制定相应的对策，促进经济发展。

变量是大小可以变化的量，即可取不同数值的量。如宏观经济分析中的国民收入、一般价格、储蓄、投资等都是宏观经济变量。

经济模型有外生变量和内生变量两种。外生变量是由经济模型之外的力量所决定的一类变量，其值被认为是已知的，是一个模型给出作为既定的变量。内生变量则是由经济模型自身内的力量所决定的一类变量，是一个模型所要解释的变量。变量与常数组合在一起（如 $5P$）时，其常数 5 称为该变量的系数，它可以是符号而不是具体的数值。故在模型中可用符号 a、b、c 来表示已知常数。这些符号本应表示已知常数，但因没有具体指定它的数值，实际上可以任意取值。简言之，它是一个可变的常数，叫参数常数，简称参数。

一个模型的目的是说明外生变量是如何影响内生变量。外生变量来自模型之外，并作为模型的投入，而内生变量是在模型之内决定并作为模型的产出。外生变量的变动会影响内生变量，并通过内生变量的变动而起作用。回忆需求函数模型，把解释需求问题的相关因素，如收入、偏好、相关商品价格等作为模型的外生变量，把价格和需求量作为模型的主要关系变量。消费者需求行为受需求函数模型的需求规律制约，但外生变量的变动又会影响整体需求函数的变动，从而使市场供求运行发生变动。

4. 存量和流量

经济变量还可以区分两类：一类是存量，另一类是流量，二者都是一定时间内可大可小的数量。

存量是指一定的时点上测算出来的量。比如，任一既定时刻的机器、厂房的数量；任一既定时刻的总就业人数；任一既定时刻的货币数量，等等。

流量是只能按一定时期测算的量。比如：工资是指月工资、周工资或小时工资；国民收入是指一年、一季或某月的国民收入；再如消费、储蓄、投资、税收、政府支出等都表示某一时期内的流入量或流出量。

有些流量兼有其直接对应的存量,如储蓄和储蓄额、投资和投资额、失业人数与就业人数等。有些流量如进口、工资、税收等虽然没有对应存量,但可直接影响其他存量的大小。进口流量可影响国内的资本存量,进而影响购买住宅建筑的存量等。

流量来自存量,但又归入存量之中。国民收入来自一定的国民财富,而新创造的国民收入又计入国民财富之中。存量只能经过流量发生变化,而流量的大小又会受存量变动的影响。资本存量因投资流量增加而增加,投资流量也依赖于资本存量的大小。

尽管流量会受存量变动的影响,但在短期内可将资本存量假设为近似不变,存量对流量不具有影响。初级宏观经济理论主要是研究短期各个流量间的关系,即其中每一流量在任一时期内的大小,都只由其他流量的大小来决定。如消费函数中,消费支出流量是由收入流量决定的,而收入流量又等于消费支出加投资支出流量。

在宏观经济分析的所有流量当中,最重要的流量是国民收入。因为它是反映整个国民经济运行状况的最重要的总量指标。这样,国民收入的大小是由什么决定的?国民收入的上下波动是由什么决定的(实质上是一个经济周期问题)?若干年时间内的国民收入增长速度(实质是经济增长问题)又是由什么决定的?这些问题构成了宏观经济理论的主要内容。因此,宏观经济学从国民收入循环与核算的分析开始。

宏观经济学就是在三大市场和四大部门组成的宏观经济结构中,研究各个经济总量的决定机制及其相互影响。显然,在各个经济总量中,最重要的是国民收入,因为它作为国民经济中的基本流量,能够把三大市场和四大部门紧密地联系在一起,为宏观经济学研究的顺利进行奠定了良好的基础。

本章小结

1. 宏观经济学将一个国家(或经济社会)作为一个整体来考察,研究经济中各种有关总量的决定、变动及相互关系,以揭示整体经济的运行状况及规律,说明资源如何才能得到充分利用。

2. 宏观经济学与微观经济学同属于一个理论体系,它们既有区别又有联系。

3. 宏观经济学研究的问题可以分为两类:一是理论上要研究的问题,即经济增长与经济周期、失业、通货膨胀、国际收支与汇率;二是宏观经济政策问题。

4. 政府宏观政策是政府采取的各种实现政府政策目标手段和工具的总称。从需求管理来看有两种政策工具:财政政策和货币政策。

练 习 题

一、判断题

1. 产出水平和产出水平的变化是宏观经济研究的主要问题。（ ）
2. 经济政策是指用以达到经济目标的方法。（ ）
3. 借鉴宏观经济学应注意对本国经济的深刻理解。（ ）
4. 资源如何在不同的用途之间分配是宏观经济学的研究内容。（ ）
5. 宏观经济学解释发达国家和发展中国家间的收入差距的原因。（ ）
6. 宏观经济学和微观经济学的研究对象都是一国的国民经济，只不过研究角度不同而已。（ ）

二、选择题

1. 宏观经济的研究包括下列哪些课题？（ ）。
    A. 通货膨胀、失业和经济增长的根源
    B. 经济总表现的微观基础
    C. 一些经济取得成功而另一些经济则归于失败的原因
    D. 为实现经济目标，可以制定经济政策以增加取得成功的可能性
    E. 上述答案都正确
2. 需求与满足需求的手段之间的矛盾意味着（ ）。
    A. 对于社会的有限需求只有有限的手段
    B. 因为资源稀缺，不是社会的所有需求都能予以满足
    C. 在经济学中选择并不重要
    D. 即使资源不稀缺，而且需求也是有限的，社会仍将面临一个难以满足所有欲望的困境
    E. 以上说法均不准确
3. 新古典经济学的定义指（ ）。
    A. 效率是非常必要的
    B. 需求是不能全部满足的
    C. 消费是经济行为的首要目的
    D. 资源的最佳配置是必要的
    E. 以上说法全都正确
4. 下列说法中哪一个不是经济理论的特点？（ ）。
    A. 经济理论能解释一些现象

B. 经济理论建立因果关系

C. 经济理论只与一组给定数据有关

D. 经济理论可以在所有条件下应用

E. 以上说法均不准确

5. 存款单上的存量为（　　）。

   A. 收入额

   B. 支出额

   C. 收支额

   D. 余额

6. 宏观经济学包括这样的内容（　　）。

   A. 总产出是如何决定的

   B. 什么决定就业和失业总量

   C. 什么决定一个国家发展的速度

   D. 什么引起总价格水平的上升和下降

   E. 以上说法全都正确

7. 宏观经济学包括这样的内容（　　）。

   A. 什么决定了产出的构成

   B. 资源如何在不同用途之间进行分配

   C. 什么决定收入在社会各集团之间的分配

   D. 一个特定厂商中工资是如何决定的

   E. 以上说法均不准确

8. "外生变量"与"内生变量"之间的相同点与区别点在于（　　）。

   A. 都必须由模型中不包括的关系决定

   B. 外生变量值由模型外部决定而内生变量的值由模型内部决定

   C. 外生变量由模型内部决定，内生变量由模型外部决定

   D. 内生变量是确定的，而外生变量则不是

   E. 以上说法均不准确

9. 宏观经济学（　　）。

   A. 研究所有重要的社会问题

   B. 研究经济学中所有与政治有关的方面

   C. 寻求解释通货膨胀的原因

   D. 研究价格决定的学说

   E. 以上说法均不准确

10. 宏观经济学（　　）。

    A. 探讨与失业有关的所有问题

    B. 力求分析失业的社会影响

C. 涉及失业给家庭生活带来的问题
D. 探索失业率波动的原因
E. 以上说法全都正确

11. 宏观经济学（   ）。
    A. 分析决定国民收入的因素
    B. 研究为什么从事农业和渔业生产的人的工资要比工人的工资低
    C. 解释发达国家和发展中国家间存在收入差距的原因
    D. 分析对企业征收的环境污染特别税对整个环境污染程度的影响
    E. 以上说法均不准确

12. 宏观经济学（   ）。
    A. 解释为什么家庭消费者为他们的抵押品偿付的利率要高于政府所偿付的利率
    B. 探讨利率平均水平波动的决定因素
    C. 指出利息超过15%是不公平的
    D. 指出通货膨胀时借入者会剥削借出者，获得不公平的利息
    E. 以上说法均不准确

13. 实际买的量在经济学中，不具有均衡意义的是（   ）。
    A. 实际买的量等于实际卖的量
    B. 稳定的状态
    C. 愿意买的量等于愿意卖的量
    D. 长期过剩或短缺

14. 在宏观经济学创立过程中起了重要作用的一部著作是（   ）。
    A. 亚当·斯密的《国富论》
    B. 大卫·李嘉图的《赋税原理》
    C. 马歇尔的《经济学原理》
    D. 凯恩斯的《通论》
    E. 萨缪尔森的《经济学》

15. 西方经济学以微观宏观并立的形式出现，主要由于（   ）。
    A. 凯恩斯《通论》的影响
    B. 巴廷金《货币、银行与利息》的影响
    C. 萨缪尔森《经济学》的影响
    D. 希克斯《资本与价值》的影响
    E. 以上各项全不准确

16. 宏观经济学与微观经济学的关系是（   ）。
    A. 相互独立的
    B. 两者是建立在共同的理论基础之上的

C. 两者在理论上又有联系、又有矛盾

D. 随不同的宏观理论体系，两者的关系是截然不同的

17. 宏观经济学的主要任务是（   ）。

A. 寻找充分就业、平抑物价、经济增长和国际收支平衡的宏观经济政策

B. 寻找充分就业、平抑物价、均衡利率和均衡投资的宏观经济政策

C. 建立充分就业、平抑物价、经济增长和国际收支平衡的宏观经济理论

D. 建立充分就业、平抑物价、均衡利率和均衡投资的宏观经济理论

E. 以上说法都不正确

18. 我们学习宏观经济学主要是（   ）。

A. 掌握基本概念

B. 掌握基本理论

C. 弄清楚这些理论起作用的前提条件

D. 弄清楚这些理论本身的局限性

E. 以上各项全应注意

19. 一些经济学家认为，价格稳定的目标可以在下列方面进行调整而加以处理（   ）。

A. 财政政策

B. 货币政策

C. 收入政策

D. 上述答案都正确

E. 上述答案都不正确

【网络资源】

1. 李克强总理 2015 年 "两会" 答记者问　http：//business.sohu.com/s2015/picture-talk-221/index.shtml

2. 2015 年 "两会" 政府工作报告　http：//business.sohu.com/s2015/picture-talk-218/index.shtml

3. 解读地方政府债务置换　中国版 QE　http：//business.sohu.com/s2015/picture-talk-231/index.shtml

4. 韦森：中国理论经济学的现状与问题　http：//finance.ifeng.com/a/20150911/13968849_0.shtml#

5. 当代经济学与中国经济的变迁　http：//cjw.jschina.com.cn/cjch/201509/t2390539.shtml

6. 中华人民共和国国民经济和社会发展第十二个五年（2011—2015 年）规划纲要　http：//www.gov.cn/2011lh/content_1825838_2.htm

7. 2014 年国民经济和社会发展统计公报　http：//www.stats.gov.cn/tjsj/zxfb/

201502/t20150226_685799.html

8. 中国经济未来如何？制度是关键！ http：//www.rmlt.com.cn/2015/0928/403691.shtml

（注：这里提供了一些网络链接，目的是为读者提供一些参考，拓展知识面，并且提供一种获取资料的方法。其中的一些链接可能会因为网站更新、网址变更等网络原因无法登录，请读者注意。）

第2章 国民收入核算理论

【教学提示】

本章介绍对国民产出和国民收入进行测度的指标和方法,主要是让大家了解经济学宏观部分最基本的内容国内生产总值以及它的核算方法。

【教学目的】

通过本章的学习,你应该能够:
- 理解国内生产总值的定义;
- 掌握 GDP 的核算方法;
- 了解宏观经济循环模型。

【阅读材料 2-1】

统计局副局长阐述 GDP:不能准确反映财富增长

新一期《求是》杂志刊登国家统计局副局长许宪春的文章,详细阐述了 GDP 这一指标的局限性,列出其诸多"不能"。

文章说,在通常情况下,GDP 是反映一国经济增长、经济规模、人均经济发展水平、经济结构和价格总水平变化的一个基础性指标,因而是国际上普遍适用的考察国民经济发展变化的重要工具。正确认识并合理使用这一指标,对于考察和评价经济全面协调可持续发展状况具有重要意义。然而,随着社会经济的深入发展,仅凭 GDP 这一指标来评价国民经济的发展状况,并不能得出全面正确的结论。

GDP 不能全面地反映经济发展。首先,GDP 没有充分地反映公共服务在经济发展中的重要作用。政府部门提供的行政服务、公共安全服务、教育服务、医疗卫生服务、环境保护服务等公共服务在经济发展中发挥着重要作用。但是,GDP 核算以市场活动为主体,它衡量经济活动的标准尺度是市场价格,由于政府部门提供的公共服务不存在市场价格,目前国际上通行的做法是利用政府部门提供这些公共服务投入的成本来衡量其价值,而这些投入成本远不能反映这些公共服务在经济发展中的重要作用。

其次,GDP 不能反映经济发展的质量差异。不同国家的产品质量、拥有的品牌数量差异很大,尤其是经济发达国家与发展中国家之间具有显著差异;不同国家的技术水平、劳动生产率、资本生产率、资源产出率差异很大;不同国家的排放强度也具有很大的差异。GDP 没有反映出这些经济发展质量的差异。

第三,GDP 不能准确地反映财富的增长。一个国家的经济实力在很大程度上决定于它所拥有的财富存量,而不仅仅是当期新增加的财富;一个国家的人民生活水平在很大程度上取决于这个国家的人民所拥有的财富存量，而不仅仅是当期新增加的财富。经济增长质量不高会导致财富的巨大损失和浪费，导致财富存量的减少。在这种情况下，财富存量不能与经济增长率保持同步增长，从而 GDP 不能准确地反映财富的增长。

第四，GDP 没有反映非市场性家务劳动。家务劳动对于人民生活来说是必不可少的。经济发展程度不同的国家，家务劳动的市场化程度截然不同。一般来说，发达国家家务劳动市场化程度比较高，而发展中国家家务劳动市场化程度比较低。不管家务劳动市场化程度高低，这些劳动本身都是存在的，但由于 GDP 只计算市场化的家务劳动，从而导致经济发展程度不同的国家，其 GDP 具有一定程度的不可比性。

GDP 不能全面地反映社会进步。一是 GDP 没有充分地反映公共服务在社会进步中的重要作用。由于 GDP 利用政府部门提供这些公共服务投入的成本来衡量其价值，它没有充分反映这些公共服务在社会进步中的重要作用。二是 GDP 不能反映就业状况。GDP 反映的是生产活动的最终成果，但是它并不涉及多少人参与了这种生产成果的创造活动，更不涉及还有多少人希望参与到生产活动中去，因此，它不能反映一个国家的就业状况。三是 GDP 不能反映收入分配是否公平合理。GDP 是一个生产指标，不是一个收入分配指标，它只是利用这几种收入形式反映生产活动成果，不能完整地反映收入初次分配，更不能反映收入再分配，从而不能反映一个国家收入分配是否公平合理。四是 GDP 不能反映社会福利改善情况。例如，GDP 不能反映社会最低生活保障、失业保障、医疗保障、住房保障的改善情况。GDP 不能反映资源环境的变化。GDP 是反映经济发展情况的指标，但是经济发展势必消耗自然资源，也往往对环境产生负面影响，例如消耗土地资源、水资源、森林资源、矿产资源；例如水污染、空气污染、土地污染等，GDP 没有反映经济发展所带来的资源消耗成本和环境损失代价。GDP 也不能全面地反映人类的自觉行动对自然环境的改善。因此，国际上有人提出绿色 GDP 的概念，这是一个科学的理念，但实际操作起来很困难。目前，国际上还没有一套成熟的方法计算绿色 GDP，还没有一个国家的政府统计部门正式发布绿色 GDP 数据。

GDP 不能全面地反映人民生活水平的变化。一是 GDP 没有充分地反映行政服务、教育服务、医疗卫生服务等公共服务在经济发展和社会进步中的作用，从而它不能全面地反映这些公共服务的改善对人民生活水平的影响；二是由于 GDP 不能反映就业状况、收入分配状况和社会福利状况，从而它不能反映这些方面的社会进步所带来的人民生活状况的改善；三是由于 GDP 不能反映自然环境的变化，从而它不能反映环境损失和环境改善对人民生活质量的影响。

文章最后强调，不能奢望 GDP 能够满足方方面面的要求，世界上没有哪一个统计指标能够做到这一点。关键是我们要清楚利用 GDP 能够做什么，不能够做什么，在它的适用范围内，正确地使用它；在超过 GDP 适用范围的领域要发挥其他合适的统计指标的作用。

（资料来源：中国新闻网　http://finance.qq.com/a/20100502/000433.htm　2010-5-2）

现在人们的经济意识强,经常会关注国家定期公布的宏观经济指标,比如案例 2-1 中的国内生产总值(GDP),还有消费物价指数(CPI)、生产物价指数(PPI)、人均可支配收入等。从这章开始我们学习宏观经济学,就会了解到它们。

2.1 国内生产总值

衡量宏观经济运行情况的最基本指标是国内生产总值。

国内生产总值(Gross Domestic Product, GDP)是指一个国家或地区在一定时期内(通常为一年)经济中所生产的全部最终产品(产品和服务)的市场价值总和。理解这一定义,应注意以下几点。

1. GDP 测度的是最终产品(Final Product)的价值。

最终产品是指生产出来的、但不重复出售的产品。中间产品(Intermediate Product)是指生产出来的、但可用于再出售以供生产别种产品使用的产品。在这里,中间产品和最终产品不是从产品本身的物质属性来区别,而是从它在再生产的循环流转中的功能来区分。例如,一块布卖给服装厂作原料,是中间产品,卖给家庭主妇直接制衣就是最终产品了。类似地,用来生产面包的小麦是中间产品,面包的价值计算为 GDP 的部分,我们不计算卖给面粉加工厂的小麦的价值和卖给面包师的面粉的价值。因此,我们强调最终产品和劳务不过是表明我们不进行重复计算。

在实践中,通常使用增加值计算法来避免重复计算。一个企业的增加值等于该企业产出的价值减去企业购买的中间产品的价值。在制造某一产品的每一阶段,仅把在那个制造阶段上产品所增加的价值计算为 GDP 的一部分。例如,作为最终产品使用的衣服需经历四个生产阶段:种棉—纺纱—织布—制衣。假定棉花价值为 100 元(假定 100 元为全部当年新生产的价值)。纺纱厂买进棉花纺成纱线的售价为 180 元,这样纱线的新增价值为 80 元;再假定织布厂买进纱织成棉布的售价为 240 元,则棉布的新增价值为 60 元,最后假定制衣厂买进棉布制成衣服的售价为 310 元,衣服新增价值为 70 元。这样,衣服这一最终产品的价值恰好等于服装生产所经历的四个阶段所增加的价值:$310 = 100 + 80 + 60 + 70$。

2. GDP 是一个流量(Flow)概念。

流量是一定时期内发生的变量,存量(Stock)是一定时点上存在的变量。存量和流量的关系可以用浴盆中的水量的例子来说明。浴盆中水的量是存量,它是在某一给定时点上浴盆中水的数量。从水龙头流出来的水是流量,它是每单位时间内加到浴盆中水的数量。区分变量是存量还是流量,有助于更清楚地理解有关变量的区别和它们之间的相互关系。例如,经济中的资本量是一个存量,是指某一时点厂房设备、住房和存货的总和,投资是一种流量,是指某一时期用于增加或维持资本存量的支出数量;一个人的财富是存量,其收入和支出是流量;一个国家的失业者人数是存量,而一定时期内失去工作的人数就是流量;储蓄是一个流量,储蓄额则是存量;政府债务是存量，政府预算赤字是流量；货币供给量是存量，货币流通量则是流量。

3. GDP 是以市场价格来衡量产品和劳务的价值。

很多产品的市场价格包括间接税，如销售税和货物税。所以，产品的市场价格和产品销售者所得到的价格是不相同的。净要素价格即要素成本，它等于市场价格减间接税，它是生产产品所需生产要素的收入。因此，GDP 是以市场价格而不是以要素成本来计算的。

有些产品和劳务无法用市场价格来衡量，比如家庭主妇的劳动。由于人们自己生产并自己消费的产品和劳务，不发生市场交易，没有明确的市场价值，因此也就没有反映在 GDP 之中。为了准确地反映 GDP 的水平，应该对此进行估计，否则就会发生对 GDP 的低估，但是，由于估计的困难，大部分自己生产自己消费的产品和劳务的价值没有反映在 GDP 中。此外，虽然非法的地下经济活动也涉及产品和劳务的生产，但是，由于它们的非法属性或者获得数据的困难，也被排除在国内生产总值以外。

4. GDP 是一定时期内所生产而不是所售卖掉的最终产品价值。

如果某企业生产 1 000 万元产品，只销售出去 800 万元产品，所剩 200 万元产品可看作是企业自己买下来的存货投资，同样应计入 GDP 中。

5. GDP 是一个地域概念。

与其相关的是国民生产总值（Gross National Product，简称 GNP），是一个国民概念，是指一个国家（地区）所有常驻机构单位在一定时期内（年或季）收入初次分配的最终成果。一个国家常驻机构单位从事生产活动所创造的增加值（国内生产总值）在初次分配过程中主要分配给这个国家的常驻机构单位，但也有一部分以劳动者报酬和财产收入等形式分配给该国的非常驻机构单位。同时，国外生产单位所创造的增加值也有一部分以劳动者报酬和财产收入等形式分配给该国的常驻机构单位。从而产生了国民生产总值概念，它等于国内生产总值加上来自国外的劳动报酬和财产收入减去支付给国外的劳动者报酬和财产收入。GNP 是与所谓的国民原则联系在一起的。

GDP 和 GNP 作为国民收入核算的两个指标，反映了统计上的两种原则。GDP 是与所谓国土原则联系在一起的。按照这一原则，凡是在本国领土上创造的收入，不管是不是本国国民所创造的，都被计入本国的 GDP。特别的，外国公司在某一国的利润都应计入该国的 GDP，而该国企业在外国的利润就不应被计入。GNP 是与所谓国民原则联系在一起的。按照这一原则，凡是本国国民（包括本国公民以及常驻外国但未加入外国国籍的居民）所创造的收入，不管生产要素是否在国内，都被计入本国的 GNP，而外国公司在该国子公司的利润收入则不应被记入该国的 GNP。

GNP 是按国民原则核算的，只要是本国（或地区）居民，无论是否在本国境内（或地区内）居住，其生产和经营活动新创造的增加值都应该计算在内。我国的居民通过劳务输出在境外所获得的收入就计算在 GNP 中。GDP 加上本国投在国外的资本和劳务的收入再减去外国投在本国的资本和劳务的收入，也即：GNP = GDP + 在国外的资本 + 劳务输出在境外所获得的收入 − 外国投在本国的资本 − 外国劳务输入在我国境内所获得的收入。例如，2001年我国GDP为95 933亿元，而GNP为94 346亿元。它们的差额就是外商来华投资和来华打工新增的价值之和与中国人在国外投资和劳务输出新增的价值之和的差额，为1 587亿元。

根据以上说明，以对外要素收入净额来表示本国生产要素在世界其他国家获得的收入减去本国付给外国生产要素在本国获得的收入，则 GNP 与 GDP 有如下关系：

GNP = 国内生产总值 +（本国生产要素在国外获得的收入 − 外国生产要素在本国获得的收入）= GDP + 对外要素收入净额 (2.1)

【阅读材料 2 - 2】

2009 年 GDP 同比增长 8.7%

2009年是新世纪以来中国经济发展最为困难的一年，面对百年不遇的国际金融危机的严重冲击和极其复杂的国内外形势，党中央、国务院审时度势，科学决策，带领全国人民万众一心，共克时艰，坚持实行积极的财政政策和适度宽松的货币政策，全面实施并不断完善应对国际金融危机的一揽子计划，较快扭转了经济增速明显下滑的局面，实现了国民经济总体回升向好。

初步测算，全年国内生产总值335 353亿元，按可比价格计算，比上年增长8.7%，增速比上年回落0.9个百分点。分季度看，一季度增长6.2%，二季度增长7.9%，三季度增长9.1%，四季度增长10.7%。分产业看，第一产业增加值35 477亿元，增长4.2%；第二产业增加值156 958亿元，增长9.5%；第三产业增加值142 918亿元，增长8.9%。

（资料来源：节选自国家统计局网站 2010 - 1 - 21）

2.2 国民收入核算方法

国内生产总值是反映国民经济活动的总量指标，可以从三个方面来衡量：（1）从产品和劳务的生产部门方面来衡量；（2）从产品和劳务的最终用途方面即各部门购买产品和劳务的总支出方面来衡量；（3）从生产要素的收入方面来衡量。这样就产生了核算 GDP 的三种基本方法，即生产法、支出法和收入法。

2.2.1 用生产法核算 GDP

我们先从生产讲起。农民生产小麦，并以10万元卖给面粉厂（假定农民不从其他生产者处购买任何物品）。面粉厂以25万元卖给面包店。面包店把面粉制成面包，以40万元卖给零售店。最后，零售店再以45万元卖给消费者。全体生产者的销售收入为10 + 25 + 40 + 45 = 120万元，但消费者却只支付了45万元。问题出在哪里呢？如果我们仔细看一下，就会发现在120万元这笔总销售额中把小麦的价值计算了4次，面粉的价值计算了3次，面包的价值计算了2次。为了消除这种重复计算，必须在每一生产阶段，把各个阶段的附加值加以计算。4个生产阶段的附加值之和为45万元，刚好等于消费者的购货价款，同时这45万元也就是最终产品（面包）的价值。因此，在核算国民收入的过程中，可以对各个生产阶段新创造的价值（即附加值）进行加总来核算国内生产总值。由此可知 GDP 等于最终产品的价值，也等于附加值总额。

在实际国内生产总值核算中，如果使用生产法，应该把国民经济划分为农业、采矿业、建筑业、制造业、交通运输和公用事业、批发与零售商业、金融保险和不动产业以及劳务部门。把这些部门一年中新创造出来的价值加上政府税收，就可以得到国内生产总值。国内生产总值加上国外净要素收入，就得到了国民生产总值。当然，使用生产法时，要进行统计误差的调整。

2.2.2 用支出法核算 GDP

支出法是从对产出的需求方面来衡量的。对本国产出的总需求由四部分组成：消费支出、国内投资支出、政府对商品与劳务的购买以及国外的净出口。

（1）消费（Consumption，简写为 C）是指家庭购买的产品与服务。它包括耐用品支出（汽车、彩电、空调等支出）、非耐用品支出（食物与衣服等支出）、劳务支出（教育、医疗、旅游等支出）。

【阅读材料 2-3】

居民消费贡献率首超外贸　成经济增长第二大动力

多年以来，居民消费一直是中国经济中的一块短板，消费占 GDP 的比重只有三成多，远低于欧美国家 70% 的水平。然而，在 2009 年这种状况出现了转变，2009 年前三季度我国 GDP 增长 7.7%，其中，居民消费的贡献率就达到了 4 个百分点，超过外贸出口成了拉动经济增长的第二大动力。为什么在全球陷入金融危机的这一年，老百姓却舍得拿出更多的钱来消费？

外贸形势的严峻，让中国经济失衡的结构性问题再次凸显。启动内需，已经成了中国经济迫在眉睫的选择。2009 年，中国政府下大决心、动用巨额财政资金，先后推出八项促消费政策，鼎力启动中国国内消费。包括在全国范围实施家电下乡，每项下乡产品享受 13% 优惠；汽车下乡，下乡汽车享受 10% 优惠等。国务院发展研究中心市场经济研究所所长任兴洲说："我觉得这样集中的大规模的而且覆盖的产品这样多的扩大消费需求的政策是从来没有过的。"他认为，这非常好地刺激了消费，而且拉动了经济增长，解决了防止我们经济大幅度下滑的问题，更重要的是让老百姓得到了实惠。

中国家电协会副秘书长徐东生告诉记者，国家以前比较支持出口，支持这种投资，对于消费品就是从财政政策上很少做，这次应该说是一次非常有意义的尝试，我们也感觉到出乎意料，支持力度是前所未有的。

（资料来源：腾讯财经　http://finance.qq.com/a/20091229/007475.htm　2009-12-29）

（2）投资（Investment，简写为 I）是指一定时期社会实际资本的增加，它包括企业固定投资、住房固定投资以及存货投资。企业固定投资是企业购买的新厂房和设备等。住宅投资指用于居民购买的新住房。国内生产总值中的固定投资是指总投资，即折旧与净投资之和。折旧又称重置投资，指更新在生产过程中被消耗掉的那部分资本存量的投资，净投资是指资本存量的增量。

存货投资指的是企业持有的存货价值的增加（或减少）。它并不一定代表产品与劳务的实际支出，而是企业持有的存货数量的变化，即产量超过实际销售量时的存货积累。其公式是：

$$当年的存货投资 = 当年年终存货量 - 上年年终存货量 \quad (2.2)$$

存货投资可以是正值，也可以是负值，当本年年终存货量大于上年年终存货量时，存货投资为正值，反之则为负值。

需要指出，宏观经济学上的投资并不包括仅仅在不同个人之间重新配置资产的购买，如购买债券或普通股票。

（3）政府购买（Government Purchases，简写为 G）是指各级政府购买商品和劳务的支出。政府出钱设置法律系统、国防系统、兴建道路港口、举办学校等都属于政府购买，这些政府购买都作为最终产品计入 GDP。政府购买还包括政府雇员的薪金支出。需要注意的是，政府购买只是政府支出的一部分。政府的转移支付不包括在政府购买中，因为政府转移支付只是再分配已有的收入，并没有涉及本期的产品或劳务的产出，因而不计入 GDP 中。事实上，政府的转移支付构成个人收入的一部分，通过消费支出来影响 GDP。

（4）净出口（Net Exports，简写为 NX）是指商品和劳务的出口（Export，简写为 X）价值减去商品和劳务的进口（Import，简写为 M）价值的差额。出口与消费支出、投资支出以及政府购买支出一样，是对本国商品和劳务的购买，当然应该计入国内生产总值。进口是本国对外国生产的商品和劳务的购买，因此不应该计入国内生产总值，由于私人的消费支出总额、私人国内的投资支出总额和政府购买支出中都包含一部分本国从国外进口的商品和劳务，因此在计算 GDP 时要把进口减去。

上述四个项目加总，用支出法计算 GDP 的公式可写为：

$$GDP = C + I + G + (X - M) \quad (2.3)$$

【阅读材料 2-4】

"三驾马车"齐开动经济增长更稳健

2010 年开始，中国证券报记者采访的几位经济学家表示，从 2010 年开局来看，刺激消费的政策仍在延续，民间投资的活跃程度在提高，出口形势也将随外部经济条件的转好而有所回升。这些因素将推动中国经济继续保持稳健增长。

一、今年经济有望稳步增长

银河证券首席经济学家左小蕾认为，从经济指标来看，2009 年度经济"保八"成功，主要原因在于消费作用超过预期，改变了年初人们对"单独依靠国家投资刺激经济的作用有限"的担忧。

左小蕾指出，家电下乡、汽车下乡等政策对消费的积极拉动作用非常明显，这是"保八"成功很重要的一个因素。而值得高兴的是，目前还有许多刺激消费的政策仍在继续，如促进旅游与文化消费的政策等。

左小蕾强调，农村市场的消费潜力和保障性住房政策所带动的住房消费，具有拉动整个消费的决定性作用。当前中央提出各地要全面落实和推进保障性住房的相关政策，一方面能满足群众的居住需求，另一方面能够拉动上下游多项产业，如建材、家电、装饰装修等，这些也必将带动相关产业的市场回升。

从投资情况看，左小蕾认为，在中央4万亿投资刺激下，民间投资开始回升，这将是投资效果的最明显表现。"如果单纯依靠政府投资，民间资本没有调动起来，这种投资所带来的增长是没有潜力的。但一些数据表明，2009年底，民营企业的利润增长情况很好，这意味着民间资本可以找到较高利润的投资渠道。"

虽然由于外部经济环境的转变，三驾马车中的"出口"动力不足，没有出现三驾马车并驾齐驱的局面，但外贸数据已出现可喜的变化。左小蕾认为，尽管2010年全球主要市场的需求形势并不完全明朗，各国由于贸易保护而产生的贸易摩擦加剧，但有一点可以肯定，2010年出口情况肯定不会比2009年更糟，外贸回暖仍然可期。

二、"三驾马车"有待并驾齐驱

不少专家对实现2010年经济增长的短期目标持乐观态度，但他们强调更要考虑怎样实现中长期经济增长目标。

中国社会科学院经济研究所原所长、中国社会科学院学部委员刘树成认为，从经济增长的周期来看，中国"保八"成功意味着我国经济有望进入"全面复苏"阶段。届时，大部分的行业或者大部分的经济指标将陆续进入回升期。

刘树成认为，从1953年开始，中国开始步入与五年计划相匹配的经济发展周期。前8个周期的时间都是5年左右，而从第9个经济周期开始，中国进入了高速增长期，在第10个经济周期内，中国实现了长达8年的经济上升期，2年处于经济下降期。"在下一个经济周期内，中国面临的主要问题是如何将上升期尽量延长。"刘树成说。

刘树成建议，要把握适度的增长区间，经济既不能大起，也不能大落，而应该保持在8%至10%左右的适度高位增长区间。"在这样的增长目标下，在增长模式有所转变的情况下，投资和外贸不再是拉动经济的主动力，三驾马车更要均衡发展，并驾齐驱，才能共同拉动中国经济稳健地前行。"刘树成说。

(资料来源：周婷 中国证券报 http://www.022net.com/2010/1-22/435371322284351.html 2010-1-22)

2.2.3 用收入法核算 GDP

收入法是从居民户向企业出售生产要素所得收入的角度看，也就是从企业生产成本看社会在一定时期内生产了多少最终产品的市场价值，但产品市场价值中除了生产要素收入构成的生产成本，还有间接税、折旧、公司未分配利润等内容，所以用收入法核算国内生产总值，应当包括以下一些项目。

（1）工资、利息和租金等这些生产要素的报酬。工资从广义上说应包括所有工作的酬金、补助和福利费，其中包括工资收入者必须缴纳的所得税及社会保险税。利息在这里是指人们储蓄所提供的货币资金在本期的净利息收入，但政府公债利息及消费信贷利息不计入国内生产总值，而只被当作转移支付。租金包括个人出租土地、房屋等租赁收入，包括房主向自己"支付"的估算租金。

（2）非公司企业收入。它指各种类别的非公司型企业的纯收入，如医生、律师、农民和店铺主等的收入。他们是自己雇用自己，使用自有资金经营，因此他们的工资、利息、利润和租金等是混合在一起作为非公司企业收入的。

（3）公司利润总额。其包括公司利润税、股东红利及公司未分配利润等。

（4）企业转移支付和企业间接税。前者指公司对非营利组织的社会慈善捐款和消费者赊账。后者指企业缴纳的货物税或销售税、周转税。这些税收虽然不是生产要素创造的收入，但要通过产品加价转嫁给购买者，故也应看作是成本。它和直接税不同，直接税（公司所得税、社会保险税等）都已包括在工资、利润及租金中，故不能重复计入 GDP 中。

（5）资本折旧。这是资本的耗费，它不是生产要素的收入，但由于包括在支出法中的总投资中，故也应计入 GDP 中。这样，按收入法核算所得的 GDP 可表示为：

$$GDP = 工资 + 利息 + 利润 + 租金 + 间接税和企业转移支付 + 折旧 \quad (2.4)$$

国内生产总值既可以用支出法核算，也可以用收入法核算，但是，在实际核算过程中，这两种方法得到的结果是有可能不同的。在国民收入核算中，一般是以支出法的结果为准，而把支出法的结果减去收入法的结果的差额看作是收入法的误差。因此，从国民收入计算国内生产总值时要加上统计误差，从国内生产总值计算国民收入时就要减去统计误差。

【阅读材料 2-5】

国家统计局关于 2014 年国内生产总值（GDP）初步核实的公告

根据国家统计局《关于印发＜关于我国 GDP 核算和数据发布制度的改革＞的通知》（国统字［2003］70 号）的规定，年度国内生产总值（GDP）核算包括初步核算、初步核实和最终核实三个阶段。近日，国家统计局根据 2014 年统计年报资料、部分行业财务资料和抽样调查资料，对 2014 年 GDP 进行了初步核实，主要结果如下：

经初步核实，2014 年 GDP 现价总量为 636 139 亿元，比初步核算数减少 324 亿元，按不变价格计算的增长速度为 7.3%，比初步核算数降低 0.1 个百分点。其中，第一产业增加值为 58 336 亿元，比初步核算数增加 4 亿元，增长速度为 4.1%，与初步核算数持平。第二产业增加值为 271 764 亿元，比初步核算数增加 372 亿元，增长速度为 7.3%，与初步核算数持平。第三产业增加值为 306 038 亿元，比初步核算数减少 701 亿元，增长速度为 7.8%，比初步核算数降低 0.3 个百分点。按初步核实数计算的三次产业结构,第一产业占 9.2%,第二产业占 42.7%,第三产业占 48.1%(详见下表)。

特此公告。

附件:中国国内生产总值年度核算说明

国家统计局
2015 年 9 月 7 日

2014 年国内生产总值(GDP)初步核实数与初步核算数对比

行业	现价总量(亿元)			不变价增速(%)			产业结构(%)		
	初步核实数	初步核算数	差距	初步核实数	初步核算数	差距	初步核实数	初步核算数	差距
GDP	636 139	636 463	-324	7.3	7.4	-0.1	100.0	100.0	0.0
第一产业	58 336	58 332	4	4.1	4.1	0.0	9.2	9.2	0.0
第二产业	271 764	271 392	372	7.3	7.3	0.0	42.7	42.6	0.1
第三产业	306 038	306 739	-701	7.8	8.1	-0.3	48.1	48.2	-0.1
农林牧渔业	60 158	60 151	7	4.2	4.2	0.0	9.5	9.5	0.0
工业	228 123	22 7991	132	6.9	7.0	0.0	35.9	35.8	0.0
建筑业	44 790	44 725	65	9.1	8.9	0.0	7.0	7.0	0.0
批发和零售业	62 216	62 216	0	9.5	9.5	0.0	9.8	9.8	0.0
交通运输、仓储和邮政业	28 750	28 750	0	7.0	7.0	0.0	4.5	4.5	0.0
住宿和餐饮业	11 199	11 199	0	6.2	6.2	0.0	1.8	1.8	0.0
金融业	46 573	46 954	-381	9.7	10.2	-0.5	7.3	7.4	-0.1
房地产业	38 167	38 167	0	2.3	2.3	0.0	6.0	6.0	0.0
其他服务业	116 165	116 311	-147	8.6	8.8	-0.3	18.3	18.3	0.0

注:本表中国内生产总值总量、构成等数据中,有的不等于各产业(行业)之和,是由于数值修约误差所致,未作机械调整。

(资料来源:国家统计局 http://www.stais.gov.cn/tjsj/zxfb/201509/t20150907_1240657.html 2015-9-7)

2.2.4 国民收入核算的其他指标

国民收入核算体系中所讲的国民收入,实际上包括如下五个总量:国内生产总值、国内生产净值、国民收入、个人收入和个人可支配收入。这五个总量中的任何一个均可被当作国民收入。

1. 国内生产净值(NDP)

GDP 是一国在一年内所生产的最终产品与劳务的市场总价值。但是,如上所述,这个数字实际上并不等于家庭能够收到的收入。为了计量家庭的收入，须从 GDP 扣除两笔不能达到家庭的项目，其中一个是企业为替换报废的资本设备所保留的折旧或资本消耗设备。由 GDP 减掉折旧的余额称为国内生产净值（Net Domestic Product，简称 NDP）。因此，NDP 可说是一个国家在一年内所生产的最终产品与劳务的市场净额。

从支出面来看：

$$GDP = C + I + G + (X - M) \quad (2.5)$$

式中的 I 代表总投资，但总投资减掉折旧等于净投资，因此把上式中的总投资改为净投资，即得 NDP。如以 I_0 代表净投资，D 代表折旧，则有：

$$NDP = C + (I - D) + G + (X - M) = C + I_0 + G + (X - M) \quad (2.6)$$

2. 国民收入（NI）

国内生产净值代表一个国家可能加以消费，以及增添资本存量的最终产品与劳务的市场价值总额，因此似乎可以视为"按市场价值测度的国民收入"。但是，这仍不能代表家庭实际上可收受的收入，因为 NDP 中尚有一部分不能到家庭手中，这就是企业间接税。企业间接税并不代表生产资源对于当年生产的贡献，因为缴纳给政府的企业间接税固然是政府的收入，但增课货物税只能提高买者所需支付的费用，而价格的上升并不表示实际产量的增加。从 NDP 减掉企业间接税的余额，称为国民收入（National Income，简称 NI）。这是生产要素因参加生产而赚到的收入，所以有时候称"国民收入是根据要素成本计算的净产量"。即：

$$NI = GDP - 资本折旧 - 企业间接税 = NDP - 企业间接税 \quad (2.7)$$

3. 个人收入（PI）

个人或家庭未得到国民收入的全额，但另外又得到一些并非来自国民收入的收入。后者虽可增加家庭的收入，却非来源于因提供生产要素而取得的报酬。从国民收入中减掉家庭未收到的部分，加上来自非生产的收入，称为个人收入（Personal Income，简称 PI）。

未到达家庭的国民收入，包括社会保险金、公司所得税及公司未分配利润。家庭实际上获得但不代表当时生产，从而不能列为国民收入的收入主要有：转移性支付、消费者支付的利息及公债的利息。即：

PI = NI − 社会保险金 − 公司所得税 − 公司未分配利润 + 转移性支付 + 消费者利息 + 公债利息 (2.8)

4. 个人可支配收入（DPI）

个人可支配收入（Disposal Personal Income）是家庭支付各项个人税之后，可以支出与储蓄的收入，简写为 DPI。因此可知，个人可支配收入就是个人收入减掉个人税（包括个人所得税、个人财产税及遗产税等）的余额。即：

$$DPI = PI - 个人税 \quad (2.9)$$

【阅读材料2-6】

前4个月北京城镇居民人均收入突破万元

新华网北京2010年5月13日电（记者殷丽娟） 2010年1～4月，北京市城镇居民人均可支配收入突破万元，达到10 069元，同比增长8.6%。

北京市统计局、国家统计局北京调查总队13日联合对外发布的消息说，在北京市城镇居民人均可支配收入中，人均工资性收入和转移性收入分别增长8.7%和8%，合计拉动总收入增长8.1个百分点，是城镇居民收入增长的主要动力。

1～4月，北京农村居民人均现金收入5 586元，同比增长10.7%。

1～4月，北京市城镇居民人均消费支出6 448元，同比增长11.9%，快于收入增速3.3个百分点。

统计显示，1～4月北京市完成全社会固定资产投资1 103.7亿元，同比增长32.5%。其中，北京市完成房地产开发投资555.9亿元，同比增长64.4%，占全社会固定资产投资的半壁江山。

在房地产开发投资中，土地购置费所占比重为50.1%，若扣除土地购置费影响，北京房地产开发投资仅增长5.4%。

1～4月，北京市完成商品住宅开发投资259.3亿元，同比增长58.8%。其中，经济适用房投资10.8亿元，同比下降1.3%。

（资料来源：新华网 http://news.xinhuanet.com/local/2010-05/13/c_1297988_2.htm 2010-5-13）

2.2.5 关于国民收入核算的几点说明

1. 名义国内生产总值与实际国内生产总值

名义国民生产总值（Nominal GNP）或名义国内生产总值（Nominal GDP）是指运用当期市场价格计算的全部最终产品和劳务的市场价值总和。实际国民生产总值（Real GNP）或实际国内生产总值（Real GDP）是指运用某一基期市场价格（称为固定价格或不变价格）计算的全部最终产品和劳务的市场价值总和。通俗点说，名义国内生产总值是指一定时间内所生产的商品与劳务的总量乘以"货币价格"或"市价"而得到的数字，而名义国内生产总值增长率等于实际国内生产总值增长率与通货膨胀率之和。因此，即使总产量没有增加，仅价格水平上升，名义国内生产总值仍然是会上升的。在价格上涨的情况下，国内生产总值的上升只是一种假象，有实质性影响的还是实际国内生产总值变化率，所以使用国内生产总值这个指标时，还必须通过GDP缩减指数，对名义国内生产总值做出调整，从而精确地反映产出的实际变动。即：

$$\text{GDP 缩减指数} = 名义 GDP / 实际 GDP \tag{2.10}$$

统计年鉴里一般指的都是当年价格条件下的GDP，所以通常所指的都是名义GDP。因为物价一直在变动，计算GDP时是总量，由数量乘以价格得来。如果数量没变的话，只是价格上升，GDP 也是变大的，但是实际上一个经济体的产能并没有扩大，GDP 的增长就不能反映实际经济，因此实际 GDP 中用了不变价格，就是把今年的价格换算成比较期的价格，使得 GDP 的增长主要是由数量的增长引发的，故要区分名义 GDP 与实际 GDP。

GDP 缩减指数可以反映社会经济物价变动的程度，一般来说，GDP 缩减指数的大幅上升意味着通货膨胀，而大幅下降则意味着通货紧缩。

2. 人均国内生产总值

人均国内生产总值（Real GDP Per Capita），即"人均 GDP"，常作为发展经济学中衡量经济发展状况的指标，是最重要的宏观经济指标之一，它是人们了解和把握一个国家或地区的宏观经济运行状况的有效工具。将一个国家核算期内（通常是一年）实现的国内生产总值与这个国家的常住人口（或户籍人口）相比进行计算，得到人均国内生产总值。人均国内生产总值是衡量各国人民生活水平的一个标准，为了更加客观的衡量，经常与购买力平价结合。中国统计局数据显示，2014 年中国大陆人均 GDP 为 7 595 美元，2013 年中国大陆人均 GDP 为 6 995 美元，2012 和 2011 年则分别为 6 264 美元和 5 577 美元。根据国际货币基金组织（IMF）官方网站于 2013 年发布的预测数据显示，2013 年世界各国人均 GDP 最高的国家为卢森堡，高达 112 135 美元。中国香港以 38 797 美元排名第 24 位，台湾排名第 38 位。中国大陆以 6 629 美元（观察者网注：6 629 美元是 IMF 预测数据，2013 年中国实际人均 GDP 为 6 767 美元）排名第 86 位，只与泰国、安哥拉等国相当。

【阅读材料 2-7】

2014 年我国人均 GDP 约为 7 485 美元 已有 7 省市破万

备受关注的中国 2014 年经济成绩单终于出炉。国家统计局 2015 年 1 月 20 日发布，2014 年我国国民经济在新常态下保持平稳运行，呈现出增长平稳、结构优化、质量提升、民生改善的良好态势。统计局数据显示，初步核算，全年国内生产总值 636 463 亿元，按可比价格计算，去年全年增长 7.4%，好于预期的增长 7.3%，但依然创下自 1990 年以来的新低。

统计局今天还发布了人口数据，2014 年末，中国大陆总人口为 136 782 万人，观察者网据此计算得出去年我国的人均 GDP 约为 7 485 美元（约合人民币 46 531 元），高于 2013 年的 6 767 美元，但仍然落后于很多国家。

此外根据日前广东举行的省委十一届四次全会报告，2014 年广东地区生产总值达 6.72 万亿元，人均 GDP 首次突破 1 万美元。统计局数据显示，全国已有北京、上海、天津等 7 个省市进入人均 GDP "1 万美元俱乐部"。

人均 GDP 仍落后

马建堂说，我们清醒地认识到，尽管中国有 13 亿人口，在中国共产党的领导下奋发图强，锐意创新，我们的经济总量确实在不断扩大，但是人均水平还是很低的，我国人均 GDP 在世界上还是在 90 名左右的，我们仍然是一个发展中国家。按照世界银行有关标准,我们恐怕还有2亿左右的贫困人口。我们自己对中国的国情是最清楚的,一方面看到我们国家在发展,总量在增加,另一方面也要看到我们的人均水平还是比较低,还存在不少困难和问题。我们还是需要把自己的事情办好,一心一意谋科学的发展,一心一意谋包容的发展,这是最重要的。

(资料来源:国家统计局网站 2015-1-20)

3. 比较不同国家的GDP水平:利用购买力平价方法

购买力平价(Purchasing Power Parity,简称PPP)在经济学上,是一种根据各国不同的价格水平计算出来的货币之间的等值系数,以对各国的国内生产总值进行合理比较。购买力平价汇率用于比较不同国家之间的生活水平,现行的货币汇率对于比较各国人民的生活水平将会产生误导。

购买力平价理论最早是由20世纪初瑞典经济学家古斯塔夫·卡塞尔提出的。简单地说,购买力平价是国家间综合价格之比,即两种或多种货币在不同国家购买相同数量和质量的商品和服务时的价格比率,用来衡量对比国与国之间价格水平的差异。例如,购买相同数量和质量的一篮子商品,在中国用了80元人民币,在美国用了20美元,对于这篮子商品来说,人民币对美元的购买力平价是4:1,也就是说,在这些商品上,4元人民币购买力相当于1美元。购买力平价实质上是一个特殊的空间价格指数,与比较某一国家两个时期价格水平的居民消费价格指数不同,它是比较某一时期内两个国家的综合价格水平。

以名义汇率折算的GDP与以购买力平价折算的GDP差别非常大。请看阅读材料2-8。

【阅读材料2-8】

外媒称按购买力平价中国GDP已超美国

海外网2014年10月9日电 IMF最新公布的数据显示,当前中国的经济规模达11万亿美元,美国为10.8万亿美元,中国超越美国,成为世界第一大经济体。据英国《每日邮报》报道,这是自1872年以来,美国的经济总量首次降至世界第二位。

国际货币基金组织(IMF)还预测,截至2014年年底,中国的GDP将升至17.632万亿美元,超过美国的17.416万亿美元。届时,中国的GDP将占到全球GDP的16.48%,美国则为16.28%。

据《基督科学箴言报》报道,IMF在比较美国和中国的经济数据时特别指出,如果以原始标准计算,中国的GDP仍然小于美国。但是,如果考虑"购买力平价"(Purchasing Power Parity,PPP),中国的经济总量则是超过美国的。而目前,计算"购买力平价"(PPP)已经成为比较国家经济表现的标准方法。

据《商业内幕》(Business Insider)报道,IMF之所以计算两国的PPP,道理很简单,是因为中美两国商品的物价不同。比如,上海的一件上衣要比旧金山的便宜,因此,如果不考虑两国的物价就比较两国的经济状况是不合理的。另外,中国人的收入比美国人的低,如果简单地将一个中国人的收入转换成美元,就会低估了这个人的购买力,从而低估了整个中国的购买力。

不过,如果按照原始的计算方法,而不考虑购买力平价,中国今年的GDP总量为10.4万亿美元,而美国依然是17.4万亿美元,中国的GDP仍然低于美国,在一段时间内不太可能超过美国。而且平均来看,美国人依然是比中国人富有。根据IMF的预测,2014年中国人均GDP为1.2893万美元,美国人则可以达到5.4678万美元。

但是,中国的人口数量是美国的三倍还多,中国超越美国成为世界第一大经济体本来就是一个时间的问题。更何况,美国在经济危机后的恢复速度低于预期,再加之美国富人和中产阶级之间的收入差距不断扩大,中国在GDP上的成功则折射出了美国的失败。

在最近的几十年中,中国的工业化进程快速发展,财富不断增加。在全球经济危机之前的30年中,中国一直保持着两位数的经济增长,中国的工业化和全面的经济改革也使得中国成为新的经济大国。2007年至2009年的经济危机之后,美国的经济表现疲软,而中国却保持了平稳的增长,中国超越美国的速度超出了人们的预期。

不过,中国的经济发展并非毫无挑战。中国政府已经确立了一个重要但艰巨的目标,即将经济发展转型为更加依靠国内消费,减少对不确定性较大的出口的依赖。

最近几年,虽然中国的增长率有所下降,但是以西方的标准来看,中国仍然保持强劲的增长态势。IMF预测,中国2014年的经济增长率可以达到7.4%,2015年将为7.1%。而对于美国,IMF则认为,2014、2015两年美国的经济增长率分别仅为2.2%和3.1%。到2019年,中国的经济总量将达到16.7万亿美元,美国则为13.8万亿美元。届时,中国的经济总量将比美国高出20%。

总体上,经济学家很高兴看到中国在GDP上的成功表现,因为这表明发展中国家是可以很好地融入全球经济发展的。例如,中国和印度均实现了不同程度的发展,使得全球贫富人群之间收入不平等的状况得到缓解。

尽管这一次IMF公布的数据考虑了"购买力平价"(PPP)这个因素,但是,经济专家表示,在将近150年的时间里,美国的经济地位首次被中国赶超,这标志着全球经济的一个"象征性"的时刻。

(资料来源:梦昇 海外网 http://world.haiwainet.cn/n/2014/1009/c345805-21182165.html 2014-10-9)

4. GDP的缺陷与改进

在国民收入核算体系中,国内生产总值是最基本的总量指标,它从总体上反映着一个国家或地区经济增长水平。随着GDP这个概念的广泛应用,这项用于衡量经济增长水平的总量指标逐渐演变成为评价各国经济繁荣程度、指导政策走向的重要工具。而GDP作为一个最基本的总量指标,在衡量国家总体经济水平、科技水平和居民生活水平方面还存在一些缺陷或不足。如果盲目地追求和崇拜GDP将导致社会层面、经济层面中真正需要关注的领域被忽视。

(1) GDP 指标的缺陷与不足

①GDP 不能全面地反映一个国家的经济活动。

一是 GDP 是按商品和劳务的市场交易价格计算出来的，而非市场交易活动，无法计入经济总量。特别是市场经济落后的国家，大都存在着不少非市场性的商品和劳务活动。比如，生产者自给自足性质的劳务、家务、物物交换等经济活动所创造的产品和价值，由于没有通过市场交换而没有体现出其交换价格，因而遗漏于 GDP 之外。而这些自给自足性质的经济活动，如果改为由雇工或保姆来承担，并由雇主付给雇工或保姆工资，通过工资来体现这项经济活动的交易价格，就有了交易价格，这些经济活动创造的价值就可以记入 GDP 总量了。这时，一国的 GDP 就上升了。但国民经济实际产出并没有增加。事实上，一个国家市场化程度越低，GDP 遗漏的可能性就越大，GDP 也就越低；反之，一个国家市场化程度越高，GDP 遗漏的可能性就越小，GDP 也就越高。

二是非法交易活动也是 GDP 的遗漏点。不论是发达国家或是发展中国家，都不同程度地存在着一些非法经济交易活动。比如，非法的地下工厂和地下生产，各种形式的黑市交易，为偷税、漏税的走私活动等。虽然这些非法经济活动也经过市场交换，有其交易价格，但因为是黑市交易、是暗中私下进行的，因而也无法计入 GDP，成为 GDP 的一个遗漏点。

②GDP 不能真实反映经济发展及其国民福利。

希冀依赖经济的增长以获得更多的社会福利是国民的希望。虽然 GDP 指标能反映一国的经济增长水平及经济总量的变化，但实际上人们的收入却不一定能随着每年 GDP 的高增长率而提高。人们所得到的社会福利也不一定能随着经济总量的增加而得到应有的改善。比如，在 GDP 高速增长、经济总量大幅增加的同时，人们却忙于工作、苦于加班而无奈放弃假日和休闲，从而造成人们的闲暇时间和感受人生、享受生活的时间减少。而闲暇时间的减少，就从一个角度说明了在 GDP 增长的同时，人们的社会福利在减少。产品质量的提高和产品结构的优化升级，有利于优化人们的消费结构，提高人们的生活质量，但却不一定都能表现为 GDP 的增长和经济总量的增加。产品分配制度也是决定和影响人们社会福利水平和状况的主要因素，但经济总量作为一个衡量经济增长的数量指标，却无法反映社会分配制度和产品分配情况，因而无法体现社会公平和社会福利。比如，A、B 两个 GDP 相等的国家，如果 A 国收入分配制度科学合理、社会平等，而 B 国则贫富不均、贫困两极分化严重。那么，A 国由于分配制度科学合理、社会平等，国民福利就好，而 B 国则由于分配制度不合理、社会不平等，国民福利就差了，因为 B 国财富高度集中在少数人手中，即在 GDP 增长和财富增长的同时，贫穷也在累积。又如，A、B 两个 GDP 相等的国家，如果 A 国行政费用庞大，而 B 国则在卫生、文化教育、公共事业、社会劳保等方面投入多，显然，B 国国民的生活水平和福利状况就比 A 国好得多了。也就是说，社会财富的分配和投向不同，给 A、B 两国国民带来的生活影响和福利是不同的。可是 GDP 指标恰恰不能反映这些问题。

③GDP是一个"数量"概念，不能反映经济增长方式和经济增长的质量。

GDP仅仅记录和反映以价格为条件的市场交易活动，也就是GDP只是反映了经济增长的数量，不能反映经济增长的质量和经济发展水平。比如，某国或某地区赌博业和色情业昌兴，由此带动了该国GDP水平的提高，但不能凭此就说该国或该地区的经济发展水平、经济实力和国民福利都提高了。此外，GDP不能体现一国的技术水平。一个国家以开发和生产电脑软件为主，而另一个国家以生产或加工民用产品为主，显然，这两个国家经济发展水平、技术发展水平不在一个档次。

此外，在一个工业社会里，经济总量的增加往往伴随着环境污染、城市噪音、交通拥堵的产生。同时，GDP也未能对经济活动的社会价值进行道德判断，比如，假冒伪劣产品，有毒、有害产品在市场中流通，而昂贵的医疗费用甚至使得病者成为拉动GDP的动力。如此种种，都是GDP指标的缺陷。

(2) GDP指标的改进

①提出衡量国家财富新标准。

第二次世界大战前，国际社会通常以"国民财富"或"国民收入"作为衡量一国经济实力的主要指标。第二次世界大战后，改用GDP或国民收入（GNP）指标来衡量一国经济总量及其经济实力。世界银行专家比较了第二次世界大战前后两种统计方法之后，于1995年公布了衡量一个国家或地区财富的新标准。新标准将一个国家的经济产出减去机器折旧和生产过程的自然资源消耗，计算出一个国家的财产净值。其内容是从人力资源、自然资源和生产资本等三个方面计算一个国家财富的总量，然后按美元计算出国家财富的人均水平。显然，人均国家财富指标越高，国家越富；反之，国家越穷。新标准把经济增长、社会发展和环境保护融为一体，是一个综合性、能比较全面地衡量一个国家财富状况的总量指标。

②构建福利型GDP。

基于GDP指标在反映国民福利方面的局限性和缺陷，一些经济学家先后提出了"经济福利尺度"和"纯经济福利"等新概念或指标，以对GDP指标的统计项目进行校正和调整。"经济福利尺度"和"纯经济福利"都是反映人们实际福利的指标，其内容是GDP统计还应加上闲暇和地下经济。

美国经济学家诺德豪斯、托宾和萨缪尔森根据美国的统计资料分析得出：按人口平均的"经济福利尺度"或"纯经济福利"的增长远远落后于GDP的增长。因此。为了提高"经济福利尺度"或"纯经济福利"。需要对GDP的增长做出必要的调整，即需要适当放慢GDP的增长速度，以保障国民的福利。不能以牺牲国民福利为代价追逐GDP的增长。

③建立绿色GDP的考核指标。

GDP作为一个经济增长的总量指标，由于没有考虑在生产过程造成的环境污染和资源耗费所带来的损失，也就是GDP忽略了经济增长时所付出的沉重代价，因而存在重大缺陷。为了弥补GDP的这一缺陷，1997年世界银行设计和推出了"绿色国内生产总值国民经济核算体系"，即将一国经济产出中的能源耗费和二氧化碳的排放量等记录于绿色账户，再将其从 GDP 中核减，从而形成绿色 GDP。由于绿色 GDP 是在扣除了能源耗费、环境成本之后的国民财富，因而绿色 GDP 比较真实可靠。如果绿色 GDP 占 GDP 的比重越高，则表明一国经济增长的正面效应越大，而负面效应也就相应越小；反之，如果绿色 GDP 占 GDP 的比重越低，则表明一国经济增长的负面效应越大，而正面效应也就相应越小。绿色 GDP 是对 GDP 指标的一种调整。从保护环境的角度来说，启用绿色 GDP 的指标有利于防患于未然。虽然目前世界上还没有出现一套科学的、可操作的绿色 GDP 统计模式，但绿色 GDP 指标的提出，弥补了传统 GDP 在统计中的一些不足，对于构建一个能充分反映在经济产出过程中资源成本和环境成本的总量指标有积极的指导意义。

④优化 GDP 内涵。

对我国来说，还应该优化 GDP 内涵，提倡和实现有效的 GDP。长期以来，我国遍地开花搞所谓开发区、工业园，跑马圈地式招商引资竞争，但由于不少项目并未真正投产，造成许多开发区、工业园及其设施的闲置，有些园区还长期杂草丛生、蛇鼠为患。尽管如此，园区里一些早期的基础设施投资，如厂房、围墙等的投资都已记入了 GDP，也因此"创造"了 GDP，而这样的 GDP 实际是由浪费或耗费造成的，并非是经济产出的结果。所以，这是一种毫无实际意义的 GDP，也就是一种无效的 GDP，是消失的 GDP。说其是无效的 GDP，是因为这样的投入没有任何经济产出，是一种犯罪和浪费，但其确实又记入了 GDP；说其是消失的 GDP，是因为这些投资所耗费的成本都是以前的 GDP 积累，而这些长期以来累积起来的 GDP 由于转为投资后不但没有任何产出，反而白白浪费掉了、流失了，因而又是一种消失的 GDP。之所以产生这些无效或是消失的 GDP，除了投资决策失误之外，GDP 统计指标本身及其统计过程的缺陷也是一个重要的原因。

如果在 GDP 增加的同时却使 GDP 大量消失，或者在 GDP 不断增加的过程中，同时伴有大量的无效 GDP，那么，再高的 GDP 增长速度率、再快的 GDP 增长速度也不能有效证明经济增长和财富增加的真实情况，而只能反证这个这国家在经济决策上有更多的、甚至是更大的失误和失策。同时，也说明了该国 GDP 的社会成本和国民为此付出的代价是多么沉重。因此，需要对 GDP 的指标进行修正和完善，以增加 GDP 的真实性和有效性。对我国来说，提高 GDP 总量和优化 GDP 内容，都迫切要求依靠科技进步和技术创新来优化经济增长方式，提高经济增长方式的质量，以降低能源消耗、环境成本和社会成本，提高投资效益、社会效益和 GDP 的质量。

2.3 宏观经济循环模型

从宏观经济的角度看，可以把经济活动归纳为一个循环流量的体系。最简单的循环流量模型是由企业和家庭两个部门构成，也就是收入与消费支出相等的两部门模型。两部门模型的分析虽然简单，但却是全部循环流量模型分析的基础，并且是更为复杂的经济分析的起点。为了便于理解,我们先假定国民经济只有企业和居民家庭两大经济主体,这样,就构成了两部门经济流量循环模型,进而再加入政府,导出三部门经济流量循环模型,最后再引入国外部门,以得到一个比较接近现实的四部门经济流量循环模型。

2.3.1 两部门经济的收入流量循环模型

该模型有最简单的模型和复杂的模型。最简单的模型假定一个社会只有两种经济单位或者说两个经济部门:企业(厂商)和居民户(家庭)。家庭拥有全部生产要素,家庭部门的收入是向企业出售生产要素的服务所得到的。假定家庭部门花费他们全部的收入,没有储蓄,在这种情况下,两部门的收入循环如图 2-1 所示。

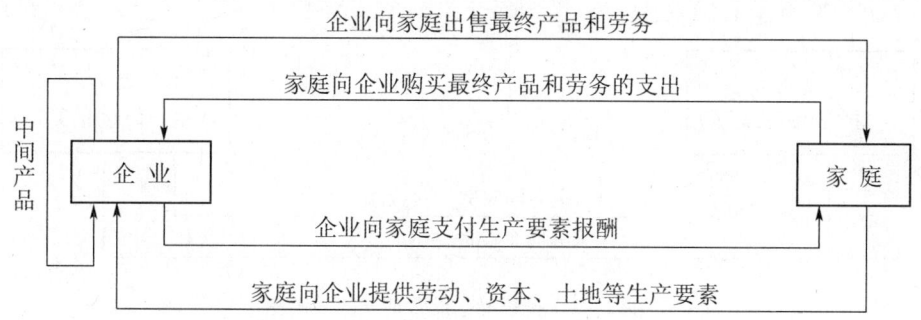

图 2-1 两部门经济的收入循环模型

图 2-1 的下半部表示,家庭部门向企业部门出售生产要素的服务,如工人出卖劳动力,地主出租土地,资金所有者贷出资金,企业家提供管理才能。这时候企业部门要向家庭部门支付相应的报酬,如工资、租金、利息和利润。假定这些报酬总共为 1 000 亿美元。

图 2-1 上半部分表示企业将生产出来的最终产品和劳务售卖给家庭部门消费,而家庭部门购买这些最终产品和劳务所运用的货币收入正是他们出售生产要素给企业部门时所得报酬。假如家庭部门花费他们的全部收入,即没有储蓄,则他们的消费支出也是 1 000 亿美元,这 1 000 亿美元又成为企业部门的售货收入。这样,收入就在企业部门和家庭部门之间循环不息地流动。

然而,这种简单模型在现实中是不存在的。因为厂商部门必须不断有投资来补偿其机器设备的消耗,而家庭也不可能把收入全部消费掉,他们除了要储蓄一部分外,往往还要有一部分以税收的形式交给政府。这样,收入流量循环图就逐步复杂起来。

假定家庭部门要从 1 000 亿美元的收入中储蓄 100 亿美元,于是他们的消费支出只有 900 亿美元,从而使企业部门要有 100 亿美元的商品卖不掉,这样企业只得减少生产,并进而减少对生产要素的购买,这样又会使家庭部门减少收入及家庭部门的生产要素闲置。然而,如果这时企业愿意扩大生产设备或增加存货而把剩余的 100 亿美元的产品购买下来,则虽然储蓄使产品卖不完,但企业上述投资活动仍会使产品售完，即总支出等于总产出。可见，这里的储蓄犹如从收入循环流通管道中的漏出，投资则好比循环流通管道中的注入，如果企业愿意进行的投资正好等于储蓄，则生产和收入会在原有水平上保持平衡，这种情况可用图 2-2 来表示。

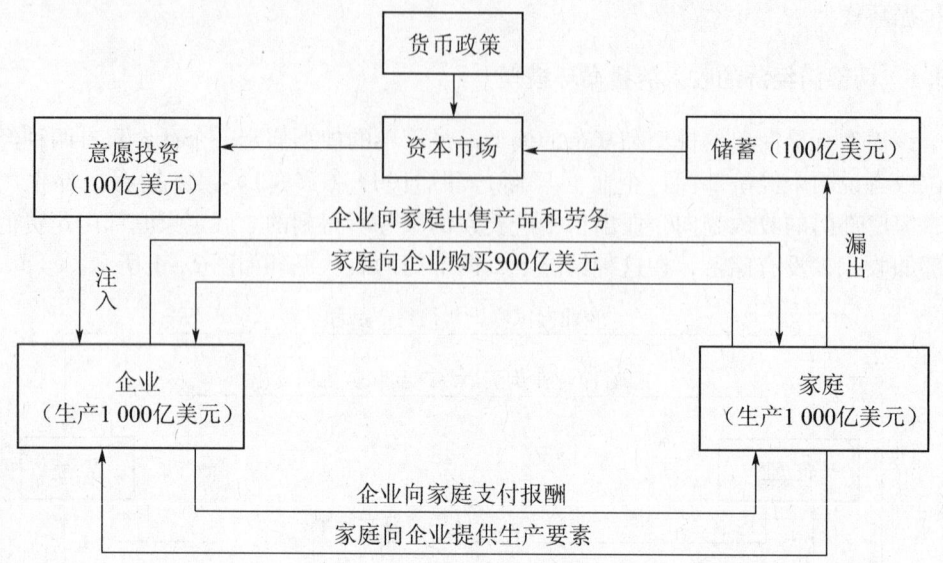

图 2-2　投资等于储蓄情况的平衡图

图 2-2 不过是图 2-1 的变形。这里不过是有了储蓄与投资，储蓄和投资在此假定都是 100 亿美元。至于它们实际上会不会正好相等，凯恩斯以前的古典学派和凯恩斯理论有着不同的看法。古典学派认为通过资本市场上利息率的调节，储蓄和投资一定自动相等；凯恩斯则认为二者不一定相等，因此需要由政府来调节，才能实现总供给与总需求的均衡。

从总需求的角度来看，对国民收入的总需求可以分为消费需求和投资需求。消费需求与投资需求可以分别用消费支出和投资支出来表示。消费支出即为消费，投资支出即为投资，所以，总产出 = 消费需求 + 投资需求 = 消费 + 投资，即 $Y = C + I$。

从总供给的角度看，国民收入的总供给即产量的总和，这些产量是由各种生产要素生产出来的。也可以说是各种生产要素供给的总和，即劳动、资本、土地、企业家才能供给的总和。这种总和可以用各种生产要素得到的相应收入的总和，即工资、利息、地租、利润的总和来表示。这些收入最后又分为消费和储蓄两部分。所以，国民收入 = 各种生产要素所得到收入的总和 = 工资 + 利息 + 利润 + 地租 = 消费 + 储蓄。以 S 表示储蓄，上式可以写成：$Y = C + S$。

在国民收入核算中，总需求就是所购买的或所销售的总产量，总供给就是所生产出来的总产量，两者是恒等的，这样就有恒等式：$C + S = C + I$，化简得 $S = I$。

这一恒等式的定义是：未用于购买消费品的收入（储蓄），等于未归于消费者之手的产品（投资）。上述恒等式是根据储蓄和投资的定义得出的。这种恒等关系就是两部门经济的总供给（$C+S$）和总需求（$C+I$）的恒等关系。只要按照储蓄和投资的这些定义，储蓄和投资的统计结果一定相等，不管经济是否处于均衡状态。

2.3.2 三部门经济的收入流量循环

我们再分析家庭部门还会把收入的一部分作为税收上交给政府的情况，这就需要把分析从简单的模型扩大到有政府以后的模型。当政府在社会中起作用以后，一方面政府部门对家庭部门征税，会使家庭的消费和储蓄减少。假定征税是100亿美元，这是收入流量循环中的又一次漏出，此时，家庭的可支配收入只有900亿美元，假定消费和储蓄各相应地降为810亿美元和90亿美元（各减少10%），而企业的意愿投资假定不变，仍为100亿美元，则企业能够卖掉的产品和劳务共计仅910亿美元。这样企业部门的1 000亿美元产出中就要有90亿美元卖不出去，于是生产和收入会减少。然而政府不可能只征税而不支出。假定政府支出是向企业部门购买产品和劳务90亿美元，则企业的销售仍将和产量相等，即总需求和总供给平衡。这里政府购买是收入流量循环管道中的又一次注入。这种情况可用图2-3表示。

图2-3中表明储蓄和投资不一定相等，政府购买和税收也不一定相等，但储蓄加税收一定要等于投资加政府购买，才能使总支出与总产出相等，实现总供给和总需求的均衡，使循环流量仍处于均衡状态。

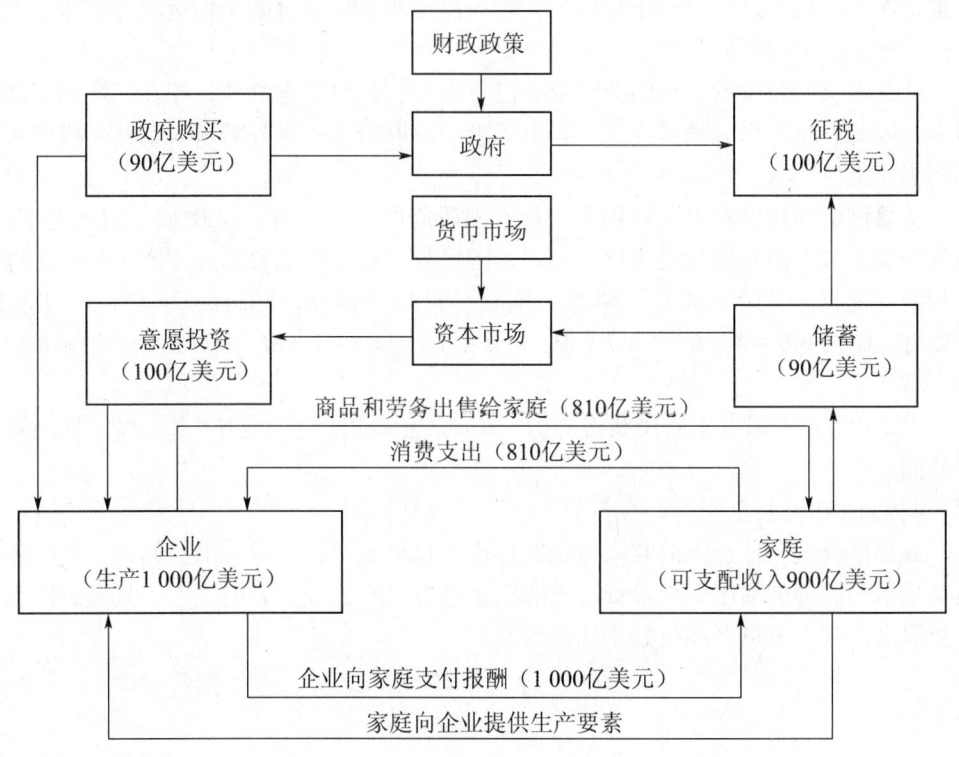

图2-3 注入政府购买情况的平衡图

在三部门经济中增加了政府，要使收入流量的循环正常进行下去，除了储蓄等于投资之外，还要求政府税收等于政府购买。

从总需求角度看，总产出 = 消费需求 + 投资需求 + 政府需求 = 消费 + 投资 + 政府购买。如以 G 代表政府购买，则：$Y = C + I + G$。

从总供给角度来看，国民收入 = 要素收入总和 = 工资 + 利息 + 地租 + 利润 + 税收 = 消费 + 储蓄 + 税收。如以 T 代表政府税收，则：$Y = C + S + T$，于是有：$C + I + G = C + S + T$，即 $I + G = S + T$。调整上式，则有：$I = S + (T - G)$。这里，$(T - G)$ 可以看成政府的储蓄。它可以为正值，也可以为负值。因而 $I = S + (T - G)$ 的等式，也就表示储蓄（私人储蓄和政府储蓄之和）和投资恒等。同时，如 $I + G = S + T$ 改写成：$S - I = G - T$。其中，如 $G - T > 0$ 为政府预算赤字，如果 $G - T < 0$ 则为政府预算盈余。

2.3.3　四部门经济的收入流量循环

如果把对外贸易也放到循环中来，则进口属于漏出，因为进口就是用本国的收入购买外国产品，收入要流到国外而不会来购买本国产品；反之，出口则属于注入，因为出口就是外国的收入购买本国的产品，收入要流入本国，扩大本国产品的销路。

如把上述这一切总结起来，储蓄、税收和进口都是漏出，而投资、政府购买和出口都是注入，只要总注入等于总漏出，收入流量的循环就会处于均衡状态，这是宏观经济学中的一个重要原理。

从总需求的角度看，在消费需求、投资需求、政府需求之外，现在又增加了国外需求，因此，总产出 = 消费需求 + 投资需求 + 政府需求 + 国外需求 = 消费 + 投资 + 政府购买 + 出口。则：$Y = C + I + G + X$。

从总供给的角度看，在各种生产要素和政府的供给之外，又增加了国外的供给。国外的供给对本国来说就是进口，所以，国民收入要素收入总和 = 工资 + 利息 + 地租 + 利润 + 税收 + 进口 = 消费 + 储蓄 + 税收 + 进口。整理，得出：$Y = C + S + T + M$，所以有：$C + I + G + X = C + S + T + M$，即 $I + G + X = S + T + M$，即 $I = S + (T - G) + (M - X)$。

上式中，S 表示本国居民储蓄，$(T - G)$ 表示政府储蓄，$(M - X)$ 表示外国对本国的储蓄。

调整上式，得：$(S - I) + (T - G) = X - M$。

如果把以上三种经济的收入流量循环模型总结起来，可以看出：储蓄、税收和进口都是本国经济的漏出，而投资、政府购买和出口都是经济中的注入。只要总注入等于总漏出，收入流量循环就处于均衡状态。

本章小结

1. 本章是经济学宏观部分的基础部分，因此，告诉读者宏观经济最重要的核算指标 GDP 的定义，测算方法，以及相关的测算指标。
2. 测算国内生产总值有三种方法：生产法、支出法和收入法。本章着重讲解了支出法和收入法，理论上来说，这几种方法所测算出来的 GDP 应该是一致的。
3. 衡量国民收入的其他指标：国内生产总值、国内生产净值、国民收入、个人收入、个人可支配收入。
4. 名义国内生产总值是以现期价格计算的全部最终产品和服务的市场价值。实际国内生产总值是以基期价格计算的现期全部最终产品和服务的市场价值。
5. 说明了两部门、三部门、四部门国民经济循环模型及其恒等关系。

练 习 题

一、名词解释

1. 国民生产总值　　2. 国内生产总值　　3. 国民收入
4. 个人收入　　　　5. 个人可支配收入　　6. 名义国内生产总值
7. 实际国内生产总值　8. 国内生产总值折算系数　9. 最终产品
10. 中间产品

二、选择题

1. 下列四种产品中应该记入当年国内生产总值的是（　　）。
   A. 当年生产的一辆汽车
   B. 去年生产而今年销售出去的汽车
   C. 某人去年收购而在今年专售给他人的汽车
   D. 一台报废的汽车
2. 在下列四种情况中应该记入当年国内生产总值的是（　　）。
   A. 用来生产面包的面粉
   B. 农民生产的小麦
   C. 粮店为居民加工的面条
   D. 粮店为居民加工的面条消耗的电
3. 政府购买支出是指（　　）。

A. 政府购买各种产品和劳务的支出
B. 政府购买各种产品的支出
C. 政府购买各种劳务的支出
D. 政府的转移支付

4. 国内生产总值中的最终产品是指（　　）。
   A. 有形的产品
   B. 无形的产品
   C. 既包括有形的产品，也包括无形的产品
   D. 自产的可用的农产品

5. 按支出法，应计入私人国内总投资的项目是（　　）。
   A. 个人购买的小汽车
   B. 个人购买的游艇
   C. 个人购买的服装
   D. 个人购买的住房

6. 国民收入核算中，最重要的是核算（　　）。
   A. 国民收入
   B. 国内生产总值
   C. 国民生产净值
   D. 个人可支配收入

7. 国内生产净值与国民收入的差是（　　）。
   A. 间接税　　　B. 直接税　　　C. 折旧　　　D. 公司未分配利润

8. 国内生产总值与国内生产净值之间的差是（　　）。
   A. 间接税　　　B. 直接税　　　C. 折旧额　　　D. 个人所得税

9. 下面不属于流量的是（　　）。
   A. 净出口　　　　　　　　　　　B. 折旧
   C. 转移支付　　　　　　　　　　D. 国家债务

10. 社会保障支出属于（　　）。
    A. 政府购买支出　B. 转移支付　　C. 税收　　　D. 消费

11. 对政府雇员支付的报酬属于（　　）。
    A. 政府购买支出　B. 转移支出　　C. 税收　　　D. 消费

12. 下面不属于国民收入部分的是（　　）。
    A. 租金收入　　　B. 福利支付　　C. 工资　　　D. 利息

13. 如果 2006 年的物价指数是 128，2007 年的物价指数是 134，那么，2007 年的通胀率是（　　）。
    A. 4.2%　　　　　B. 5.9%　　　　C. 6.25%　　　D. 6%

14. 国内生产总值是（　　）的市场价值。

　　A. 一年内一个经济的所有交易

　　B. 一年内一个经济中交换的所有商品和劳务

　　C. 一年内一个经济中交换的所有最终商品和劳务

　　D. 一年内一个经济中生产的所有最终产品和劳务

15. 如果钢铁、油漆、绝缘材料以及所有用来制造一个电烤炉的原料价值在计算GNP时都包括进去了，那么这种衡量方法（　　）。

　　A. 因各种原料都进入市场交易，所以是正确的

　　B. 因为重复记账导致过高衡量

　　C. 因为重复记账导致过低衡量

　　D. 由于各种原料起初都是生产者存货的一部分，故没有影响

16. 下列（　　）不是要素成本。

　　A. 业主收入　　　　　　　　　　B. 雇员报酬

　　C. 公司转移支付　　　　　　　　D. 个人租金收入

17. 下列项目应计入GDP的是（　　）。

　　A. 购买一辆用过的卡车　　　　　B. 购买普通股票

　　C. 政府转移支付　　　　　　　　D. 购买一幢当年生产的房屋

18. 今年的名义GDP增加了，说明（　　）。

　　A. 今年的物价上涨了　　　　　　B. 今年的物价和产出都增加了

　　C. 今年的产出增加了　　　　　　D. 不能确定

三、判断题

1. 国内生产总值中的最终产品是指有形的物质产品。（　　）

2. 今年建成并出售的房屋价值和去年建成而在今年出售的房屋价值都应计入今年的国内生产总值。（　　）

3. 用作钢铁厂炼钢用的煤和居民烧火用的煤都应计入国内生产总值。（　　）

4. 同样的服装，在生产中作为工作服穿就是中间产品，而在日常生活中穿就是最终产品。（　　）

5. 某人出售一幅旧油画所得到的收入，应该记入当年的国内生产总值。（　　）

6. 如果农民种植的粮食用于自己消费，则这种粮食的价值就无法计入国内生产总值。（　　）

7. 国内生产总值减去折旧就是国内生产净值。（　　）

8. 一栋建筑物的销售额应加入国内生产总值中去。（　　）

9. 销售一栋建筑物的房地产经纪商的佣金应加到国内生产总值中去。（　　）

10. 作为衡量一国生活水平的指标，名义国内生产总值是可获得的最好统计数

据。( )

四、简答题

1. 在统计中，社会保险税增加对 GDP、NDP、NI、PI 和 DPI 这五个总量中哪个总量有影响？为什么？

2. 如果甲乙两国合并成一个国家，对 GDP 总和会有什么影响（假定两国产出不变）？

3. 储蓄投资恒等式为什么并不意味着计划储蓄总等于计划投资？

4. 说明为什么在证券市场买债券和股票不能看作是经济学意义上的投资活动？

5. 为什么从公司债券得到的利息应计入 GNP，而人们从政府得到的公债利息不计入 GNP？

五、计算题

1. 假定一国有下列国民收入统计资料：（单位：万美元）

国民生产总值：4 800　　总投资：800　　净投资：300

消费：3 000　　　　　　政府购买：960　　政府预算盈余：30

计算：

（1）国内生产净值。（2）净出口。（3）政府税收减去转移支付后的收入。

（4）个人可支配收入。（5）个人储蓄。

2. 假设国内生产总值是 5 000，个人可支配收入是 4 100，政府预算赤字是 200，消费是 3 800，贸易赤字是 100（单位：万元），计算：

（1）储蓄。（2）投资。（3）政府支出。

3. 某经济社会在某时期发生了以下活动：

（1）一银矿公司支付 7.5 万美元工资给矿工，开采了 50 万磅银卖给一银器制造商，售价 10 万美元。

（2）银器制造商支付 5 万美元工资给工人造一批项链卖给消费者，售价 40 万美元。

①用最终产品生产法计算 GDP。

②每个生产阶段生产了多少价值？用增值法计算 GDP。

③在生产活动中共赚得的工资、利润分别为多少？用收入法计算 GDP。

4. 假设某国在某年内有下列国民收入统计资料（如下表所示）。

单位：亿美元

项　　目	金　　额
资本消耗补偿	356.4
雇员酬金	1 866.3
企业支付的利息	264.9
间接税	266.3
个人租金收入	34.1
公司利润	164.8
非公司企业主收入	120.3
红利	66.4
社会保险税	253.0
个人所得税	402.1
消费者支付的利息	64.4
政府支付的利息	105.1
政府转移支付	347.5
个人消费支出	1 991.9

计算：
(1) 国民收入。　　(2) 国内生产净值。　　(3) 国内生产总值。
(4) 个人收入。　　(5) 个人可支配收入。　　(6) 个人储蓄。

5. 假定某经济有 A、B、C 三厂商，A 厂商年产 5 000，卖给 B、C 和消费者，其中 B 买 200，C 买 2 000，其余 2 800 卖给消费者。B 年产 500，直接卖给消费者。C 年产 6 000，其中 3 000 由 A 购买，其余由消费者买。

(1) 假定投入在生产上面的都用光，计算价值增加。
(2) 计算 GDP 为多少。
(3) 如果只有 C 有 500 折旧，计算国民收入。

6. 设一经济社会生产三种产品：房子、猪肉和青菜。它们在 2000 年与 2006 年的产量和价格分别如下表所示。

	2000 年		2006 年	
	数量	价格	数量	价格
房子（平方米）	100	1 000 美元	110	1 050 美元
猪肉（千克）	200	4 美元	200	6 美元
青菜（千克）	500	0.2 美元	450	0.5 美元

计算：

（1）2000 年和 2006 年的名义国内生产总值。

（2）如果以 2000 年作为基期，则 2000 年和 2006 年的实际国内生产总值为多少？这两年实际国内生产总值变化了多少百分比？

（3）根据以上数据，用 2000 年作为基期：

①计算 2000 年和 2006 年的 GDP 折算系数。

②计算这段时间的通胀率。

7. 现有如下资料：

生产阶段	产品价值	中间产品成本	增值
小麦	100	—	
面粉	120		
面包			30

要求：

（1）把空格填上。

（2）计算最终产品面包的价值。

（3）如果不区分中间产品与最终产品，按各个阶段的产值计算，总产值为多少？

（4）计算在各个阶段上的增值共为多少？

（5）重复计算即中间产品成本为多少？

【网络资源】

1. 中国国家统计局　http://www.stats.gov.cn/

检索路径：首页 >> 统计数据 >> 年度数据 >> "综合" + "最近年份" >> 二、国民经济核算 >> 2-18 支出法国内生产总值结构。

网络应用：仔细分析这个表格，比较各地农村居民消费支出和城镇居民消费支出在居民消费支出中所占的比重。找出你所在的省份城市，这个比例是怎么分布的？

分组讨论：有的省份或城市，农村居民消费支出在居民消费支出中所占的比重高于城镇居民消费支出，把这样的省份城市挑选出来，讨论为什么会出现这样的情况？（可能要考虑人口分布的因素。）

2. 中国宏观经济信息网　http：//www.macrochina.com.cn/info.shtml

检索路径：首页＞＞中宏速递＞＞宏观经济

网络应用：仔细阅读关于最近三个月的宏观经济表现新闻，根据你所了解的宏观经济概念，写一篇约 500 字的简短摘要。

分组讨论：与你的同学比较一下，看看彼此的摘要中有哪些共同涉及的问题，哪些只是一方涉及而另一方没有涉及的。交流各自对宏观经济的认识。

3. GDP 先生的自述　http：//finance.sina.com.cn/roll/20050317/134868599t.shtml

4. 平价购买力让中国的 GDP 虚胖　http：//nieriming.baijia.baidu.com/article/15156

5. "三驾马车"难以成为经济增长根本动力　http：//news.xinhuanet.com/finance/2015-10/21/c_128340481.htm

6. "三驾马车"不是经济发展的根本动力　http：//www.cet.com.cn/ycpd/sdyd/1404696.shtml

7. 财政部回应"中国 GDP 超美国"：购买力平价标准意义不大，差距仍很大　http：//www.cbda.cn/html/ds/20141010/46568.html

8. 中国是怎么成为世界经济第一的？　http：//business.sohu.com/s2014/picture-talk-148/index.shtml

（注：这里提供了一些网络链接，目的是为读者提供一些参考，拓展知识面，并且提供一种获取资料的方法。其中的一些链接可能会因为网站更新、网址变更等网络原因无法登录，请读者注意。）

第3章 简单国民收入决定理论

【教学提示】

第2章讨论了国民收入如何核算，本章重点讨论在短期的经济活动中，国民收入是如何决定的。国民收入决定模型是宏观经济学的核心理论，该模型的基本假设是，总支出（总需求）决定国民收入水平。模型由此进一步得出结论，总支出的改变将使国民收入成倍变化，通过乘数理论对此做了较为详细的分析。

【教学目的】

通过本章学习，你应该能够：
- 熟悉消费函数、投资函数和储蓄函数；
- 了解简单的国民收入决定模型的基本假设；
- 熟练掌握简单的国民收入决定理论；
- 熟练掌握乘数理论。

【阅读材料3-1】

保持经济平稳较快发展

2008年下半年以来，面对极其严峻复杂的国际国内经济环境，党中央、国务院统揽全局，审时度势，及时果断决策，把保持经济平稳较快发展作为经济工作的首要任务，实施积极的财政政策和适度宽松的货币政策，出台并不断丰富完善应对国际金融危机的一揽子计划。目前，经济运行出现积极变化，总体形势企稳向好。同时应当看到，我国经济回升的态势还不稳定、不巩固、不平衡，要进一步统一思想，坚定信心，保持宏观经济政策的连续性和稳定性，增强政策的针对性、有效性和可持续性，努力促进经济长期平稳较快发展。

在2008年年底召开的中央经济工作会议上，胡锦涛总书记、温家宝总理作了重要讲话，科学分析了国际国内经济形势，明确部署了2009年经济工作的各项任务。2009年3月召开"两会"，温家宝总理作了政府工作报告，强调2009年政府工作要以促进经济平稳较快发展为主线，全面阐述了应对国际金融危机的政策措施。这些决策部署和政策措施，统筹兼顾，突出重点，立足当前，着眼长远，体现了扩内需、保增长、调结构、促改革、惠民生的有机结合。

（一）把增加政府支出与实施结构性减税结合起来。落实积极的财政政策，大幅度增加政府支出、扩大公共投资，今年中央财政赤字增加到9 500亿元；同时实行结构性减税，包括全面实施增值税转型、增加出口退税、出台税费优惠政策、取消和停征行政事业性收费等，全年可减轻企业和居民负担约5 500亿元。落实适度宽松的货币政策，完善金融扶持政策，多次下调存贷款利率，调低存款准备金率，增加流动性，加大了对农业和中小企业的信贷支持力度。

（二）把增加投资与改善民生、刺激消费结合起来。在充分论证的基础上，制订并实施了两年内新增4万亿元投资的计划，其中中央政府增加投资1.18万亿元，地方政府相应投入，带动社会资金参与建设。截至5月底，中央政府投资预算已下达5620亿元。同时，稳妥处理好政府与市场的关系，用改革的办法调动各方面投资的积极性；处理好速度与质量的关系，坚持按程序办事，严格投资项目可行性论证，加强监督管理，确保安全生产，保证工程质量，保障资金在阳光下运行。新增投资的重点是保障性安居工程、农村民生工程、基础设施、社会事业、自主创新、环境保护和灾后恢复重建等领域，直接或间接用于改善民生，有利于以投资带消费，以消费促增长，实现一举多得。同时，出台"家电下乡"、"汽车摩托车下乡"、家电和汽车"以旧换新"等措施，刺激居民消费，财政投入320亿元；实行促进高校毕业生和农民工就业的措施，帮助城镇就业困难人员和灾区劳动力就业，稳定和扩大就业；稳步实行教师绩效工资，继续提高农村义务教育公用经费标准，改善中小学教师待遇和办学条件。

（三）把保增长与调结构结合起来。制订并实施了汽车、钢铁、纺织、装备制造、船舶、电子信息、轻工、石化、有色金属、物流等10个重点产业调整和振兴规划。一方面，加大调整力度，推进企业兼并重组，淘汰落后产能，提高产业集中度和资源配置效率。另一方面，加快振兴步伐，发展先进生产力，鼓励企业技术进步，提升产业发展质量和水平。2009年国家安排200亿元财政贴息，专项投入企业技术改造，带动了4600亿元社会投资。同时，加快国家中长期科学和技术发展规划实施步伐，2009、2010两年国家财政投入1000亿元，推动高档数控机床、核电技术、大飞机、新一代移动通信网、重大新药创制等11个重大科技专项的实施。支持新能源、节能环保等战略性新兴产业发展，推动高新技术产业化，创造新的市场需求。

（四）把促进发展与深化改革结合起来。在应对国际金融危机中，注重运用改革的办法，发挥市场在资源配置中的基础性作用，增强发展的动力和活力。国务院对2009年深化经济体制改革作出具体部署，确定了改革的10项重点任务。2008年底，抓住国际油价处于低位的时机，适时推出酝酿多年的燃油税费和成品油价格改革，取得了明显成效。2009年4月份，全面启动医药卫生体制改革，提出要把基本医疗卫生制度作为公共产品向全民提供，改革方案既注重完善体制机制，又注重加强医疗卫生设施建设，以改革促发展、保民生。

（五）把扩大内需与稳定外需结合起来。在立足于扩大内需的同时，针对外需急剧萎缩的情况，采取了一系列稳出口、保份额的政策措施，包括7次提高劳动密集型和机电等出口产品退税率，取消或降低部分产品出口关税，继续限制"两高一资"产品出口等。2009年前5个月，已出口退税2005亿元。还采取调减加工贸易限制类禁止类目录、扩大外贸发展基金、清理出口环节收费等措施，稳定外贸出口。

在各方面的共同努力下，应对国际金融危机已初见成效。2009年一季度，国内生产总值同比增长 6.1%，二季度我国经济保持稳中向好的运行态势，主要表现在：（1）市场销售持续较旺。1—5 月份，社会消费品零售总额同比增长 15%，扣除价格因素实际增长 16.4%。农村消费品零售总额增长快于城镇消费品零售总额增长。（2）投资增长势头强劲。前 5 个月，城镇固定资产投资同比增长 32.9%。投资结构有所优化，第三产业投资增速超过第二产业投资，中西部地区投资增速超过东部投资。（3）农业基础稳定加强。各项强农惠农政策进一步落实，今年夏粮产量可超过 2 450 亿斤，是新中国成立以来首次连续 6 年增产。夏收油菜籽产量可超过 1 300 万吨，创历史新高。（4）工业生产加快回升。5 月份，规模以上工业增加值同比增长 8.9%，比前 4 个月提高 3.4 个百分点。制造业采购经理指数连续 3 个月保持在 50% 以上。（5）就业状况保持稳定。前 5 个月，城镇新增就业 472 万人，完成全年目标任务的52.4%。一季度城镇登记失业率为 4.3%，与去年大体持平。就业的稳定，稳定了民心，稳定了社会，稳定了大局。

应当指出，虽然国际金融危机给全球经济带来重大影响，但我国经济发展的基本面和长期向好的趋势没有改变。在需求方面，我国是一个拥有 13 亿人口的发展中国家，正处于工业化、城镇化快速发展阶段，国内市场前景广阔，经济发展回旋余地大。消费结构和产业结构升级、基础设施建设、社会事业发展、环境保护和生态建设都蕴藏着巨大的需求和增长潜力。在供给方面，经过 30 年改革开放，物质技术基础日益增强，产业体系比较完整，社会资金相对充裕，有 7 亿多劳动力资源和不断扩大的人才队伍，有 20 多万亿元的居民储蓄，生产要素组合具有优势。庞大的需求和强有力的供给结合在一起，必然推动我国经济长期持续发展。我国政治稳定，社会安定，社会主义制度具有集中力量办大事的优越性，宏观调控积累了丰富经验，为经济平稳较快发展提供了有力保障。

（资料来源：节选自《求是》杂志刊登的李克强同志在政协第十一届全国委员会常务委员会第六次会议开幕式上的报告，2009 - 8 - 2）

阅读材料 3 - 1 主要介绍了自 2007 年下半年爆发国际金融危机以来，我国面对极其严峻复杂的国际国内经济环境，但是在党中央、国务院正确领导下，采取了正确的宏观经济政策，使得我国经济保持平稳较快发展。为什么国民经济要保持平稳较快发展？什么是内需、消费和社会投资？均衡的国民收入如何决定？如何采取正确的宏观经济政策来刺激经济增长？通过本章及以后章节的学习我们能回答上述的问题。

3.1 消费、储蓄和投资

通过第 2 章的学习我们知道，国内生产总值（GDP）由四个组成部分，分别是消费（C）、投资（I）、政府购买（G）和净出口（NX）。为了更加深入地说明上述这四部分的关系，我们采用如图 3 - 1 所示的循环图来说明。该循环图表明家庭、企业和政府这三个经济活动参与者之间的联系,以及货币如何通过经济中的各种市场在其间流动。

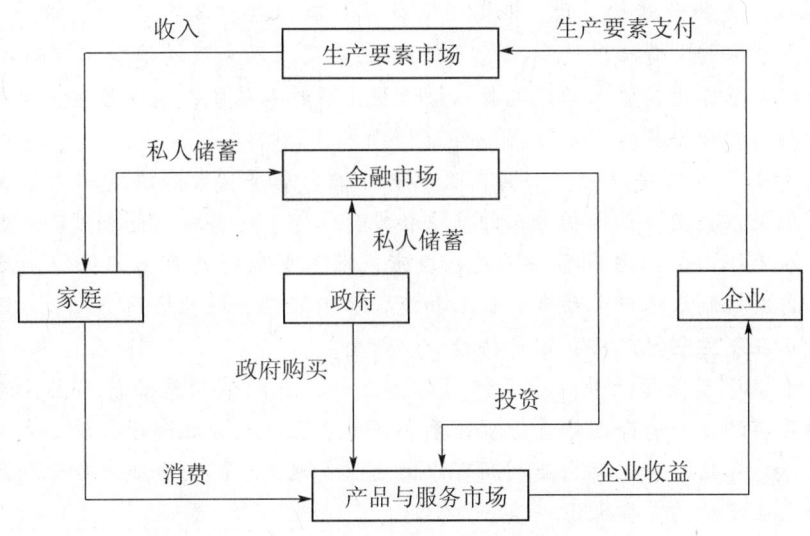

图 3-1 货币在经济中的循环流程

让我们从这些经济活动参与者的角度来看看货币的流动。家庭得到收入,并用其向政府纳税、消费产品与服务并通过金融市场进行储蓄。企业从销售产品与服务中得到收入、并用其支付生产要素成本。家庭和企业都靠进入市场上的借贷来购买投资品,例如住房和工厂。政府从税收中得到收入,并用其支付政府购买。所有超过政府支出的税收叫作公共储蓄,它既可能是正的(预算盈余),也可能是负的(预算赤字)。

本章我们要探讨家庭要把多少收入用于消费,多少收入用于储蓄。除探讨家庭消费所引起的产品与服务需求之外,我们还要讨论产生于投资和政府购买的需求。通过对上述循环图的考察,我们要探讨产品市场和货币市场上需求方和供给方之间的均衡问题。下面的三个小节分别介绍消费、储蓄和投资是如何决定的。

【阅读材料 3-2】

多名经济学家称收入差距等致中国消费需求不足

昨天,"中国经济前沿"丛书《全球金融危机下的中国》由社科院发布。来自中国、澳大利亚的多位著名经济学家就中国未来发展面临的压力以及应该采取的宏观经济政策展开讨论,认为中国消费需求不足存在六大根源。

(1) 劳动力充分压制工资。中国经济改革研究基金会国民经济研究所王小鲁和樊纲指出,中国目前大约有 1.5 亿名农民工在城市工作,每年还有至少几百万名农民工继续进入城市。在经济高速增长、人均 GDP 不断提高的情况下,劳动力市场的充分供给压制了工资水平的上升,也就导致劳动报酬在收入分配中的比重不断下降,从而扩大了收入差距,并压抑了大众消费的增长,导致最终消费增长滞后于 GDP 增长的情况。

(2) 收入差距致储蓄上升。根据国家统计局城镇住户收支调查数据,10% 的城镇最低收入家庭的消费率高达 96%,而 10% 的最高收入家庭的消费率只有 63%。而收入差距扩大意味着高收入居民的收入增长快于低收入居民,这会导致平均的居民储蓄率上升而消费率下降。

(3) 相关制度需要健全。中国在改革中,工资水平从政府决定转向了由劳动力的市场供求关系决定,但保护劳工的立法和社会保障、公共福利等制度尚未健全。在劳动者收入单纯由劳动力市场供求关系决定,没有形成补充市场的保障制度的情况下,没有自发机制来保证劳动者的收入和消费水平随经济增长而同步增长。近年社会保障体系正在发生明显改善,但亟待进一步健全。

(4) 企业带动储蓄上升。企业储蓄迅速上升,成为带动总储蓄率上升的主要因素。中国目前缺乏一套合理的资源税体系和国有企业红利分配制度,诸如石油、天然气、煤炭等资源收益和国有企业利润可以由企业支配,从而使企业未分配利润越积越多,成为企业储蓄的重要来源。

(5) 公共服务激励不足。各级地方政府对扩大产出规模、加快经济增长有强烈的冲动,而在完善公共服务和实现充分就业方面激励不足,过多地鼓励资本密集的大项目投资和大中型企业发展,而对劳动密集型的小企业发展缺乏重视,这使要素配置发生倾斜,企业规模和产业的资本密集度不断上升,因而减少了就业机会,扩大了收入差距,加速了消费率的下降。

(6) 公共资金存在漏洞。政府的公共资金和资源管理体系存在漏洞,制度规范不健全,透明度低,特别是对预算外资金的征收和使用更缺乏监督,导致了公共资金使用不当、流失和贪污腐败现象,严重恶化了收入分配格局。

(资料来源:京华时报 http://www.zaobao.com/cninvest/pages4/cninvest_ zong100413d.shtml 2010-4-13)

3.1.1 消费函数

首先要分析消费如何决定,就不仅是因为消费是总需求中最主要的部分,还因为经济均衡的条件是计划投资等于计划储蓄。要找出储蓄量的大小,必须先找出消费量的大小,一旦知道了消费的数额,便可从国民收入中减掉这一数额求得储蓄量。

我们先要介绍凯恩斯的绝对收入理论。凯恩斯认为,在现实生活中,影响各个居民户消费的因素很多,如收入水平、商品价格水平、利率水平、收入分配状况、消费者偏好、家庭财产状况、消费者信贷状况、消费者年龄构成以及制度、风俗习惯等。凯恩斯认为,这些因素中有决定意义的是居民户收入。为此,可从诸多因素中抽出这一因素单独分析。凯恩斯认为,收入是绝对消费的决定因素,随着收入的增加,消费也会增加,但是消费的增加不及收入增加的多。消费和收入的这种关系称作消费函数(为了简化起见,下面讨论的是线性函数)。其公式为:

$$c = c(y) \tag{3.1}$$

假定某居民户的消费和收入之间有表3-1的关系。

表3-1 某家庭消费函数

单位：人民币

（1）收入	（2）消费	（3）边际消费倾向（MPC）	（4）平均消费倾向（APC）
9 000	9 110		1.01
		0.89	
10 000	10 000		1.00
		0.85	
11 000	10 850		0.98
		0.75	
12 000	11 600		0.97
		0.64	
13 000	12 240		0.94
		0.59	
14 000	12 830		0.92
		0.53	
15 000	13 360		0.89

表3-1表明，当收入是9 000元时，消费为9 110元，入不敷出；当收入为10 000元时，消费为10 000元，收支平衡；当收入一次增加至11 000元、12 000元、13 000元、14 000元和15 000元时，消费依次增加到10 850、11 600元、12 240元、12 830元和13 360元。这说明，收入增加时、消费也增加，但增加得越来越少。我们称增加的消费与增加的收入之比率，也就是增加的1单位收入用于增加的消费部分的比率为边际消费倾向（Marginal Propensity to Consume，英文简写为MPC），其计算公式为：

$$\text{MPC} = \frac{\Delta c}{\Delta y} \text{ 或 MPC} = \frac{\mathrm{d}c}{\mathrm{d}y} \tag{3.2}$$

而平均消费倾向（Average Propensity to Consume，英文简写为APC）是指任一收入水平上的消费支出在收入中的比率，其计算公式为：

$$\text{APC} = \frac{c}{y} \tag{3.3}$$

特别地，如果消费和收入之间存在线性关系，则边际消费倾向为一常数，这时消费函数可以用下列线性方程表示：

$$c = \alpha + \beta y \ (\alpha > 0, \ 0 < \beta < 1) \tag{3.4}$$

其中，α为自发消费，表示收入等于0时的消费。自发消费表示不随收入变化而变化的那部分消费支出,是针对短期来说的。在短期,人们如果收入很低,甚至没有收入,即收入为0时举债或动用过去的储蓄也必须有基本生活消费;β为边际消费倾向;βy为引致消费,表示消费随着收入的变化而变化。从长期角度分析,如果没有收入,则不可能有消费。因此,$c = \alpha + \beta y$的经济含义是:消费等于自发消费与引致消费之和。如图3-2所示为消费函数曲线。

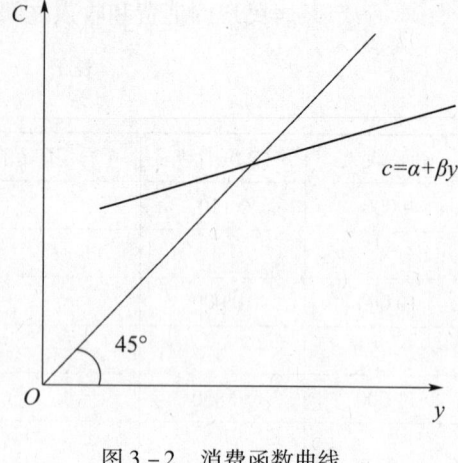

图3-2 消费函数曲线

当消费和收入之间呈线性关系时,消费函数就是一条向右上方倾斜的直线,消费函数上每一点的斜率都相等为边际消费倾向,并且大于0而小于1。进一步可以证明,当消费函数为线性函数时,有APC > MPC。

【阅读材料3-3】

富人不消费,穷人难消费

近年来,兰州市城镇居民的生活水平得到很大提升,其消费形态呈现出消费需求不断增长、消费结构不断优化、消费档次不断升级,消费领域不断扩展的新局面。省统计部门公布的《兰州市城镇居民家庭消费状况研究》(以下简称《研究》)显示,兰州城镇居民的恩格尔系数不断下降,买房、买车和旅游渐成时尚,网上购物逐渐走入居民家庭。居民的服务消费需求逐步向宽裕享受型消费迈进。

(1) 消费观念:盲从转变为个性。兰州城镇居民从20世纪80年代初从众盲目的消费观念转向了个性理性消费。《研究》认为,相比多年前市场上可供选择的商品及其种类严重缺乏的现实。随着时代的发展,兰州市场上商品和种类不断增多,买方市场逐渐形成,生活、文化水平不断提高的消费者,其个性消费和理性消费理念逐渐形成。商品质量和服务的好坏、价格的真实度,成为他们选购商品的首要条件。

分析人士指出,理性消费重点体现在现今居民消费偏好的多样化,市场商品和服务的种类、规格、价格进一步多样化。以手机为例,人们对手机的需求不只满足于通话的方便,而且还要考虑款式、色彩、功能、品牌以及身份和个性的体现。

(2) 消费结构:居家型变享乐型。随着收入日益增长,兰州市城镇居民家庭的消费结构正由传统的居家消费向高质量的享乐型消费转变。数据显示,兰州老百姓花在"食"上的钱所占比例即恩格尔系数越来越小,已由1980年的57.4%下降为2008年的37.9%;住、用、行和文化娱乐等享受和发展方面的消费支出明显提高。家庭的"装备"变得越来越时尚,彩电、冰箱、洗衣机、电话等普及后,电脑、房子、车子等加速普及。自1998年兰州市城镇居民户均消费突破万元大关,达到10 702元之后,家庭轿车、住房这些10万元以上级的消费品已开始纷纷走入城镇居民家庭,一些家庭已经拥有了第二套甚至第三套住宅。2008年末,被调查的300户城镇居民中,房改房的比重达69.64%、商品房的比重达12.5%,家庭拥有私家车每百户达2.3辆。

(3) 消费领域:物质消费转精神消费。如今的兰州人已不再仅满足于物质消费,把眼光投向了精神领域,如文化教育消费。《研究》显示,近年,随着城市劳动就业竞争的加剧,居民对子女教育重视的同时,对自身再教育的认识也提高到了前所未有的程度。为适应社会环境和就业的需要,加大投入,积极参加各种形式的教育培训活动,成为居民增长知识、提高技能的重要渠道。考研读博、出国留学,主动花钱学习的人也越来越多。2008年,兰州市城镇居民教育与文化娱乐服务支出人均1 157元。

(4) 消费倾向:收入低消费高。分析指出,目前兰州市消费需求基本平稳、大体正常,城镇居民购买力实现程度稳中有升。但由于收入分布不均,不同阶层实现购买力程度不同,突出表现为收入高的群体实现程度低,收入低的阶层实现程度高。一方面低收入阶层有旺盛消费需求但购买力不足,消费潜力难以得到释放;另一方面拥有强盛购买力的高收入群体,觉得其消费需求已基本实现,购买力大量以储蓄和金融资产的形式沉淀下来。根据2008年的数据测算,按可支配收入五组分组,收入从低到高的顺序,不同组的消费倾向依次为0.95、0.92、0.80、0.79、0.64,结果表明,收入越高,消费倾向越低;收入越低,则消费倾向越高。对高收入群体来说,有购买能力但不购买,具有较高边际消费倾向的低收入阶层却又缺乏购买力的支持,表现为"富人"低消费,"穷人"高消费的态势。

(资料来源:鑫报 2009 - 2 - 17)

3.1.2 储蓄函数

在两部门的国民收入决定理论中,由于不考虑政府和对外贸易,国民收入只分解为两部分,一部分是消费,另一部分是储蓄。即国民收入等于消费加储蓄,如果我们知道消费函数,则可以求出储蓄函数。令 $s = s(y)$ 表示储蓄函数,则有:

$$s(y) = y - c(y)$$

当 $c(y) = \alpha + \beta y$ 时,$s(y) = y - c(y) = y - (\alpha + \beta y) = -\alpha + (1 - \beta)y$ (3.5)

类比于消费函数,我们可以定义边际储蓄倾向和平均储蓄倾向的概念。边际储蓄倾向(Marginal Propensity to Saving,英文简称为 MPS)是储蓄增量与收入增量的比率,即:

$$\text{MPS} = \frac{\Delta s}{\Delta y} \text{ 或 } \text{MPS} = \frac{\mathrm{d}s}{\mathrm{d}y} \tag{3.6}$$

平均储蓄倾向(Average Propensity to Saving,英文简称为 APS)则是指任一收入水平上储蓄在收入中所占的比率,即:

$$\text{APS} = \frac{s}{y} \tag{3.7}$$

当 $s = -\alpha + (1 - \beta)y$,则边际储蓄倾向为:

$$MPS = \frac{ds}{dy} = 1 - \beta \qquad (3.8)$$

在两部门经济中，由于国民收入不是用于消费就是用于储蓄，因此关于消费倾向和储蓄倾向的关系有 MPC + MPS = 1 和 APC + APS = 1。根据表 3 - 1 的消费函数的数据，能得到储蓄函数的数据，如表 3 - 2 所示。

表 3 - 2 某家庭储蓄函数

单位：人民币

（1）收入	（2）消费	（3）储蓄	（4）边际储蓄倾向（MPS）	（5）平均储蓄倾向（APS）
9 000	9 110	-110		-0.01
			0.11	
10 000	10 000	0		0
			0.15	
11 000	10 850	150		0.01
			0.25	
12 000	11 600	400		0.03
			0.36	
13 000	12 240	760		0.06
			0.41	
14 000	12 830	1 170		0.08
			0.47	
15 000	13 360	1 640		0.11

当消费函数已知时，可以根据消费函数和储蓄函数的关系，求得储蓄函数。如图 3 - 3 所示为消费函数和储蓄函数的关系。

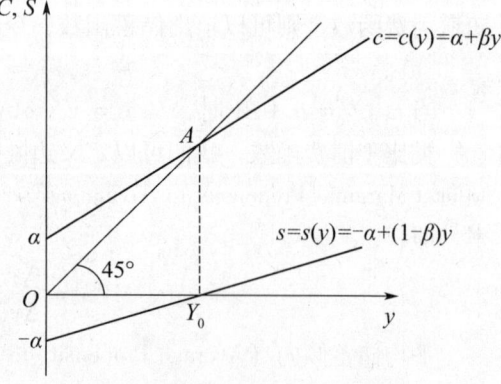

图 3 - 3 消费函数和储蓄函数的关系

【阅读材料 3 - 4】

几种关于消费函数的理论

1. 绝对收入假说。凯恩斯在《通论》中提出，消费支出和收入之间有稳定的函数关系，消费函数若假设为 $C = a + bY$，其中 $a > 0$，$0 < b < 1$，C、Y 分别是当期消费和收入，b 为边际消费倾向。但凯恩斯提出，边际消费倾向随收入 Y 的

增加而递减。平均消费倾向 c/y 也随着收入的增加而有递减趋势。

2. 相对收入假说。此理论是美国经济学家杜森贝里（J. S. Duesenberry）在《收入、储蓄的消费行为理论》中提出来的。在指出凯恩斯的错误假设的基础上，杜森贝里提出消费并不取决于现期绝对收入水平，而是取决于相对收入水平，即相对于其他人的收入水平和相对于本人历史上最高的收入水平。

根据相对收入假设，杜森贝里认为：①人们的消费会相互影响，有攀比倾向，即"示范效应"，人们的消费不决定于其绝对收入水平，而决定于同别人相比的相对收入水平。②消费有习惯性，某期消费不仅受当期收入的影响，而且受过去所达到的最高收入和最高消费的影响。消费具有不可逆性，即所谓"棘轮效应"。

3. 生命周期假说。由莫迪里安尼（F. Modiglian）提出，认为人的一生可分为两个阶段，第一阶段参加工作，第二阶段纯消费而无收入，用第一阶段的储蓄来弥补第二阶段的消费。这样，个人可支配收入和财富的边际消费倾向取决于该消费者的年龄。它表明当收入相对于一生平均收入高（低）时，储蓄是高（低）的；它同时指出总储蓄取决于经济增长率及人口的年龄分布变量。

4. 永久收入假说。该理论由弗里德曼（M. Friedman）提出，认为消费者的消费支出主要不是由他的现期收入决定，而是由他的永久收入决定。所谓永久收入是指消费者可以预计到的长期收入。永久收入大致可以根据观察到的若干年收入的数值之加权平均数计得，距现在的时间越近，权数越大；反之，则越小。根据这种理论，政府想通过增减税收来影响总需求的政策是不能奏效的，因为人们减税而增加的收入，并不会立即用来增加消费。

上述生命周期假说和永久收入假说有联系也有区别。就区别而言，前者偏重对储蓄动机的分析，从而提出以财富作为消费函数之变量的重要理由；而永久收入假说则偏重于个人如何预测自己未来收入问题。就联系而言，不管二者强调重点有何差别，它们都体现一个基本思想：单个消费者是前向预期决策者，因而在如下几点上都是相同的：①消费不只同现期收入相联系，而是以一生或永久的收入作为消费决策的依据。②一次性暂时收入变化引起的消费支出变动甚小，即其边际消费倾向很低，甚至近于零，但采自永久收入变动的消费倾向很大，甚至近于1。③当政府想用税收政策影响消费时，如果减税或增税只是临时性的，则消费者并不会受到很大影响，只有永久性税收变动，政策才会有明显效果。

理性预期学派认为，消费者是理性的，是前向预期决策者，会利用经济及信息对未来收入进行预测，从而作出消费安排，而不仅仅由过去收入的平均值作为持久收入，后来经济学界把理性预期和生命周期假设、永久收入假设结合在一起称为前向预期消费理念。对前向预期消费理论进行实证研究时发现：实际的短期边际消费倾向大于理论值，即消费者对暂时性收入变化的反应较为敏感。原因有两个：①不能正确地预期未来收入，即不能正确区分收入变化是暂时性还是永久性的。②消费者受到约束。

影响消费的其他因素：耐用性资产、货币性资产、信用的条件、收入的分配、人口以及一般价格水平、相对价格以及消费者对于价格的预期等。

3.1.3 投资函数

投资是国民收入的重要组成部分，投资在很大程度上决定着经济的衰退和繁荣，投资的波动是经济周期最初也是最重要来源。投资对应的经济的长期增长具有重要的决定作用，因为投资影响着一个经济未来的生产能力。

企业和家庭都需要购买投资品。企业购买投资品是为了增加它们的资本存量，并替代现有的耗损资本。家庭购买新住房，这也是投资的一部分。美国的总投资金额平均为 GDP 的 15% 左右。需要明确的是，西方经济学中的投资跟人们日常所说的投资是有区别的。经济学中所说的投资，是指资本的形成，即社会实际资本的增加，包括建设新企业、购买设备、厂房等各种生产要素的支出以及存货的增加，还有新住宅的建筑，其中主要是厂房、设备的增加。

影响投资的因素有很多，主要的因素有实际利率、折旧、预期收益率、预期通货膨胀率和投资风险等。投资与实际利率反方向变动，实际利率是影响投资的首要因素。投资与折旧同方向变动，折旧是现有设备、厂房的损耗，资本存量越大，折旧也越大，越需要增加投资以更换设备和厂房，这样需折旧的量越大，投资也越大。投资与预期利润同方向变动，投资是为了获得利润，利润率必须高于利率。投资与预期的通货膨胀率同方向变动。在发生通货膨胀的情况下，短期内对企业是有利的，因为可以增加企业的实际利润总量，减少实际工资总量，因而在预期即将到来的通货膨胀，即预期价格即将上涨的情况下，企业会增加投资，反之则相反。投资需求还与企业对于投资的风险考虑密切相关。除了上述经济因素外，还有各种非经济因素：政治因素、意识形态因素、法律因素、人文环境因素、劳动力素质因素、政府管理因素、公共设施因素、生活设施因素、教育环境因素等。

为方便分析，假定在影响投资的其他因素都不变，而只有利率发生变化时，投资与利率之间的函数关系为投资函数。经济学家认为投资由实际利率决定，一般情况下，投资与实际利率之间呈负相关关系，即投资与利率反方向变动，随着实际利率的增加，投资额会减少。其原理如下，投资品的需求量取决于利率，利率衡量了融资的资金成本。为了使一国投资项目盈利，投资的收益（用该项目的预期收益率衡量）要大于其成本（为借贷资金支付的利息）。如果利率上升，盈利的投资项目减少，投资品的需求量也随之减少。

当研究利率在经济中的作用时，经济学家区分了名义利率与实际利率。当物价总水平变动时，这种区分是必须和合适的。名义利率（Nominal Interest Rate）是指一般报道的利率，是投资者为借贷的资金支付的利率，它包含了价格的因素。实际利率（Real Interest Rate）是校正通货膨胀影响后的利率，它是剔除了价格因素的利率。实际利率 = 名义利率 - 通货膨胀率。例如名义利率为 8%，而通货膨胀率是 3%，则实际利率为 5%。人们对投资品的需求量主要的决定因素是实际利率而非名义利率，投资函数给出投资量（i）和实际利率（r）之间的关系：

$$i = i(r) = e - dr \tag{3.9}$$

其中：i 为投资量，r 为实际利率，e 为自主投资，即在利率为 0 时也会有的投资量，d 是利率对投资需求的影响系数，表示利率每上升或下降一个百分点，投资会减少或增加的数量。如图 3-4 所示为投资函数曲线。

凯恩斯认为，投资取决于资本边际效率与利率之间的相互对比关系，而前者尤为重要。资本边际效率（Marginal Efficiency of Capital，MEC）是指正好使得资本物品使用期内各项预期收益的现值之和等于资本品供给价格或重置成本的贴现率。当投资者在购入某项资本设备时，必须预期在该设备报废之前，能在逐年的收益中偿还他的投资并获得利润。由于这些收益尚属未来的预期值，而投资却是现在支付的实际额，所以估算这笔收益时，最后用一个贴现率把它折成现值，并使该现值至少等于该项设备的供给价格（如按设备折旧率计算的价格），这样才便于进行比较。把作为预期收益率的资本边际效率与现行金融市场的利率相对比：若资本边际效率高于利率，投资者自然乐于投资，甚至借钱投资；反之，投资就会减少，甚至停止。这就是资本边际效率对投资的调节作用。

通俗而言，资本边际效率是指厂商计划一项投资时预期可赚得的按复利方法计算的利润率。MEC 取决于预期的未来收益 R 和购置投资资产的成本 C。由于资本边际效率 MEC =（收益 R − 成本 C）/成本 C = 净收益/成本，所以资本边际效率是一个百分率，可以直接与利息率相比较。

但凯恩斯又认为，资本边际效率随着投资量的增加而递减，它是一条自左向右下方倾斜的曲线。因为，随着投资的增加，资本存量增加，一方面，资本资产的成本会增加（同样一台机器所费更多）；另一方面，资产所产物品的供给增加，因而预期收益会减少。凯恩斯认为，资本边际效

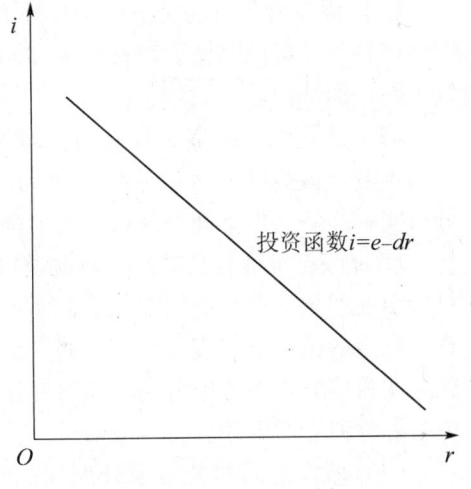

图 3-4 投资函数曲线

率随投资增加而递减，在短期内主要由于资本资产成本上升，在长期内主要在于资本存量的大量积累（可供选择的投资机会越来越少；资本对劳动的边际替代率递减）。

所谓资本边际效率递减规律是指人们预期从投资中获得的利润率（即预期利润率）将因增添的资产设备成本提高和生产出来的资本数量的扩大而趋于下降。引起资本边际效率递减的原因主要有两个：第一，投资的不断增加必然会引起资本品供给价格的上升，而资本品供给价格的上升意味着成本增加，从而会使投资的预期利润率下降；第二，投资的不断增加，会使所生产出来的产品数量增加，而产品数量增加会使其市场价格下降，从而投资的预期利润率也会下降。资本边际效率的递减使资本家往往对未来缺乏信心，从而引起投资需求的不足。凯恩斯在用边际消费倾向规律说明

消费不足之后，接着用资本边际效率崩溃去说明投资不足。

3.2 简单的国民收入决定理论

3.2.1 简单国民收入决定理论的基本假设

西方经济学是注重研究均衡的学科。在宏观经济学中，我们也需要研究在均衡时，国民收入是如何决定的问题。现代西方宏观经济学的奠基人凯恩斯学说的中心内容就是国民收入决定理论。凯恩斯主要的全部理论涉及四个市场，分别是：产品市场、货币市场、劳动市场和国际市场。仅包括产品市场的理论称为简单的国民收入决定理论。而本书第4章介绍的 IS-LM 模型则是分析产品市场和货币市场同时均衡时的国民收入决定理论。

简单的国民收入决定理论基于以下几点假设。

（1）假设所分析的经济中不存在政府和对外贸易，只有居民户和厂商（企业），即经济体是两部门经济。消费行为和储蓄行为都发生在居民户部门，生产和投资行为发生在厂商部门。

（2）假定企业投资是自主的，即不受利率和产量变动的影响，或者说假定利率水平不变。该假设表示暂时不考虑货币因素在总需求分析中的作用，也就说明目前是分析实物经济条件下即产品市场上的国民收入均衡问题。

（3）假设价格具有黏性，也就说价格不变。社会存在资源闲置，总需求变动时，只会引起产量变动，使供求相等，而不会引起价格变动。此时供给没有限制，厂商愿意在既定的价格下出售任何数量的产出。因此此时假定总供给曲线是完全平坦的，也就说明目前分析不考虑劳动市场的变化对厂商生产成本产生的影响。这在西方经济学中被称为凯恩斯定律。

（4）假设折旧和公司未分配利润为零。由于基本模型只涉及产品市场的分析，因此才称为简单的国民收入决定模型。但在后面分析 IS-LM 模型和总需求与总供给模型时将逐步放松上面的假设条件。

3.2.2 均衡国民收入（均衡产出）的概念

一般来说，经济社会的国民收入水平是由总需求与总供给共同决定的。"总供给"与"总需求"是理论概念，有必要把它们转换为统计概念，在总供求理论与国民经济核算统计之间建立起联系。具体地说，就是在总供给、总需求这两个理论概念与总产出、总支出这两个宏观统计指标之间建立起联系。从宏观经济总量来看，国民产出和国民收入是相等的，所以在本书中，我们使用的国民收入概念和国民产出概念意思是相同的。

总产出或总收入从产出和收入角度反映了特定时期经济系统所生产（供给）的

总量，表示了经济的供给方面。可以把总产出定义为：$Y = Y_d$。其中，Y 为总产出，Y_d 为收入（实际上是可支配收入，在两部门经济中，由于没有税收，要素收入就是可支配收入）。收入要么消费要么储蓄，则：$Y_d = C + S$，所以总产出 = 总供给，即 $Y = C + S$。

总支出是经济中用于新生产商品和劳务的支出总量，表示经济的需求方面，是总需求统计指标。简单模型中不考虑政府和对外部门，总支出（AE）为家庭消费（C）和厂商投资（I），即 $AE = C + I$。

总产出与总支出不一致导致总量失衡问题。如果总产出方面因为外生供给冲击（Shock）而下降（如地震、罢工），原先支出和消费水平将无法维持。但我们这里假定没有供给限制，所以供给方面不存在问题（注意供给没有限制的假设）。如果消费或投资下降，即支出环节发生"漏泻"（Leakage），有效需求不足，将导致经济运行困难。在供给没有限制的条件下，支出决定产出，称之为均衡产出，这样总供给等于总需求，宏观经济均衡条件，归结为总产出等于总支出条件，即 $Y = AE$，也就是 $C + S = C + I$ 即 $I = S$。

在凯恩斯的简单国民收入水平决定模型的分析中，一般用总支出（AE）来替代总需求（AD）。两者的不同之处在于，总需求取决于价格水平，而总支出是在价格水平不变的情况下取决于国民收入水平。简单国民收入水平决定模型是在假定价格不变的前提下来分析国民收入如何决定的，所以这里可以用总支出来替代总需求进行分析。

凯恩斯认为经济社会的产量或者国民收入决定于总需求，和总需求相等的产出称为均衡产出。下面我们以两部门为例，研究简单的国民收入的决定。

在两部门经济中没有政府和对外贸易，总需求就只有居民消费支出和企业投资支出构成，于是均衡产出公式表示为：

$$y = c + i \tag{3.10}$$

这里 y、c 和 i 都用小写字母表示，分别代表剔除了价格变动的实际产出或收入、实际消费和实际投资。

均衡国民收入（均衡产出）是和总需求（总支出）相一致的收入（产出），也就是经济社会的收入正好等于全体居民和企业想要的支出。社会经济要处于均衡收入水平上，就有必要使实际收入水平引起一个相等的计划支出量。令 E 代表计划支出，y 代表收入，则均衡条件是：

$$E = y \tag{3.11}$$

更进一步讨论，计划支出等于计划消费加投资，即 $E = c + i$。而生产创造的收入等于计划消费加计划储蓄，即 $y = c + s$，代入式（3.11）可得：

$$c + i = c + s$$

等式两边消去 c，则得：

$$i = s \tag{3.12}$$

式（3.12）说明在国民经济均衡时，计划投资等于计划储蓄。例如，假定企业生产 100 亿美元产品，居民和企业要购买产品和支出也是 100 亿美元，则这 100 亿美元的生产就是均衡产出，如图 3-5 所示。

在图 3-5 中，纵轴表示支出，横轴表示收入，45°线被看成一条参考线，在这条线上的任何点表示的都是支出和收入相等。现假设支出不随国民收入变化，即支出 E 始终固定在一个水平上不变，也就是支出 E 为水平直线。假设该水平直线与 45°线的交点所对应的横坐标国民收入水平为 y_e 时，国民收入水平与支出相等。如果国民收入水平大于 y_e，则国民收入（产出）超过了支出，这样导致厂商存货增加，厂商不愿意出现这种情况，必然会减少生产，此时国民收入（产出）会下降。反之，如果国民收入水平小于 y_e，则国民收入（产出）低于支出，厂商库存会减少，厂商就会增加生产，此时国民收入（产出）会上升。由此可见，厂商最终会把产出定在与总支出相一致的水平上，那么这个产出（国民收入）就是所谓的均衡产出（国民收入）。

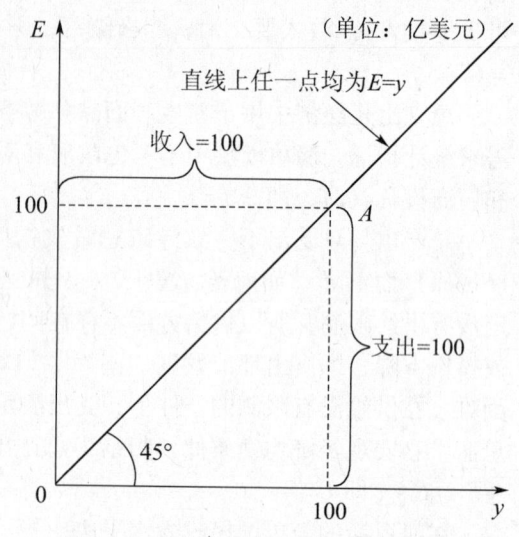

图 3-5　支出等于收入的 45°线

3.2.3　简单的国民收入决定模型

简单的凯恩斯国民收入水平决定模型是建立在凯恩斯总供给线基础上分析的，而凯恩斯总供给线为水平线（详情请见本书 5.2），此时均衡的国民收入取决于总需求水平。即在厂商有闲置生产能力的情况下，总需求越多，厂商所提供的产出量越多。

在简单的两部门国民收入决定理论中，总是先假定计划净投资（i）是一个固定的量，不随着国民收入水平而变化，即投资（i）是一个常数，且为外生变量。而均衡的国民收入由收入恒等式和消费函数共同决定。

$$y = c + i \quad \text{（收入恒等式）}$$
$$c = \alpha + \beta y \quad \text{（消费函数）}$$

联立方程，有 $y = (\alpha + \beta y) + i$，即：

$$y = \frac{\alpha + i}{1 - \beta} \tag{3.13}$$

可见，如果知道了消费函数和投资量，就可得到均衡的国民收入，例如假定消费函数 $c = 1\,000 + 0.8y$，自发的计划投资为 600 亿美元，则均衡收入：

$$y = \frac{1\,000 + 600}{1 - 0.8} = 8\,000 \text{（亿美元）}$$

下面用表和作图的形式说明均衡收入的决定。表 3-3 显示了消费函数 $c = 1\,000$

$+0.8y$ 以及自发投资为 600 亿元时均衡收入的决定情况。

表 3-3 均衡收入的决定

单位：亿美元

（1）收入	（2）消费	（3）储蓄	（4）投资
3 000	3 400	-400	600
4 000	4 200	-200	600
5 000	5 000	0	600
6 000	5 800	200	600
7 000	6 600	400	600
8 000	7 400	600	600
9 000	8 200	800	600
10 000	9 000	1 000	600

表 3-3 说明，8 000 亿美元是均衡收入，如果收入小于 8 000 亿美元时，比方说为 6 000 亿美元时，c = 5 800 亿美元，加上投资 600 亿美元，总支出为 6 400 亿美元，超过了总供给 6 000 亿美元，这意味着企业销售出去的产量大于它生产出来的产量。存货出现了意外的减少，这时扩大生产是有利可图的。于是，企业会增加雇用工人，增加产量，使收入向均衡收入靠拢。同理，可以证明当收入大于 8 000 亿美元时，收入也是向均衡收入靠拢。只有收入达到了均衡水平时，即没有非计划存货投资，也没有非计划存货负投资（即存货意外地减少），产量正好等于销量，存货保持正常水平，这就是企业愿意保持的产量水平。

图 3-6 表示如何用消费曲线加投资曲线和 45°线相交决定收入，该图又称为凯恩斯交叉图。

图 3-6 中，横轴表示收入，纵轴表示消费。由 3.1 节可知消费函数（c）是一条向右上方倾斜的直线，而投资（i）始终为 600 亿美元，则消费加投资曲线（$c+i$）平行于消费曲线（c），其间垂直距离即 600 亿美元投资。总支出线和 45°线相交于 E 点，E 点决定的收入水平是均衡收入 8 000 亿美元。这时，家庭部门想要有的消费支出与企业部门想要有的投资支出总和，正好等于收入即产量，该产量就是均衡产量。

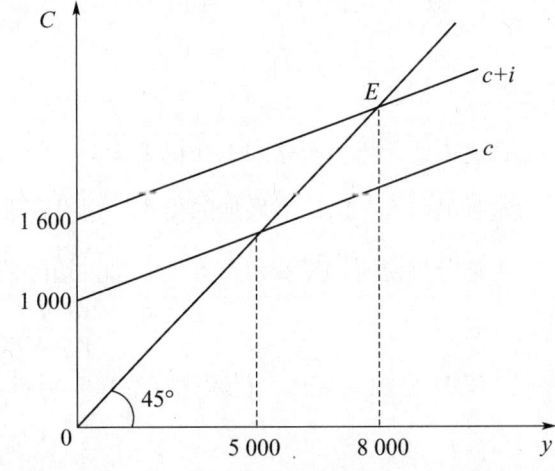

图 3-6 消费加投资曲线和 45°线相交决定收入

3.2.4 乘数论

1. 投资乘数

假如一国政府要刺激经济，增加自发投资，自发投资从600亿美元增加到700亿美元，而消费函数依然为 $c = 1\,000 + 0.8y$ 不变，则均衡的国民收入从8 000亿美元增加到8 500亿美元。本例中，投资增加100亿美元，收入增加500亿美元，增加的收入是增加的投资的5倍。可见，当总投资增加时，收入的增长将是投资增量的数倍。如果以 k 代表这个倍数，则 k 就是被经济学家称之为的投资乘数。投资乘数定义为收入增量与投资增量之比。在本例中，投资乘数为5。

为什么投资增加100亿美元时，收入会5倍地增加呢？这是因为，增加的100亿美元投资用来购买投资品时，销售收入用来偿还各种生产要素的报酬（如工资、利息、地租和利润等形式），各种生产要素报酬会流入生产要素的所有者手中，即居民手中，从而居民收入增加了100亿美元，这100亿美元是投资对国民收入的第一轮增加。

由于消费函数为 $c = 1\,000 + 0.8y$，边际消费倾向为0.8，那增加的这100亿美元会有80亿美元用于购买消费品。于是有 $100 \times 0.8 = 80$ 亿美元又以各种生产要素报酬的形式流入生产消费品的生产要素所有者的手中，从而使社会居民收入又增加了80亿美元，这是国民收入的第二轮增加。

同样，这些消费品生产者会把这80亿美元收入中的64亿美元（$100 \times 0.8 \times 0.8$）用于消费，使社会总需求提高64亿美元，这个过程不断继续下去，最后使国民收入增加500亿美元，其过程是：

$$100 + 100 \times 0.8 + 100 \times 0.8^2 + \cdots + 100 \times 0.8^{n-1}$$
$$= 100(1 + 0.8 + 0.8^2 + \cdots + 0.8^{n-1})$$
$$= \frac{1}{1 - 0.8} \times 100$$
$$= 500(亿美元)$$

此时表明，当投资增加100亿美元时，收入最终会增加500亿美元。如果以 Δy 代表增加的收入，Δi 代表增加的投资，则投资乘数为 $k = \frac{\Delta y}{\Delta i}$，则 $\Delta y = k\Delta i$。

上述分析说明，投资乘数 = 1 ÷ （1 - 边际消费倾向），即：

$$k = \frac{1}{1 - \text{MPC}} \tag{3.14}$$

由于 MPS = 1 - MPC，代入式（3.14）可得：

$$k = \frac{1}{\text{MPS}} \tag{3.15}$$

可见，乘数大小和边际消费倾向有关，边际消费倾向越大，或边际储蓄倾向越小，则乘数就越大。

乘数效应可以用图 3-7 来表示。图中，$c+i$ 代表原来的总支出线，$c+i'$ 代表新的总支出线，$i' = i + \Delta i$，原来的均衡收入为 y。新的均衡收入为 y'，则 $\Delta y = y' - y$，$\Delta y = k\Delta i$。相当于本例中投资从 600 亿美元增加到 700 亿美元，即 $\Delta i = 100$ 亿美元时，收入从 8 000 亿美元增加到 8 500 亿美元，即 $\Delta y = 500$ 亿美元，$k = 5$。

2. 其他乘数类型

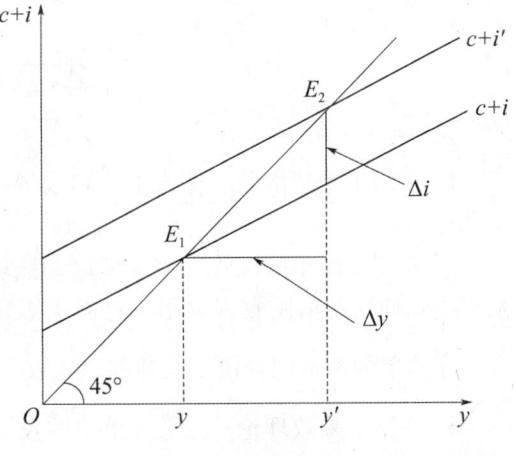

图 3-7 乘数效应

以上说明的是投资变动引起国民收入变动有一乘数效应。实际上，总需求的任何变动，如消费的变动，政府支出的变动，税收的变动、净出口的变动，都会引起国民收入若干倍变动。根据均衡国民收入的分析，我们可以得到以下其他乘数公式。

三部门经济中的政府购买支出乘数是指收入变动对引起这种变动的政府购买支出变动的比率。如果 Δy 表示国民收入的变动量，Δg 表示政府购买支出的变动量，那么政府购买支出乘数的公式为：$K_g = \Delta y / \Delta g = 1 \div (1 - \beta)$。

税收乘数指收入变动与引起这种变动的税收变动的比率。如果用 Δt 表示税收变动量，则税收乘数的公式为：$K_t = \Delta y / \Delta t = -\beta \div (1 - \beta)$。税收乘数为负值，表明收入随税收增加而减少。因为税收增加，则人们可支配收入减少，从而消费会跟着减少，因而税收变动和总支出变动方向是相反的。税收乘数小于政府购买支出乘数，这一点也说明了税收对国民收入的影响与政府购买支出对国民收入的影响途径不同，前者要通过消费支出来影响总支出，而后者是直接影响总支出的。

政府转移支付乘数指收入变动与引起这种变动的政府转移支付变动的比率。用 Δtr 表示政府转移支付的变动量，则政府转移支付乘数的公式为：$K_{tr} = \Delta y / \Delta tr = \beta \div (1 - \beta)$。政府转移支付乘数与税收乘数的绝对值相等，因为它也是通过影响消费支出来影响国民收入的，但是符号与税收乘数相反。

政府购买直接增加了总支出，而减税或者转移支付只会使可支配收入增加相应的数额，增加的可支配收入只有一部分用于消费支出。正是因为政府购买乘数大于税收乘数，因此，如果政府购买和税收等额增加，国民收入仍将增加。

平衡预算乘数指政府收入和支出同时以相等数量增加或减少时国民收入变动与政府收支变动的比率。平衡预算乘数的公式为：$K_b = \Delta y / \Delta g = \Delta y / \Delta t = (1 - \beta) \div (1 - \beta) = 1$。

四部门经济中的对外贸易乘数（收入变动对引起这种变动的出口变动的比率）的公式为 $1 \div (1 - \beta + \gamma)$，$\gamma$ 是边际进口倾向，$0 < \gamma < 1$。显然，对外贸易乘数比封闭经济中的政府购买支出乘数小。

本章小结

1. 介绍了消费函数、储蓄函数和投资函数的相关理论，重点是凯恩斯的消费决定理论。

2. 介绍了简单国民收入决定理论，该理论指出在产品市场上投资既定时总需求水平决定均衡的国民收入水平。总需求等于总供给时的国民收入就是均衡的国民收入。在简单的两部门经济中均衡的国民收入为 $y = \dfrac{\alpha + i}{1 - \beta}$。

3. 介绍了乘数理论，当总需求中的投资（I）与消费（C）变动时，会引起国民收入成倍数的同方向的变动，即具有乘数效应，其中投资乘数为 $k = \dfrac{1}{1 - \text{MPC}}$。

练 习 题

一、名词解释

1. 均衡产出或收入　2. 消费函数　3. 边际消费倾向　4. 平均消费倾向
5. 边际储蓄倾向　6. 平均储蓄倾向　7. 投资乘数　8. 直接税
9. 间接税　10. 政府购买　11. 政府转移支付　12. 政府支出乘数
13. 税收乘数　14. 转移支付乘数　15. 通货紧缩缺口　16. 通货膨胀缺口

二、选择题

1. 在两部门经济中，均衡发生于（　　）之时。
   A. 实际储蓄等于实际投资
   B. 实际的消费加实际的投资等于产出值
   C. 计划储蓄等于计划投资
   D. 总支出等于企业部门的收入

2. 从短期来说，当居民的可支配收入等于零时，消费支出可能（　　）。
   A. 大于零　　　　　　　　　B. 等于零
   C. 小于零　　　　　　　　　D. 以上几种情况都可能

3. 从长期来说，当居民的可支配收入等于零时，则消费支出（　　）。
   A. 可能大于零　　　　　　　B. 可能小于零
   C. 等于零　　　　　　　　　D. 以上几种情况都有可能

4. 在短期内，居民的（　　）有可能大于可支配收入。

A. 储蓄 B. 消费 C. 所得税 D. 转移支付
5. 直线型的消费函数表明平均消费倾向（　　）。
   A. 大于边际消费倾向 B. 小于边际消费倾向
   C. 等于边际消费倾向 D. 以上几种情况都有可能
6. 下列哪一种情况不会使收入水平增加？（　　）。
   A. 自发性支出增加 B. 自发性税收下降
   C. 自发性转移支付增加 D. 净税收增加
7. 如果其他情况不变，净税收和政府购买增加同一数额时，则（　　）。
   A. $(C+I+G)$ 上移 B. $(C+I+G)$ 下移
   C. $(C+I+G)$ 不变 D. 以上三种情况都有可能
8. 假定净出口函数是 $X = X - mY$，净出口余额为零，则增加投资支出将（　　）。
   A. 使净出口余额和收入增加
   B. 收入增加，但净出口余额变为负值
   C. 收入增加，净出口余额不受影响
   D. 收入不受影响，但净出口余额变为负值
9. 边际进口倾向上升（　　）。
   A. 对乘数的影响和 MPC 一样 B. 对乘数没有影响
   C. 使乘数变大 D. 使乘数变小
10. 引致消费取决于（　　）。
    A. 自发消费 B. 边际储蓄倾向
    C. 收入和边际消费倾向 D. 以上都不是
11. 根据凯恩斯的消费函数，引起消费增加的因素主要是（　　）。
    A. 价格水平下降 B. 收入增加
    C. 储蓄增加 D. 以上都不是
12. 根据凯恩斯的储蓄函数，引起储蓄增加的因素是（　　）。
    A. 收入增加 B. 利息率提高
    C. 人们预期未来的价格水平要上升 D. 以上都不是
13. 根据简单的国民收入决定模型，引起国民收入减少原因是（　　）。
    A. 消费减少 B. 储蓄减少
    C. 消费增加 D. 以上都不是
14. 在以下几种情况下，投资乘数最大的是（　　）。
    A. 边际消费倾向为 0.6 B. 边际消费倾向为 0.4
    C. 边际消费倾向为 0.75 D. 边际消费倾向为 0.2
15. 在两部门经济中，当投资增加 100 万元时，国民收入增加了 1 000 万元，那么此时的边际消费倾向为（　　）。
    A. 100% B. 10% C. 90% D. 20%
16. 如果边际消费倾向是 0.8，在没有所得税的情况下，转移支付乘数是（　　）。

  A. 4   B. 5   C. 6   D. 8

17. 如果消费函数为 $C = 100 + 0.8(Y - T)$，那么政府支出乘数是（   ）。

  A. 0.8   B. 1.25   C. 4   D. 5

18. 下列哪项经济政策将导致收入水平有最大变化？（   ）。

  A. 政府增加购买 50 亿元商品和劳务

  B. 政府购买增加 50 亿元，同时增加税收 50 亿元

  C. 税收减少 50 亿元

  D. 政府支出增加 50 亿元，其中 30 亿由增加的税收支付

19. 下列哪一项不是恒等式？（   ）。

  A. $Y = C + I + G$ B. $C + I = C + S$

  C. $S + T = I + G$ D. $S = F(Y)$

20. 已知：国民收入总额 = 10 亿美元，政府预算有 1 亿美元的赤字，国际收支有 1 亿美元的逆差，储蓄额 = 2 亿美元。下列哪项测度准确？（   ）。

  A. 消费额 = 7.5 亿美元   B. 政府支出额 = 1.5 亿美元

  C. 消费 + 政府支出 = 8 亿美元   D. 投资 = 2 亿美元

21. 消费函数的斜率取决于（   ）。

  A. 平均消费倾向   B. 与可支配收入无关的消费的总量

  C. 边际消费倾向   D. 由于收入变化而引起的投资总量

22. 如果平均储蓄倾向为负，那么（   ）。

  A. 平均消费倾向等于 1

  B. 平均消费倾向大于 1

  C. 平均消费倾向和边际储蓄倾向之和小于 1

  D. 平均消费倾向小于 1

23. 在一个私人部门（$C + I$）模型中，收入的均衡水平发生在（   ）。

  A. 计划投资等于计划消费时   B. 总供给等于计划投资时

  C. 总供给等于总需求时   D. 储蓄等于投资

24. 假设总供给是 540 美元，消费是 460 美元而投资是 70 美元，在该经济中（   ）。

  A. 计划投资等于计划储蓄

  B. 存货中包含有非计划投资

  C. 存在非计划储蓄

  D. 非计划储蓄等于计划投资及非计划投资

25. 政府支出乘数（   ）。

  A. 等于投资乘数   B. 等于投资乘数的相反数

  C. 比投资乘数小 1   D. 等于转移支付乘数

26. 税收乘数和转移支付乘数的唯一区别是（   ）。

  A. 税收乘数总比转移支付乘数小 1

B. 前者为负，而后者为正
C. 两者互为相反数
D. 后者是负的，而前者为正

27. 如果 MPS 为 0.2，则税收乘数（税收为定量税）值为（   ）。
    A. -5   B. 0.25   C. -4   D. 2
28. 如果政府支出乘数为 8，在其他条件不变时（税收为定量税），税收乘数为（   ）。
    A. -6   B. -8   C. -7   D. -5
29. 依据哪种消费理论，一个暂时性减税对消费影响最大？（   ）
    A. 凯恩斯绝对收入消费理论   B. 相对收入消费理论
    C. 永久收入的消费理论   D. 生命周期的消费理论
30. 依据哪种消费理论，社会保障金一个永久性上升对消费影响最大？（   ）
    A. 凯恩斯绝对收入消费理论   B. 相对收入消费理论
    C. 永久收入的消费理论   D. 生命周期的消费理论
31. 依据哪种消费理论，持续较高的失业保险金对消费影响最大？（   ）
    A. 凯恩斯绝对收入消费理论   B. 相对收入消费理论
    C. 永久收入的消费理论   D. 生命周期的消费理论
32. 哪种消费理论预言总储蓄将依赖于总人口中退休人员和年轻人的比例？（   ）
    A. 凯恩斯绝对收入消费理论   B. 相对收入消费理论
    C. 永久收入的消费理论   D. 生命周期的消费理论
33. 哪种消费理论预言消费将不会随经济的繁荣与衰退有太大变化？（   ）
    A. 凯恩斯绝对收入消费理论   B. 相对收入消费理论
    C. 永久收入的消费理论   D. 生命周期的消费理论

三、判断题

1. 自发消费随收入的变动而变动，它取决于收入和边际消费倾向。（   ）
2. 当经济处于均衡时，边际消费倾向必然等于边际储蓄倾向。（   ）
3. 既然实际储蓄等于实际投资，那么实际经济至少在理论上总是处于均衡状态的。（   ）
4. 如果边际消费倾向为 0.75，那么储蓄函数曲线比消费函数曲线陡。（   ）
5. 如果边际消费倾向为 0.75（税收为定量税），那么投资乘数为 4。（   ）
6. 如果边际消费倾向为 0.75（税收为定量税），政府支出乘数为 4。（   ）
7. 如果边际消费倾向为 0.75，平衡预算上升 100，那么实际收入上升 75。（   ）
8. 如果边际消费倾向为 0.75，税收上升 100，那么实际收入下降 300。（   ）
9. 在均衡公式 $S + T = I + G$ 中，储蓄一定等于投资，税收一定等于政府支出。（   ）
10. 税收和政府的转移支付都将由于它们对可支配收入的影响而影响消费。（   ）

11. 政府购买的变化直接影响总需求，但税收和转移支付则是通过它们对私人消费和投资的影响间接影响总需求。（　　）

12. 若消费函数为 $C = 0.85Y$，则边际消费倾向是新增 1 美元收入中消费 85 美分。（　　）

13. 增加转移支付将增加国内生产总值。（　　）

14. 若所得税不是同政府购买支出增加相同数额，政府购买的增加将导致预算赤字的增加。（　　）

15. 政府购买增加，则储蓄增加。（　　）

16. 边际消费倾向上升将减少收入。（　　）

17. 在没有所得税条件下，增加政府购买同时减少等量的转移支付，将使国内生产总值增加与政府购买相同的量。（　　）

18. 在存在所得税条件下（税收为定量税），增加政府购买同时减少等量的转移支付，将使国内生产总值增加与政府购买相同的量。（　　）

19. 边际储蓄倾向越大，政府购买变动对国内生产总值的影响就越大。（　　）

20. 若一国可支配收入的 92.2% 用于消费支出，则 7.8% 用于储蓄。（　　）

四、分析讨论题

1. 在均衡产出水平上，是否计划存货投资和非计划存货投资都必然为零？
2. 能否说边际消费倾向和平均消费倾向都总是大于零而小于 1？
3. 一些西方经济学家常断言，将一部分国民收入从富者转给贫者，将会提高总收入水平，你认为他们的理由是什么？
4. 按照凯恩斯主义观点，增加储蓄对均衡收入会有什么影响？
5. 税收、政府购买和转移支付这三者对总支出的影响方式有何区别？

五、计算题

1. 假设某经济社会的消费函数为 $C = 100 + 0.8y$，投资为 50（单位：亿美元）。
（1）求均衡收入、消费和储蓄。
（2）如果当时实际产出（即收入）为 800，试求企业非意愿存货积累为多少？
（3）若投资增至 100，试求增加的收入。
（4）若消费函数变为 $c = 100 + 0.9y$，投资仍为 50，收入和储蓄各为多少？投资增至 100 时收入增加多少？
（5）消费函数变动后，乘数有何变化？

2. 假设某经济社会储蓄函数为 $s = -1\,000 + 0.25y$，投资从 300 增加到 500 时，均衡收入增加多少？若本期消费是上期收入的函数，即 $C = a + bY_{t-1}$，试求投资从 300 增至 500 过程中的第 1、2、3、4 期收入各为多少？（单位：亿美元）

3. 假设某经济社会的消费函数为 $C = 100 + 0.8Y_D$，意愿投资 $I = 50$，政府购买性支出 $G = 200$，政府转移支付 $TR = 62.5$（单位：亿美元），税率 $t = 0.25$，试求：

(1) 均衡收入。

(2) 投资乘数，政府支出乘数，税收乘数，转移支付乘数及平衡预算乘数。

(3) 假定该社会达到充分就业所需要的国民收入为 1 200，试问：①增加政府购买；②减少税收；③增加政府购买和税收同一数额（以便实现预算平衡）实现充分就业，各需要多少数额？（均不考虑货币市场作用，即不考虑货币需求变动对利率进而对投资和消费的影响）。

4. 假定在上题中加入进口因素，并假定净出口函数为 $NX = 50 - 0.05Y$，试求：

(1) 均衡收入。

(2) 投资乘数，政府支出乘数，税收乘数及平衡预算乘数，并与第 3 题中求出的乘数作比较，说明这些乘数的值变大了还是变小了，为什么？

【网络资源】

1. 中国经济网　http：//www.ce.cn/macro/
2. 国家统计局网站　http：//www.stats.gov.cn/

（注：这里提供了一些网络链接，目的是为读者提供一些参考，拓展知识面，并且提供一种获取资料的方法。其中的一些链接可能会因为网站更新、网址变更等网络原因无法登录，请读者注意。）

第4章 产品市场与货币市场的一般均衡

【教学提示】

前面几章一直都假定利率是一个给定的外生变量即假定利率不变,事实上投资会随利率及其他因素的变化而变化的,而利率又由货币供求关系决定,本章开始将逐渐放松这一假定条件来探讨货币的供求是怎样决定利率和国民收入的。在产品市场和货币市场的分析框架中说明均衡利息率与均衡国民收入的决定,进而深入理解凯恩斯主义理论的基本框架。

【教学目的】

通过本章学习,你应该能够:
- 理解 IS 曲线和 LM 曲线的含义;
- 熟练掌握凯恩斯的 IS-LM 模型;
- 能用 IS-LM 模型对宏观经济现象进行简单的分析。

在 1929—1933 年间西方资本主义社会爆发了大萧条,大萧条爆发后,许多经济学家认为传统的古典宏观经济学理论不再适合,需要一个新模型来解释这种大规模与突发性的经济衰退。恰逢其时,1936 年英国经济学家约翰·梅纳德·凯恩斯用他的著作《就业、利息与货币通论》(下文简称《通论》)发动了经济学的革命。凯恩斯提出一种分析经济学的新方法,他将这种新方法作为对古典宏观经济理论的替代。然而,凯恩斯理论作为 20 世纪 30 年代经济危机的产物,其理论体系有先天的不足,主要表现在:只有宏观理论,没有微观理论;只有需求理论,没有供给理论;只有静态分析,没有动态分析;对传统经济学的一些重要命题的否定不彻底,导致在有关问题的分析上自相矛盾。《通论》出版后不久,西方经济学者们就认识到了这些问题,于是开始了对《通论》的一系列解释、修正、补充、发展和完善工作,从而形成了凯恩斯主义经济学。第二次世界大战以后,凯恩斯经济学在西方资本主义世界广泛流行起来,占据了官方经济学的宝座。

凯恩斯理论的要点如下:(1)产品市场和货币市场是相互联系的;(2)货币对经济影响并非中性的;(3)国民收入取决于消费和投资;(4)消费取决于消费倾向和收入;(5)投资取决于利率和资本边际效率;(6)利率由货币需求和货币供给决定;(7)资本边际收益率由生产技术决定,受预期收益率和资产供给价格的影响。

4.1 IS 曲线

在第 3 章分析简单的国民收入决定理论中，投资（i）只是作为一个既定的由模型之外的力量所决定的外生变量，即假定固定不变，但是在凯恩斯的 IS – LM 模型中，则把投资看作是一个内生变量，投资由实际利率所确定，用投资函数 $i = e - dr$ 来表示。

IS 曲线描述产品市场达到宏观均衡时，总产出与利率之间的关系。所谓产品市场均衡是指产品市场上的总供给与总需求相等。在两部门经济中，总需求是 $c + i$，总供给是 $c + s$，总供给等于总需求，也就是 $c + i = c + s$，即 $i = s$。结合前面章节介绍的消费函数 $c = \alpha + \beta y$，投资函数 $i = e - dr$，以及产品市场均衡条件 $i = s$，就能推导出 IS 曲线。由消费函数可得储蓄函数为 $s = y - c = -\alpha + (1-\beta)y$。联系下面三个式子：

$$\begin{cases} s = -\alpha + (1-\beta)y \\ i = e - dr \\ i = s \end{cases}$$

可得：

$$y = \frac{\alpha + e - dr}{1 - \beta} \tag{4.1}$$

举一例说明，假设投资函数 $i = 1\,250 - 250r$，消费函数 $c = 500 + 0.5y$。则储蓄函数为 $s = y - c = -500 + 0.5y$，则：

$$y = \frac{\alpha + e - dr}{1 - \beta} = \frac{500 + 1\,250 - 250r}{1 - 0.5} = 3\,500 - 500r$$

由式（4.1）变形可得：

$$r = \frac{\alpha + e}{d} - \frac{1 - \beta}{d} y \tag{4.2}$$

由式（4.2）可知，IS 曲线的斜率为 $\dfrac{\mathrm{d}r}{\mathrm{d}y} = -\dfrac{1-\beta}{d} < 0$，由此可知利率和国民收入（总产出）之间存在着反向变化的关系，即利率提高时总产出水平趋于减少，利率降低时总产出水平趋于增加。IS 曲线是一条向右下方倾斜的直线。我们以利率作为纵坐标，以收入作为横坐标，我们在 y - r 平面上画出 IS 曲线，如图 4 – 1 所示。

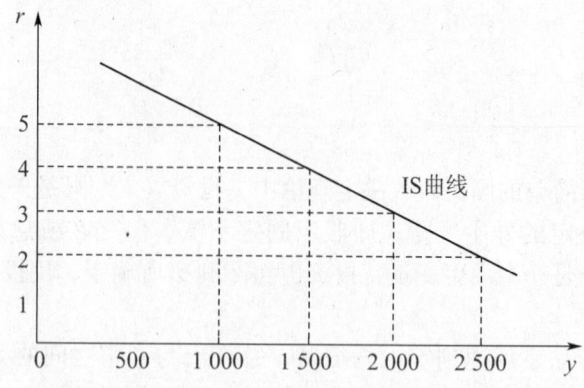

图 4-1　IS 曲线示意图

处于 IS 曲线上的任何点都表示实现了产品市场均衡，即 $i=s$，偏离 IS 曲线的任何点都表示没有实现均衡。如图 4-2 所示，如果某一点处于 IS 曲线右边，表示 $i<s$，即现行的利率水平过高，从而导致投资规模小于储蓄规模，此时存在着对产品的过度供给，在市场机制的作用下，将导致产出的减少，向左边方向移动直至回到 IS 曲线上达到均衡；如果某一点处于 IS 曲线的左边，表示 $i>s$，即现行的利率水平过低，从而导致投资规模大于储蓄规模，此时存在着对产品的过度需求，在市场机制的作用下，将导致产出的增加，向右边方向移动直至回到 IS 曲线上达到均衡。

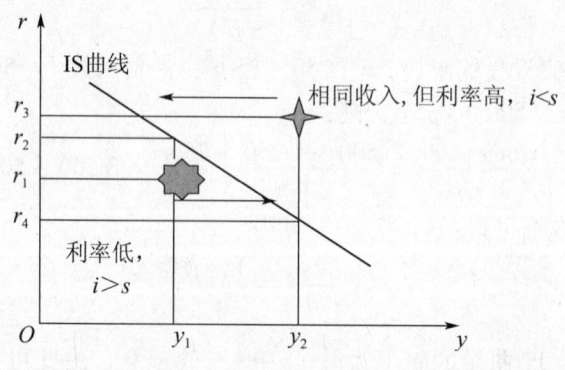

图 4-2　IS 曲线之外的经济含义

下面我们用图解的方法来说明，当产品市场均衡时如何推断出 IS 曲线。我们以两部门经济为例，如图 4-3 所示。假设当利率从 r_1 上升到 r_2，根据投资函数 $i(r) = e - dr$，可知投资从 $i(r_1)$ 减少至 $i(r_2)$，如图 4-3a 所示。在两部门经济中，计划支出为 $E = c + i$，当产品市场均衡时有计划支出 E 等于实际支出 Y，即 $Y = E = c + i$。由于利率上升，使得 $i(r_1)$ 减少至 $i(r_2)$，从而使得计划支出从 $E_1 = c + i(r_1)$ 减少到 $E_2 = c + i(r_2)$，则实际支出从 $Y_1 = c + i(r_1)$ 减少至 $Y_2 = c + i(r_2)$，如图 4-3b 所示。如图 4-3c 所示的 IS 曲线综合了利率和收入之间的这种关系：利率越高，收入水平越低。

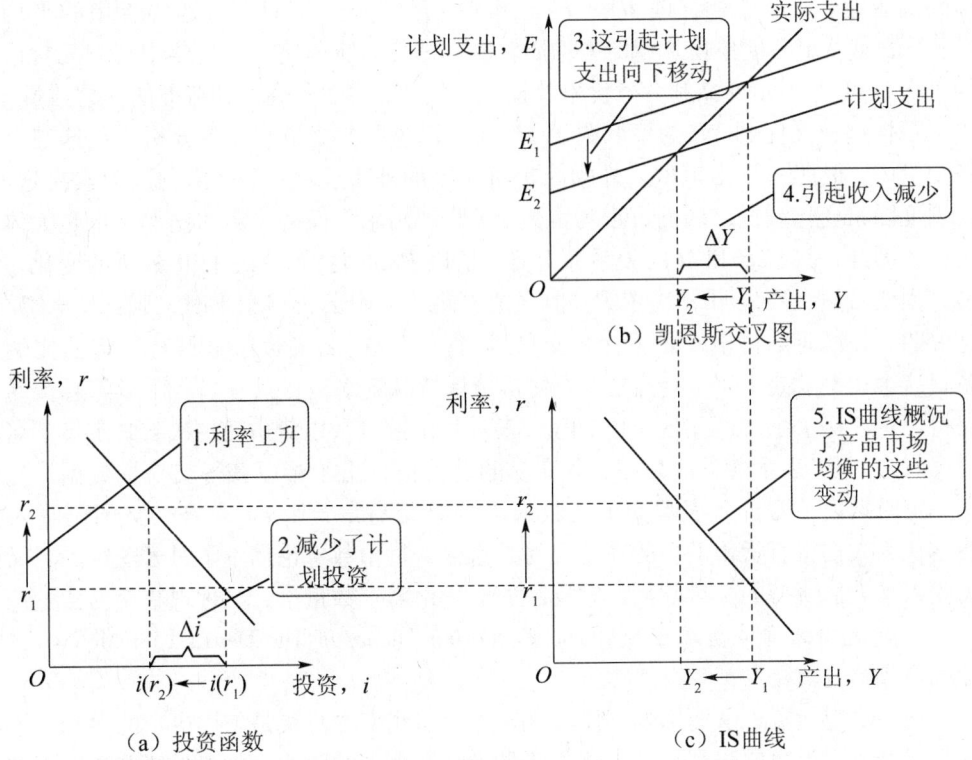

图 4-3 IS 曲线的推导示意图

4.2 LM 曲线

LM 曲线涉及货币市场，下面我们先关注货币供给和货币需求，以及均衡的利率水平是如何决定的，最后研究 LM 曲线。

4.2.1 货币市场中的货币需求

现实生活中人们可以选择以各种不同形式持有财富。货币需求，就是指人们在某一时点上愿意并能够以货币形式持有的财富的数量。因而其实质上反映的是人们对各种资产持有形态的选择关系。人们的经济活动为什么需要货币？货币起什么样的作用？人们为什么要以货币形式持有资产呢？这是货币需求理论所研究的问题。下面简要介绍几种货币需求理论。

1. 古典学派的货币需求理论（The Classical Theory of The Demand for Money）

古典学派的货币数量论认为货币是中性的，货币数量只影响价格，而不影响实物产量（美国经济学家欧文·费雪1911年出版的《货币的购买力》）。这是把货币数量与商品价格相联系的理论，具有代表性的是费雪的交易方程式（Fisher Equation）：货币的流通量＝交易总额，即 $MV = PT$。式中，M 表示一定时期流通中货币的平均数量；V 表示一定时期单位货币的平均周转次数即货币流通速度（一年中每一元货币的换手次数）；P 表示商品和劳务价格的加权平均数；T 表示商品和劳务的交易数量。

根据这一方程式，P 的值取决于 M、V、T 这三个变量。费雪分析，在这三个经济变量中，M 是一个由模型之外的因素所决定的外生变量；V 是由制度因素决定的，而制度因素变化缓慢，因而可视为常数；T 与产出水平保持一定的比例，也是大体稳定的。因此，只有 P 和 M 的关系最重要，所以 P 的值特别取决于 M 数量的变化。交易方程式虽然主要说明 M 决定 P，但当把 P 视为既定的价格水平时，则：$M = PT/V$。这说明，在既定的价格水平下，总交易量与所需要的名义货币量具有一定的比例关系，这个比例就是 $1/V$。换言之，要使价格保持既定水平，只有当货币量与总交易量保持一定比例关系才能实现。该方程式表示货币数量乘以货币使用次数必定等于名义国民收入（PT 表示各种商品和服务交易的总价值，由于难以获得交易量数据，通常用一定时期内不变价格表示的国民收入 Y 代替交易量，则 PY 就是名义国民收入）。费雪认为人们持有货币的目的在于交易，这样，货币数量论揭示了对于既定的名义国民收入下人们所持的货币数量，它反映的是货币需求数量论，又称现金交易数量论。

2. 凯恩斯的货币需求理论（The Keynesian Theory of The Demand for Money），又称流动性偏好理论

利率决定投资，从而影响国民收入，然而，利率本身又是怎样决定的呢？凯恩斯认为，储蓄不仅决定于利率，更重要的是受收入水平的影响，收入是消费和储蓄的源泉，只有收入增加了，消费和储蓄才会增加，收入不增加，即使利率提高，储蓄也无从增加。如果不知道收入水平高低，就无法建立储蓄和利率的函数关系，而如果不能确定储蓄函数，也就不能确定利率，从而也不能确定投资水平和国民收入水平。凯恩斯提出，如果利率不是由投资和储蓄的对比关系决定，而是由别的因素决定，则投资和收入的决定问题就有可能得以解决。他认为，利率不是由储蓄和投资决定的，而是由货币的供给量和对货币的需求量所决定的。货币的实际供给量（用 m 表示）一般由国家加以控制，是一个外生变量，因此，需要分析的主要是货币的需求。

货币需求也称流动性偏好（Liquidity Preference），又称灵活偏好或流动偏好，是指由于货币具有使用上的灵活性、极易流动、容易转变为其他资产，人们宁肯牺牲利息收入而储存不生息的货币来保持财富的心理倾向。简单地说就是人们在不同条件下出于各种考虑对持有货币的需要。既然持有货币会失去利息收入，那么，人们为什么要把不能生息的货币持在手中呢？凯恩斯认为，人们持有货币是出于以下三种动机。

（1）交易动机（The Transaction Motive）。交易动机是指个人和企业因生活消费和生产消费需要货币是为了进行正常的交易活动。由于收入和支出在时间上不是同步的，因而个人和企业必须有足够的货币资金来支付日常需要的开支。个人或企业出于对这种交易动机所需要的货币量，取决于收入水平以及惯例和商业制度，而惯例和商业制度在短期内一般可假定为固定不变，于是，按照凯恩斯的说法，出于交易动机的货币需求量主要取决于收入，收入越高，交易数量越大。交易数量越大，所交换的商

品和劳务的价格越高,从而为应付日常开支所需的货币量就越大。

(2) 谨慎动机或称预防性动机(The Precautionary Motive)。它是指为预防意外支出而持有一部分货币的动机,如个人或企业为应付事故、失业、疾病等意外事件而需要事先持有一定数量货币。根据西方经济学家的观点,个人对货币的预防需求量主要取决于他对意外事件的看法,但从全社会来看,这一货币需求量大体也和收入成正比,是收入的函数。

因此上述两个动机的货币需求 L_1 可以表示为:$L_1 = L_1(y)$,如图 4-4a 所示。为了简化分析,一般用线性方程直接表示为 $L_1 = ky$ ($k>0$)。

(3) 投机动机(The Speculative Motive)。它是指人们为了抓住有利时机,以买卖有价证券而持有的货币。证券价格 = 证券的分红收入/当期利率。以债券市场来说明,债券价格一般随利率变化而变化。由于债券市场价格是经常波动的,预计债券价格将上涨(即预期利率下降)的投机者,就会用货币买进债券以备日后债券价格下跌时再买进。这种预计债券价格将下跌(即利率上升)而需要把货币保留在手中的情况,就是对货币的投机性需求。可见,有价证券价格的未来不确定性是对货币需求的必要前提,这一需求与利率呈反方向变化,即利率越高,有价证券价格越低,人们若认为这一价格已降低到正常水平以下,预计很快会回升,就会抓住机会及时买进有价证券,于是,人们手中出于投机动机而持有的货币量就会减少。相反,利率越低,人们出于投机动机而持有的货币量就会增加。因此投机动机的货币需求可以表示为:$L_2 = L_2(r)$,如图 4-4a 所示。为了简化分析,一般用线性方程直接表示为 $L_2 = L_2(r) = -hr$ ($h>0$)。

综上所述,人们对货币的总需求是人们对货币的交易需求、预防需求和投机需求的总和,货币的交易需求和预防需求决定于收入,而货币的投机需求决定于利率,因此,对货币的总需求函数可描述为:

$$L = L_1 + L_2 = L_1(y) + L_2(r) = ky - hr \tag{4.3}$$

其中,L、L_1 和 L_2 都是代表对货币的实际需求,即具有不变购买力的实际货币需求。k 是衡量收入增加时货币需求增加多少,这是货币需求关于收入的变动的系数;h 是衡量利率提高时货币需求增加多少,这是货币需求关于利率变动的系数。

利率是由货币市场上的供给和需求的均衡决定,而货币的供给量是由货币当局所控制,即由代表政府的中央银行所控制,因而是一个外生变量。在货币供给量既定的情况下,货币市场的均衡只能通过调节货币的需求来实现。

假定 m 代表实际货币供给量,名义货币量 M 仅仅计算票面价值,必须用价格指数加以调整。实际货币量 = (名义货币量) / (价格指数),即 $m = M/P$,也就是名义货币量 $M = mP$。货币市场均衡时货币供给等于货币需求。即:

$$m = L = L_1(y) + L_2(r) = ky - hr \tag{4.4}$$

从式(4.4)可知,当 m 为一定量时,L_1 增加时,L_2 必须减少,否则不能保持货币市场的均衡。L_1 是货币的交易需求(由交易动机和谨慎动机引起),它随收入增加而增加。L_2 是货币的投机需求,它随利率上升而减少。因此,国民收入增加使货币交易需求增加时,利率必须相应提高,从而使货币投机需求减少,才能维持货币市场的均衡。反之,收入减少时,利率必须相应下降,否则货币市场就不能保持均衡。

流动偏好,是人们持有货币的偏好。由于货币是流动性和灵活性最大的资产,随时可作交易之用、预防不测之需和投机。当利率极低时,人们会认为这时利率不可能再下降,或者说有价证券市场价格不可能再上升而只会跌落,因此人们不管有多少货币都愿意持有在手中,而不会去购买有价证券。此时,流动性偏好趋向于无穷大,如果增加货币供给,不会促使利率下降。这就是流动性陷阱,又称凯恩斯陷阱,如图4-4b所示。

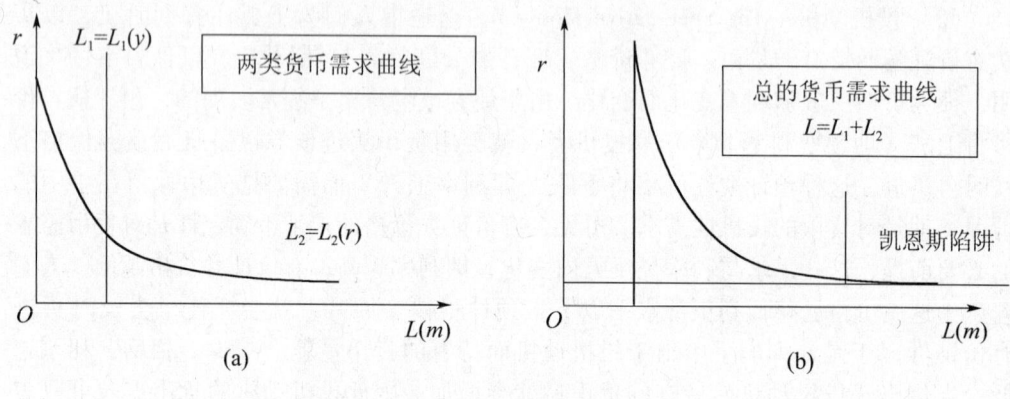

图4-4 货币需求曲线

3. 其他货币需求理论

鲍莫尔、托宾等建立更精确的理论解释凯恩斯提出的三个货币需求动机,并对其理论进行修正。不同于凯恩斯把资产选择范围只限定在货币和债券之间,弗里德曼扩大资产选择范围,把债券、股票及各种实物资产都列为替代货币的资产,认为货币的需求量由财富总量、人力财富和非人力财富的比例、持有货币的预期报酬率、其他资产的报酬率等因素共同决定。

4.2.2 货币市场中的货币供给

经济活动需要货币,那么什么是货币?整个经济中的货币来自何方?经济中货币供给数量的多少由什么因素决定?这是货币供给理论所分析的问题。

1. 货币的定义与功能

货币是一种极为复杂的经济现象。虽然货币可以被称作钱,但日常语言中被称作钱的对象不一定是货币。货币是任何一种被普遍接受为交换媒介,并且具有价值储藏和计算单位功能的经济工具。换言之,在购买商品劳务或清偿债务时被广泛接受的任何物品,都可以称作货币。市场经济是货币经济,货币是国民经济的润滑剂,没有货币,市场经济就无法运行,现代货币的本质特征就是作为支付手段被普遍接受。

货币是充当一般等价物的特殊物品,是人们公认的交换媒介。其五种职能为:

(1)价值尺度,计量产品和劳务的价格尺度;(2)流通手段,商品交换的媒介;(3)支付手段,是货币的基本职能;(4)储藏手段,货币可以保存,将来用它购物;(5)世界货币,货币可以在世界范围内流通。

2. 货币的度量

货币是由中央银行发行的。货币的数量分存量与流量,存量是指某一时点存有的货币数量,流量是指某一时期内货币存量的变动量,流量=存量×货币流通速度。

货币量层次划分是指将流通中的货币量主要按照其流动性的强弱进行相关排列,分成若干层次并用符号代表的一种方法。其划分的主要依据就是"流动性"。所谓"流动性",是指金融资产转变为现实购买力,并使持有人不遭受损失的能力。换言之,"流动性"是一种金融资产的变现能力。流动性越强的金融资产,现实购买力就越强;反之,则越弱。

不同国家对货币划分的标准各不相同,所以对货币层次的划分也各不相同,但基本思路都是按照货币的流动性或可接受性来划分的。所谓金融资产的流动性,是指这种金融资产能迅速转换成现金,而对持有人不发生损失的能力,也就是变为现实的流通手段和支付手段的能力,也称变现力。因为变现能力越强的货币其流动性越强,而流动性越强的货币就越容易被人们普遍接受。于是按照货币的流动性和可接受性划分,货币一般可分成这样几个层次:(1)M_1=通货+商业银行的活期存款;(2)M_2=M_1+商业银行的定期存款;(3)M_3=M_2+商业银行以外的金融机构的金融债券;(4)M_4=M_3+银行与金融机构以外的所有短期金融工具。

以上是西方经济学家对货币层次的归纳。各个国家也是不完全相同的。一般各国都把M_1称为狭义的货币量,M_2称为较广义的货币量,M_3称为更广义的货币量。M_4则称为最广义的货币量。有的国家则简单地将货币划分为M_1(狭义货币量)和M_2(广义货币量)。

在我国关于货币量层次的划分,目前学术界也不统一,有主张以货币周转速度划分的,有主张以货币变现率高低划分的,也有按货币流动性划分的。若是按流动性划分,其依据是以下三点。

(1)相对能更准确地把握在流通领域中货币各种具体形态的流通特性或活跃程度上的区别;

(2)在掌握变现能力的基础上,把握其变现成本、自身价格的稳定性和可预测性;

(3)央行在分析经济动态变化的基础上,加强对某一层次货币的控制能力。

中国人民银行从1994年第三季度开始,正式确定并按季公布货币供应量指标,根据当时的实际情况,货币层次的划分具体如下:

M_0=流通中的现金;

M_1=M_0+企业活期存款+机关、团体、部队存款+农村存款+个人持有的信用卡存款;

$M_2 = M_1$ + 城乡居民储蓄存款 + 企业存款中具有定期性质的存款 + 信托类存款 + 其他存款；

$M_3 = M_2$ + 金融债券 + 商业票据 + 大额可转让定期存单等。

在我国，M_1 是通常所说的狭义货币供应量，M_2 是广义货币供应量，M_3 是为金融创新而增设的。

货币层次的划分有利于中央银行进行宏观经济运行监测和货币政策操作，有助于中央银行分析整个经济的动态变化。

4.2.3 均衡利率的决定

西方经济学家的利率决定理论都认为利率是由供求均衡点决定的，他们之间主要的分歧在于是哪种供求关系决定利率。

1. 古典利率理论

19世纪末—20世纪30年代古典利率理论的主要观点认为利率是由储蓄（资本的供给）与投资（资本的需求）共同决定的。代表人物：庞巴维克、费雪和马歇尔。按照该理论，只要利率是灵活变动的，它就和商品的价格一样，具有自动调节储蓄和投资，使其达到均衡状态的功能，即利率是资本的价格，自动调节供需。也就是说在古典货币理论中，货币市场的供过于求或供不应求都是暂时的，利率的调节作用最终将使货币供求趋于均衡。在这一过程中，利率所起的作用与商品市场中价格所起的作用是一样的。事实上，利率正是使用货币资金的价格。

2. 凯恩斯的流动性偏好利率理论

产生于20世纪30年代，代表人物是凯恩斯，其主要观点认为利率是货币的价格，是影响宏观经济状况的重要变量，利率是由金融市场上货币的供求决定的。也就是说利率不属于实物经济范畴，而属于货币经济范畴。在货币市场上，当人们愿意以货币形式持有的财富量（即货币需求）和现有的货币存量（即货币供给）相等时，货币市场就达到了均衡。

如图4-5所示，利率 r_2 较低时，货币需求超过货币供给，人们感到持有的货币太少，就会出卖有价证券，证券价格下降，利率上扬，一直持续到货币供求相等为止。利率水平 r_1 较高时，货币供给量超过货币需求，人们感觉手中的货币太多，就把多余的货币购进有价证券，证券价格上升，利率水平下降，一直持续到货币供求相等为止。只有一个合适的利率水平 r_0，才能保证货币供求均衡，这就是所谓的均衡利率。

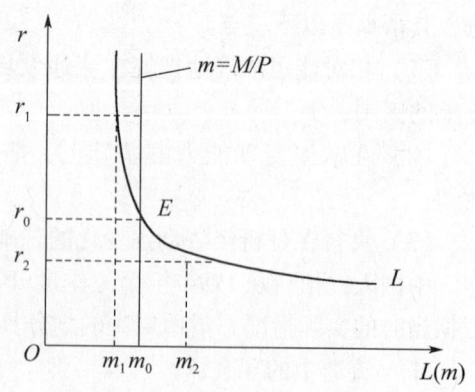

图4-5 货币需求与供给的均衡

3. 可贷资金利率理论

可贷资金利率理论（新古典利率理论）产生于 20 世纪 20 年代后期。代表人物有罗伯森、俄林、米尔达尔和勒纳。其主要观点认为利率是由可贷资金的供给与需求的均衡决定的。可贷资金利率理论修正了古典利率理论和凯恩斯流动偏好理论，综合考虑货币因素和实物因素对利率的影响。

4.2.4 LM 曲线及推导

LM 曲线是一条描述货币市场达到宏观均衡即 $L = m$ 时，国民收入与利率之间关系的曲线。下面推导 LM 曲线的数学表达式：

$$\begin{cases} m = M/P & (1) \\ L = ky - hr & (2) \\ m = L & (3) \end{cases}$$

（1）是货币供给的表达式，其中 m 为实际货币供给量，M 为名义货币供给量，P 是物价指数。（2）是货币需求表达式。（3）是货币市场均衡时的条件，此时必然有货币供给等于货币需求。联立上面三个式子，可得：

$$r = \frac{ky}{h} - \frac{M}{Ph} \quad (4.5)$$

式（4.5）的斜率是 $\frac{dr}{dy} = \frac{k}{h} > 0$，它表明 LM 曲线中利率和国民收入正相关，在货币市场上，总产出与利率之间存在着正向变化的关系，即利率提高时总产出水平趋于增加，利率降低时总产出水平趋于减少，LM 曲线是斜向右上方的直线。现在举一例子说明 LM 曲线。假定对货币的交易需求函数 $L_1(y) = 0.5y$，对货币的投机需求函数 $L_2(r) = 1\,000 - 250r$，名义货币供给量为 1 250 亿美元，而价格指数 $P = 1$，则实际货币供给量 m 为 1 250 亿美元。货币市场均衡时有：$1\,250 = 0.5y + 1\,000 - 250r$，整理得 $r = 0.002y - 1$，因此：

当 $y = 1\,000$ 时，$r = 1$；

当 $y = 1\,500$ 时，$r = 2$；

当 $y = 2\,000$ 时，$r = 3$；

当 $y = 2\,500$ 时，$r = 4$。

根据这些数据，可以在平面上作出 LM 曲线的图像，如图 4-6 所示。在 LM 曲线上的任一点都代表一定利率和收入组合，在这样的组合下，货币需求与供给都是相等的，亦即货币市场是均衡的。

下面运用图解法来推导 LM 曲线，

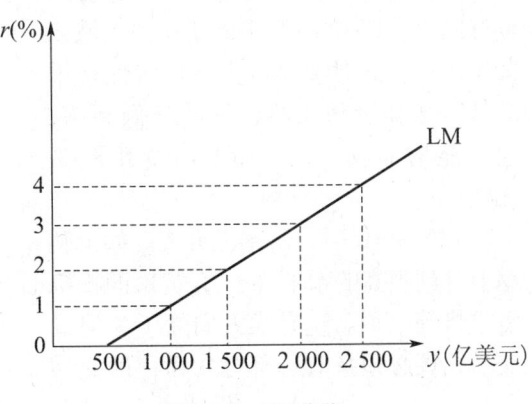

图 4-6　LM 曲线

如图 4-7 所示。当收入从 Y_1 增加到 Y_2 时，如图 4-7a 所示，收入增加使货币需求曲线向右移动，由于实际的货币余额的供给不变，利率必定从 r_2 上升为 r_1，以使货币市场实现均衡。根据凯恩斯流动性偏好理论，更高的收入导致更高的利率。

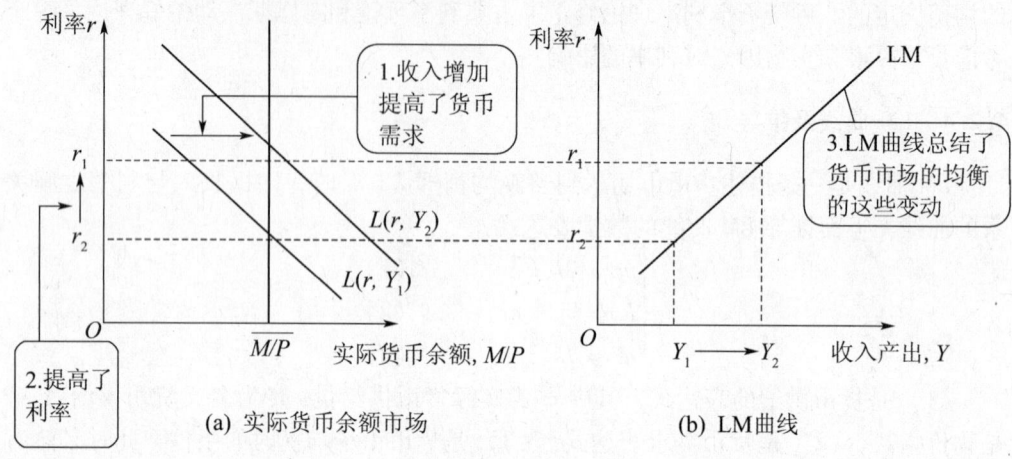

(a) 实际货币余额市场　　　　　　(b) LM 曲线

图 4-7　LM 曲线推导

4.2.5　LM 曲线的三个区域

LM 曲线斜率的经济意义表现在总产出对利率变动的敏感程度上。斜率越小，总产出对利率变动的反应越敏感；反之，斜率越大，总产出对利率变动的反应越迟钝。

LM 曲线的斜率 = k/h，如果 h 不变，k 与 LM 曲线的斜率成正比；如果 k 不变，h 与 LM 曲线的斜率成反比。

交易需求函数比较稳定的情况下，LM 的斜率主要取决于货币的投机需求，即利率。在实际运行中有以下三种情况。

（1）h 为无穷大时，斜率为 0。当利率降低到很低的水平时（r_2），投机需求区域将无限大，即凯恩斯陷阱、流动偏好陷阱，即图 4-8 中的凯恩斯区域或萧条区域。此时政府会实行扩张性货币政策，增加货币供给，不能降低利率，也不能增加收入，因而此时货币政策无效。

（2）$h=0$ 时，斜率无穷大。如果利率上升到很高的水平（r_1），货币的投机需求将等于零。这时候人们除了为完成交易，还必须持有一部分货币，即交易

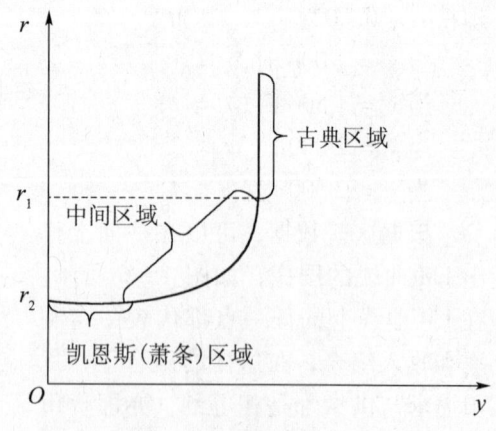

图 4-8　LM 曲线的三个区域

需求，但不再为投机而持有货币。此时，如果实行扩张性货币政策，不但会降低利率，还能提高收入。这符合古典学派以及以之为理论基础的货币主义的观点。被称为古典区域（如图4-8所示）。

（3）古典区域和凯恩斯区域之间这段LM曲线是中间区域。斜率为正值。

4.3　IS-LM模型

4.3.1　产品市场和货币市场同时均衡的形成

凯恩斯及其后继者把商品市场和货币市场结合起来，建立了一个商品市场和货币市场的一般均衡模型，即IS-LM模型。从前面的分析可知，在IS曲线上，有一系列利率和相应收入组合可使产品市场均衡；在LM曲线上，又有一系列利率和收入的组合可使货币市场均衡。但能够使商品市场和货币市场同时达到均衡的利率和收入却只有一个。这一均衡的利率和收入可以在IS曲线和LM曲线的交点上求得，其数值可通过求解IS和LM的联立方程得到。

以上面的例子来说明：

IS曲线说的是产品市场均衡：

$$i = 1\,250 - 250r,\ s = -500 + 0.5y$$

$i = s$ 时，　　　　　　　$y = 3\,500 - 500r$（IS曲线）

LM曲线说的是货币市场的均衡：

$$M/P = m = 1\,250,\ L = 0.5y + 1\,000 - 250r$$

$L = m$ 时，　　　　　　　$y = 500 + 500r$

两个市场同时均衡时：

$$\begin{cases} y = 3\,500 - 500r \\ y = 500 + 500r \end{cases}$$

解得：　　　　　　　$r = 3, y = 2\,000$（亿美元）

一般来说：

$$\begin{cases} i(r) = s(y) & \text{（IS曲线）} \\ M/P = L(y) + L(r) & \text{（LM曲线）} \end{cases}$$

在这个二元方程组中，变量只有利率（r）和收入（y），解出这个二元方程，就可得到r和y的一般解。

上述一般解可以在图4-9中的IS曲线和LM曲线的交点E上获得。

进一步推导可知，IS和LM曲线把坐标平面分为四个区域：Ⅰ，Ⅱ，Ⅲ，Ⅳ，在这四个区域中都存在产品市场和货币市场的非均衡状态，如图4-10所示。例如，区域Ⅰ中的任何一点，一方面在IS曲线的右上方，因此有投资小于储蓄的非均衡；另一方面又在LM曲线左上方，因此有货币需求小于供给的非均衡。其余三个区域中的非均衡关系也可这样推知。这四个区域中的非均衡关系如表 4-1 所示。

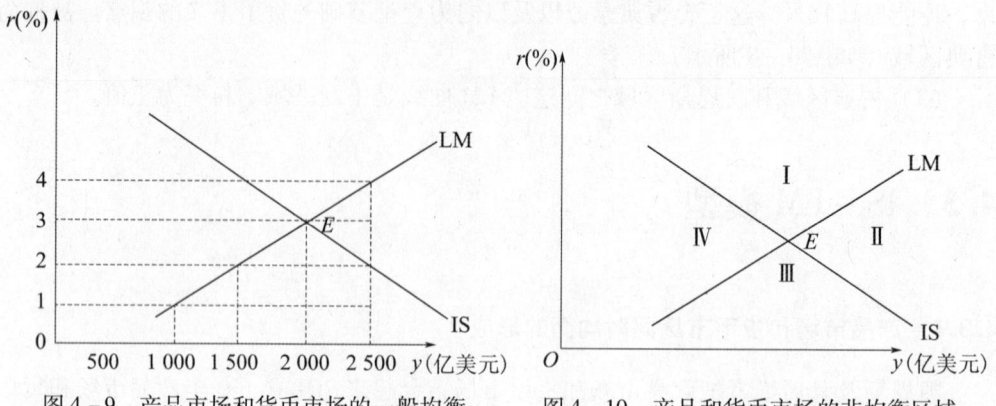

图 4-9 产品市场和货币市场的一般均衡　　图 4-10 产品和货币市场的非均衡区域

表 4-1　产品市场和货币市场的非均衡情况

区域	产品市场	货币市场
Ⅰ	$i < s$ 有超额产品供给	$L < M$ 有超额货币供给
Ⅱ	$i < s$ 有超额产品供给	$L > M$ 有超额货币需求
Ⅲ	$i > s$ 有超额产品需求	$L > M$ 有超额货币需求
Ⅳ	$i > s$ 有超额产品需求	$L < M$ 有超额货币供给

各个区域中存在的各种不同的组合的 IS 和 LM 非均衡状态，会得到调整。IS 不均衡会导致收入变动：投资大于储蓄会导致收入上升，投资小于储蓄会导致收入下降；LM 不均衡会导致利率变动：货币需求大于货币供给会导致利率上升，货币需求小于货币供给会导致利率下降。这种调整最终都会趋向均衡利率和均衡收入。

4.3.2　IS 和 LM 曲线的移动

1. IS 曲线的移动

（1）IS 曲线的平行移动。

从 IS 曲线的推导过程可知，如果投资函数或储蓄函数变动，IS 曲线就会移动。换句话说，IS 曲线是根据既定的财政政策画出来的，如果财政政策发生变动，IS 曲线就会移动。财政政策的变动有投资需求的变动、储蓄需求的变动和政府购买性支出的变动。我们以政府购买支出增加为例，利用凯恩斯交叉图来说明 IS 曲线是如何变动的，如图 4-11a 所示。

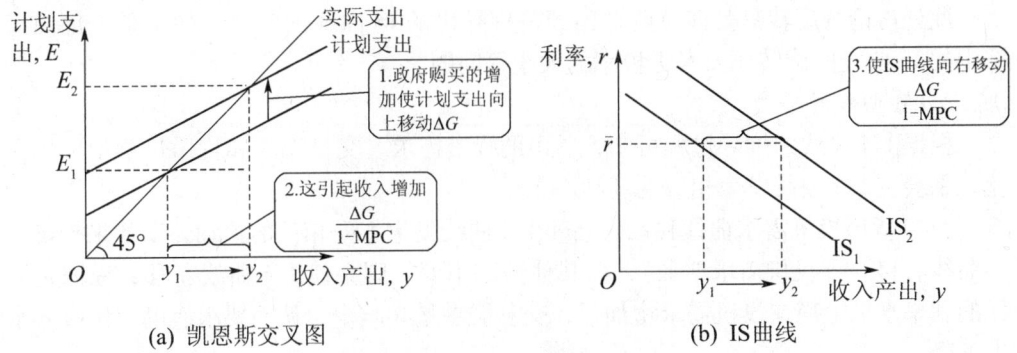

(a) 凯恩斯交叉图 (b) IS 曲线

图 4-11　政府购买增加使 IS 曲线向右移动

图 4-11b 是根据一个给定的利率 $\bar{r}$，从而也是根据一个既定的计划投资水平画出来的。凯恩斯交叉图表示财政政策的这种变动增加了计划支出，从而使均衡收入由 y_1 增加到 y_2。因此，政府购买支出使 IS 曲线向右移动。

如果利率没有变化，由外生经济变量冲击导致总产出增加，可以视作原有的 IS 曲线在水平方向上向右移动，如增加政府购买性支出，等于增加投资支出，以及减税都是增加总需求的扩张性财政政策。如果利率没有变化，由外生经济变量冲击导致总产出减少，可以视作原有的 IS 曲线在水平方向上向左移动，如政府增加税收，增加企业负担则减少投资，增加居民负担，使可支配收入减少，消费减少，以及减少政府支出都是减少总需求的紧缩性财政政策。可见，由 IS 曲线可以清楚看出财政政策如何影响利率和国民收入，如图 4-12 所示。

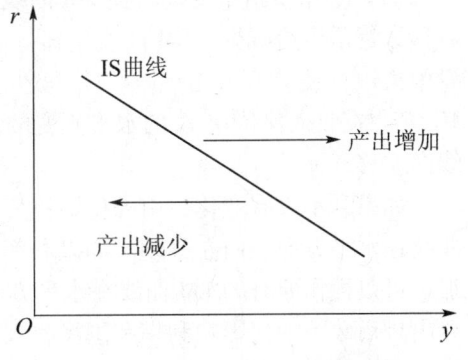

图 4-12　曲线的水平移动

（2）IS 曲线的旋转移动。

IS 曲线斜率的经济意义表示总产出对利率变动的敏感程度。由式（4.2）可知，IS 曲线的斜率为 $\dfrac{dr}{dy} = -\dfrac{1-\beta}{d} < 0$，斜率的负号只是表明自变量与因变量反方向变化，斜率绝对值的大小决定了 IS 曲线的倾斜程度。IS 曲线的旋转取决于其斜率的大小（假定截距不变），而斜率的大小由以下因素决定：

①投资需求对于利率变动的反应程度 d。在其他条件不变的情况下，d 比较大时，投资对于利率的变化敏感，IS 斜率绝对值就小，平缓。d 越大，利率变动引起投资变动越多，进而引进收入的变化大。IS 曲线越平缓，变动幅度越大。反之亦然。

②边际消费倾向 β。在其他条件不变的情况下，β 大，IS 曲线斜率绝对值就小。β 越大，乘数效应越大，利率变动引起投资变动时，收入会以较大幅度变动，所以 IS 曲线平缓。反之亦然。

此处讨论的旋转只是涉及两部门经济推导出的 IS 曲线的旋转，如果是三部门经济中的 IS 曲线的旋转还要考虑税率的大小等问题。

2. LM 曲线的移动

根据 LM 曲线的推导过程可知，货币的投资需求、交易需求和货币供给量发生变化，都会使 LM 曲线发生相应的变动。

（1）货币投机需求曲线移动，会使 LM 曲线发生方向相反的移动。即如果投机需求曲线右移（即投机需求增加），而其他情况不变，则会使 LM 曲线左移，原因是同样的利率水平上现在投机需求增加了，交易需求量必减少，从而要求有的国民收入水平下降。

（2）货币交易需求移动，会使 LM 曲线发生方向相同的移动。即如果交易需求曲线右移（即交易需求减少），而其他情况不变，则会使 LM 曲线也右移。原因是完成同样的交易量所需要的货币量减少了，也就是，原来一笔货币现在能完成更多国民收入的交易了。

（3）货币供给量变动将使 LM 曲线发生同方向移动。即货币供给增加，LM 曲线右移，货币供给减少，LM 曲线左移。下面通过图解法来说明，如图 4-13 所示。假设中央银行使货币供给量从 M_1 减少至 M_2，这使实际货币余额从 M_1/P 减少至 M_2/P。在收入保持在 Y_0 的水平不变的情况下，则利率从 r_1 上升至 r_2。从而使 LM 曲线向左移动。

如果利率没有变化，由外生经济变量冲击导致总产出减少，可以视作原有的 LM 曲线在水平方向上向左移动。如果利率没有变化，由外生经济变量冲击导致总产出增加，可以视作原有的 LM 曲线在水平方向上向右移动。通过 LM 曲线的移动可以清楚看出货币政策如何影响利率和国民收入。

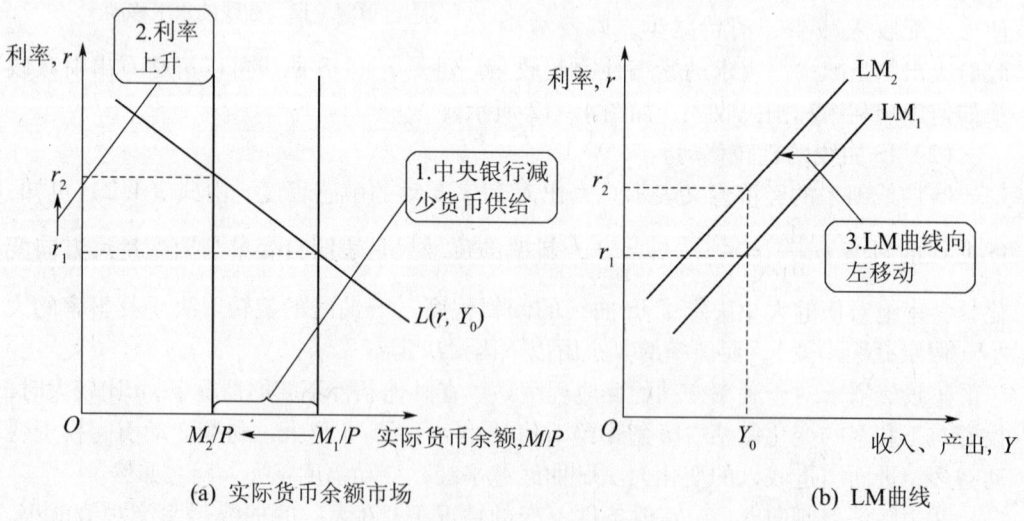

图 4-13 货币供给减少使 LM 曲线向左移动

3. 均衡收入和利率的变动

IS 和 LM 曲线的交点上同时实现了产品市场和货币市场的均衡。当国家采用财政政策或货币政策对宏观经济进行调整时，必然会使 IS 曲线或 LM 曲线发生移动，或两者同时移动，这样必然会使均衡收入和利率发生移动。如同微观经济学介绍的供求分析一样，首先要分析某一项政策是对 IS 曲线还是 LM 曲线产生影响，其次是确定曲线向左还是向右移动，最后对比新均衡点和原均衡点之间的差异。

例如，如图 4-14 所示，原来 IS_0 和 LM_0 曲线相交于 E_0 点，决定了均衡收入 y_0 和均衡利率 r_0，当国家采取扩张性的财政政策如政府增加支出，降低税收，提高投资时，使 IS_0 曲线向左移动，移动到 IS_1 曲线，则新的 IS_1 曲线与 LM_0 曲线相交于 E_1 点，从而决定了的新的均衡收入 y_1 和均衡利率 r_1，新的均衡点与原来的均衡点相比，均衡收入增加了，利率也提升了。这就是扩张性财政政策的效果。

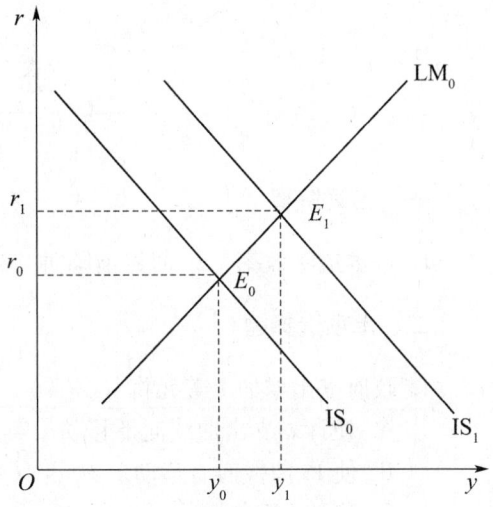

图 4-14 均衡收入和均衡利率的变动

本章小结

1. IS 曲线表示在产品市场达到均衡时，利率与国民收入的关系。其经济含义为：在其他条件不变的情况下，当利率上升，投资会减少，总需求将减少，从而导致国民收入减少；反之亦然。

2. 流动性偏好（或货币需求）源于人们的交易动机、谨慎动机（也称预防性动机）和投机动机。

3. LM 曲线表示在货币市场达到均衡时，利率与国民收入的关系。其经济含义为：在其他条件不变的情况下，当国民收入上升，货币需求将增加，为使货币市场保持均衡，市场利率必须相应上升；反之亦然。

4. 分析了 IS-LM 模型，IS 和 LM 曲线的交点实现了产品市场和货币市场的同时均衡，决定了均衡的国民收入和均衡利率。IS-LM 模型经常被用于宏观经济失衡的分析，以及宏观经济政策的解释。

练 习 题

一、名词解释

1. 资本边际效率 2. 凯恩斯陷阱 3. IS 曲线 4. LM 曲线 5. 货币的需求

二、单项选择题

1. 政府支出增加 1 美元将（　　）。
   A. 使计划支出曲线向下移动 1 美元
   B. 使 IS 曲线向右移动 1 美元／（1－MPC）
   C. 移动 LM 曲线
   D. 以上都对

2. 税收的减少将（　　）。
   A. 使计划支出曲线向上移动并使 IS 曲线向左移动
   B. 使计划支出曲线向上移动并使 IS 曲线向右移动
   C. 使计划支出曲线向下移动并使 IS 曲线向左移动
   D. 使计划支出曲线向下移动并使 IS 曲线向右移动

3. 如果投资对利率变得很敏感，那么（　　）。
   A. IS 曲线将变得更平坦   B. IS 曲线将变得更陡峭
   C. LM 曲线将变得更陡峭   D. LM 曲线将变得更平坦

4. 较小的边际消费倾向导致（　　）。
   A. 较陡的计划支出曲线   B. 较小的政府支出乘数
   C. 较平的 IS 曲线   D. 以上都对

5. 下面关于 LM 曲线的叙述正确的是（　　）。
   A. LM 曲线向上倾斜，并且是在收入水平给定的条件下画出的
   B. LM 曲线向下倾斜，并且价格的增加将使其向上移动
   C. LM 曲线向上倾斜，并且是在实际货币供给给定的条件下画出的
   D. 沿着 LM 曲线，实际支出等于计划支出

6. 货币供给的增加（　　）。
   A. 将使 LM 曲线向左上移动   B. 将使 LM 曲线向右下移动
   C. 将使 IS 曲线向右上移动   D. 将使 IS 曲线向左下移动

7. 如果货币需求对收入水平不敏感，那么（　　）。
   A. 当收入增加时，货币需求曲线向右不会移动很多
   B. 为抵消收入变化而导致的货币需求增加，只需利息率发生很小的变化
   C. LM 曲线相对较平坦

D. 以上都对

8. 在 IS 曲线和 LM 曲线的交点，（   ）。
   A. 实际支出等于计划支出
   B. 实际货币供给等于实际货币需求
   C. y 值和 r 值同时满足产品市场均衡和货币市场均衡
   D. 以上都对

9. 引起 LM 曲线向左方移动的原因是（   ）。
   A. 物价水平不变，中央银行在公开市场上购买政府债券
   B. 物价水平不变，中央银行提高要求的准备率
   C. 实际国内生产总值减少
   D. 中央银行的货币供应没有任何变动，但物价水平下降

10. IS 曲线表示（   ）。
    A. 收入＞支出均衡
    B. 总供给和总需求均衡
    C. 储蓄＞投资
    D. 以上都对

11. IS 曲线右方各点代表了（   ）。
    A. 总需求大于总供给
    B. 总支出大于均衡时要求的水平
    C. 总支出小于均衡时要求的水平
    D. 计划的总支出等于实际国内生产总值

12. 自发投资支出增加 30 亿元，会使 IS 曲线（   ）。
    A. 右移 30 亿元
    B. 左移 30 亿元
    C. 右移，支出乘数乘以 30 亿元
    D. 左移，支出乘数乘以 30 亿元

13. 在商品市场均衡时，利率为 5%，实际国内生产总值为 3.5 万亿元，自发支出为 1.6 万亿元，引致支出为 1.9 万亿元。如果利率下降到 4%，引致支出不变，实际国内生产总值为 3.7 万亿元，自发支出为（   ）。
    A. 1.9 万亿元
    B. 1.8 万亿元
    C. 2.1 万亿元
    D. 1.6 万亿元

14. 如果实际收入提高，同时由于政府支出增加而导致利息率下降，那么（   ）。
    A. IS 曲线一定垂直
    B. LM 曲线一定垂直
    C. 美联储必定同时增加了货币供给
    D. 美联储必定同时减少了货币供给

15. 如果美联储减少货币供给，增加税收（   ）。
    A. 利息率将必定提高
    B. 利息率将必定下降
    C. 收入的均衡水平将必定提高
    D. 收入的均衡水平将必定下降

16. 如果（　　），IS 曲线将向右移动。
    A. 消费者对经济的信心增强
    B. 公司对经济更加乐观并决定在每个利息率水平都增加投资
    C. 政府将增加转移支付
    D. 以上都对

17. 如果人们在每个利息率水平，突然希望增加货币持有，（　　）。
    A. 货币需求曲线将向左移动　　　　B. LM 曲线将向左上移动
    C. 实际收入将减少　　　　　　　　D. 以上都对

18. 如果人们工资增加，则增加的将是（　　）。
    A. 货币的交易需求　　　　　　　　B. 货币的预防需求
    C. 货币的投机需求　　　　　　　　D. 上述三方面需求中任何一种

19. 当利率变得很低时，人们购买债券的风险将会（　　）。
    A. 变得很小　　　　　　　　　　　B. 变得很大
    C. 可能很大，也可能很小　　　　　D. 不发生变化

20. 利率和收入的组合点出现在 IS 曲线右上方，LM 曲线的左上方的区域中，则表示（　　）。
    A. 投资小于储蓄，且货币需求小于货币供给
    B. 投资小于储蓄，且货币供给小于货币需求
    C. 投资大于储蓄，且货币需求小于货币供给
    D. 投资大于储蓄，且货币需求大于货币供给

三、判断题

1. IS 曲线是描述产品市场达到均衡时，国民收入与价格之间关系的曲线。（　　）
2. IS 曲线是描述产品市场达到均衡时，国民收入与利率之间关系的曲线。（　　）
3. 投资增加，IS 曲线向左下方移动。（　　）
4. 消费增加，IS 曲线向右下方移动。（　　）
5. LM 曲线是描述产品市场达到均衡时，国民收入与利率之间关系的曲线。（　　）
6. LM 曲线是描述货币市场达到均衡时，国民收入与价格之间关系的曲线。（　　）
7. 货币供给增加，LM 曲线向右下方移动。（　　）
8. 自发总需求增加，使国民收入减少，利率上升。（　　）
9. 一般来说，位于 IS 曲线右边的收入和利率的组合，都是投资小于储蓄的非均衡组合。（　　）
10. 按照凯恩斯的货币需求，如果利率上升，货币需求将减少。（　　）

四、计算题

1. 若货币交易需求为 $L_1 = 0.20y$，货币投机性需求为 $L_2 = 2\,000 - 500r$。

(1) 写出货币总需求函数；

(2) 当利率 $r=6\%$，收入 $y=10\,000$ 亿美元时，货币需求量为多少？

(3) 若货币供给 $M_s=2\,500$ 亿美元，收入 $y=6\,000$ 亿美元时，可满足投机性需求的货币是多少？

(4) 当收入 $y=10\,000$ 亿美元，货币供给 $M_s=2\,500$ 亿美元时，货币市场均衡时的利率为多少？

2. 已知：实际货币需求 $M_d/P=0.3y+100-15r$，$M_s=1\,000$，$P=1$，求当 M_s 增加到 1 090 时，LM 曲线移动多少（单位：亿美元）？

3. 已知：$C=100+0.7(y-T)$，$I=900-25r$，$G=100$，$T=100$，$M_d/P=0.2y+100-50r$，$M_s=500$，$P=1$，求均衡的 y 和 r（单位：亿美元）。

4. 假定某经济中消费函数为 $C=0.8(1-t)Y$，税率为 $t=0.25$，投资函数为 $I=900-50r$，政府购买 $G=800$，货币需求为 $L=0.25y-62.5r$，实际货币供给为 500（单位：亿美元）。

试求：(1) IS 曲线；(2) LM 曲线；(3) 两个市场同时均衡时的利率和收入。

五、简答题

1. 什么是货币需求？人们需要货币的动机有哪些？
2. 什么叫"流动性陷阱"？
3. 简述 IS – LM 模型。

六、论述题

1. 运用 IS – LM 模型分析均衡国民收入与利率的决定与变动。
2. 运用 IS – LM 模型分析产品市场和货币市场失衡的调整过程。

【网络资源】

1. 中国经济网　http://www.ce.cn/macro/
2. 国家统计局网站　http://www.stats.gov.cn/
3. 现在不降低利率还待何时？　http://finance.sina.com.cn/zl/china/20141106/085820746842.shtml

（注：这里提供了一些网络链接，目的是为读者提供一些参考，拓展知识面，并且提供一种获取资料的方法。其中的一些链接可能会因为网站更新、网址变更等网络原因无法登录，请读者注意。）

第 5 章　总需求与总供给模型

【教学提示】

在前面分析中，假定价格水平不变，总供给可以适应总需求的增加而增加，没有说明产量（收入）和价格水平之间的关系，但在实际经济发展中，价格会随时变化，这就使得价格水平不变的假定与实际情况不符。本章取消了价格水平固定不变的假定，总需求与总供给模型着重研究产量（收入）和价格水平的决定。

【教学目的】

通过本章学习，你应该能够：
● 掌握总需求—总供给模型；
● 使用总需求—总供给模型分析实际经济问题。

前面有关宏观经济问题的讨论，都是在一般价格水平固定不变的假定下进行的，这些讨论都没有说明产量（收入）和价格水平之间的关系。本章将讨论的总需求（Aggregate Demand，AD）—总供给（Aggregate Supply，AS）模型取消了价格水平固定不变的假定，着重说明产量和价格水平的决定。总需求函数（曲线）和总供给函数（曲线）是宏观经济学重要的分析工具，也是理解宏观经济学中一些重大问题的基础。本章将从理论上解释总需求曲线和总供给曲线是如何形成的，并解决价格变化和国民产出水平之间的关系。

5.1　总需求

5.1.1　总需求概述

总需求是指一定时期内国内与国外对本国产品和劳务的需求总量，这一需求总量通常以产出水平来表示。总需求由国内消费需求、投资需求、政府需求和国外需求构成。在不考虑国外需求的情况下，经济社会的总需求是指价格、收入和其他经济变量在既定条件下，居民户部门、企业部门和政府将要支出的数量。西方学者认为，推动总需求的力量除了价格水平、人们的收入、对未来的预期等因素外，还包括了诸如税收、政府购买和货币供给等政策变量。

总需求函数被定义为产量（收入）和价格水平之间的关系。它表示其他条件不变的情况下，在每给定一个价格水平时对一国产品和劳务需求的总价值。一般情况下，总需求曲线价格和收入呈负相关，其原因如下。

（1）价格水平上升，将导致利率水平上升，进而导致投资和总支出水平下降。价格水平上升时，人们需要更多的货币从事交易。假定价格水平为 1.0 时，社会需要 1 000 亿元的货币从事交易。那么价格水平上升到 1.2 时，为了维持同样规模的交易量，则社会需要 1 200 亿元的货币从事交易。从通常意义上看，价格水平越高，商品和劳务越贵，所需要交易的现金就越多，支票的金额就越大。可见货币的名义需求是价格水平的增函数。如果货币供给没有变化，价格上升时货币需求就会增加，利率就会上升。利率上升，使投资水平下降，因而总支出水平和收入水平下降。我们称价格水平变动引起利率同方向变动，进而使投资和产出水平反方向变动的情况为利率效应。

（2）价格水平上升，使人们所持有的货币及其他以货币固定价值的资产的实际价值降低，

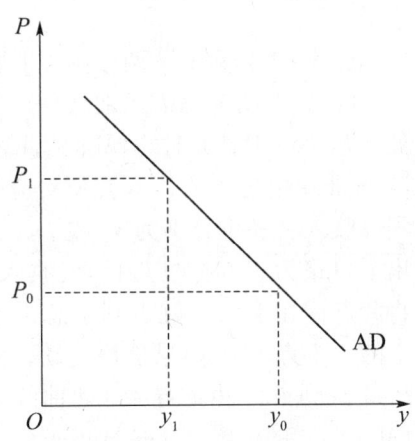

图 5-1　总需求曲线

人们就会变得相对贫穷，于是人们的消费水平就相应地减少，这种效应称为实际余额效应。

（3）价格水平上升，会使人们的名义收入增加，名义收入增加会使人们进入更高的纳税档次，从而使人们的税负增加，可支配收入下降，进而使人们的消费水平下降。

所以总需求曲线的价格和收入呈负相关，则总需求曲线（AD 曲线）是一条向右下方倾斜的直线，如图 5-1 所示。

5.1.2　总需求函数与总需求曲线的推导

由于总需求函数反映的是人们对所有产品的需求与总价格水平的关系，因此这个关系必须同时满足产品市场与货币市场的均衡条件。从这点出发，我们可以通过 IS 曲线和 LM 曲线找出总需求（用总产出或国民收入代替）和总价格的关系。

以两经济部门为例，根据前面章节的分析知道 IS 曲线的方程为：$s(y) = i(r)$；LM 曲线方程为 $\dfrac{M}{P} = L_1(y) + L_2(r)$。联立两个方程可以得到函数 $y = D(P)$，假设化简后缩写成 $y = \alpha + \dfrac{\beta M}{P}$，即为所求的总需求函数。

上面是用代数法推导出总需求函数，根据总需求函数可以直接绘出总需求曲线。由于总需求曲线是反映产品市场和货币市场同时均衡时的价格水平与国民收入（产出水平）之间的关系，因此也可以从 IS-LM 图形中推导出总需求曲线。

在 IS-LM 模型中，IS 曲线和 LM 曲线的交点决定均衡的国民收入，此时是在价

格水平不变和货币供给既定的条件下。如果价格水平变动会有怎样的情况发生呢？仍然假定名义货币供给量不变，根据第 4 章内容，那么实际货币供给量与价格呈反向变化，实际货币供给量的变化会引起 LM 曲线的移动，从而使均衡的国民收入发生变动，因此我们可以根据处于不同价格水平的 LM 曲线来确定不同的均衡国民收入水平。

图 5-2 分为上下两个图：上图为 IS-LM 图，下图为总需求曲线图。当价格处于 P_1 水平时，此时的 LM 曲线 LM（P_1）与 IS 曲线相交于 E_1，E_1 点所对应的均衡国民收入和利率分别为 y_1 和 r_1，也就得出了价格为 P_1 时对应的国民收入为 y_1，将此点标在下图中就得到了总需求曲线上的一个点 D_1。如果价格变动，假设由 P_1 下降到 P_2，由此导致 LM 曲线移动到 LM（P_2）的位置，此时与 IS 曲线的交点为 E_2。E_2 点所对应的均衡国民收入和利率分别为 y_2 和 r_2，也就得出了价格为 P_2 时对应的国民收入为 y_2，将此点标在下图中就又得到了总需求曲线上的另一个点 D_2。每给一个不同的价格水平 P，按

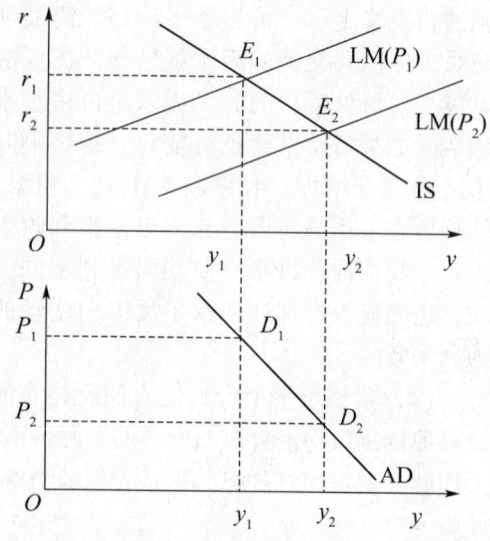

图 5-2　总需求曲线的推导

照同样的程序都可以找到对应的国民收入水平 y，于是就有许多个 Y 和 P 的组合，把这些组合描绘在下图坐标中就得到一系列组合点，这些点的连线就是 AD 曲线。

向右下方倾斜的总需求曲线表示：价格水平越高，需求总量越小；价格水平越低，需求总量越大。

5.1.3　IS 曲线和 LM 曲线移动对总需求曲线的影响

总需求由国内消费支出、投资支出、政府购买支出和净出口组成，因此，任何总支出的变动都会导致总需求曲线移动。如果物价水平不变，其他因素的变化使 IS 曲线移动，或者 LM 曲线移动，或者两者同时移动，就会导致总需求曲线的移动。

根据上章关于 IS 曲线和 LM 曲线的讨论，我们可得到财政政策和货币政策变化对总需求曲线的影响，其一般性的结论为：无论是扩张性的财政政策还是扩张性的货币政策都会使总需求曲线向右移动，从 AD_0 移动到 AD_1，如图 5-3 所示。与此相反，在既定的价格水平下，无论是紧缩性的财政政策还是紧缩性的货币政策，都将使总需求曲线 AD 向左移动。

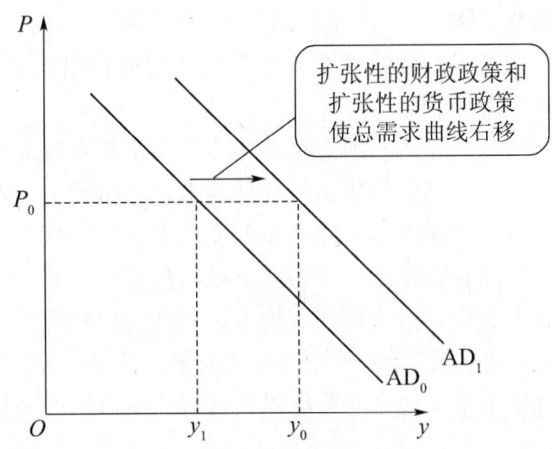

图 5-3　扩张性的财政政策和扩张性的货币政策对总需求的影响

总需求曲线只是给出了价格水平与总需求水平（以国民收入水平表示）之间的关系，并不能决定价格水平和均衡的总需求水平。如果要说明整个经济价格水平和总产出水平是如何决定的，则需要引入另一个分析工具，即总供给曲线。

5.2　总供给

总供给一般是指一个国家在一定时期内生产者和政府向国内和国外提供的，供最终消费用的产品和劳务的总和。它描述了经济社会的基本资源用于生产时可能有的产量。一般而言，总供给主要是由生产性投入（最重要的是劳动与资本）的数量和这些投入组合的效率（即社会的技术）决定的。

总供给曲线表明了价格与产量的相结合，即在每个给定的价格水平时整个社会的厂商所愿意供给的产品和劳务的总量。所有厂商所愿意供给的产品总量取决于它们在提供这些产品时所得到的价格，以及它们在生产这些产品时所必须支付的劳动与其他生产要素的费用。因此，总供给曲线反映了要素市场（特别是劳动市场）与产品市场的状态。各派经济学家对总供给有不同的分析，这里，我们只从说明总需求—总供给模型的角度，对总供给曲线进行简单说明。

按照价格在不同时期变动的情况，宏观经济学将总产出（国民收入）与价格水平之间的关系分为两种情况，即短期总供给曲线和长期总供给曲线，下面对总供给曲线这两种重要的特例情况进行介绍。

1. 凯恩斯主义总供给曲线

凯恩斯主义总供给曲线是一种短期总供给曲线，它是一条水平的总供给曲线，它是依据凯恩斯所提出的货币工资下降具有"刚性"的假设条件而得出的。水平的总供给曲线表明，在既定的价格水平时，厂商愿意供给社会所需求的任何数量产品。凯恩斯主义的总供给曲线如图 5-4 所示，从图 5-4 中可以看出，此时总供给曲线 AS 是一条水平线。水平的总供给曲线表明，在现行既定的价格水平 P_0 下，企业愿意供给任何有需求的产品数量。

之所以存在这种情况，是因为凯恩斯认为当社会上存在较为严重的失业时，厂商可以在现行工资水平之下得到它们所需要的任何数量的劳动力。当仅仅把工资作为生产成本时，这就意味着生产成本不会随产量的变动而变动，从而价格水平也就不会随产量的变动而变动。厂商愿意在现行价格之下供给任何数量的产品。隐含在凯恩斯主义总供给曲线背后的思想是，由于存在着失业，企业可以在现行工资下获得他们需要的任意数量的劳动力。他们生产的平均成本因此被假定为不随产量水平的变化而变化。这样，在现行价格水平上，企业愿意供给任意所需求的产品数量。

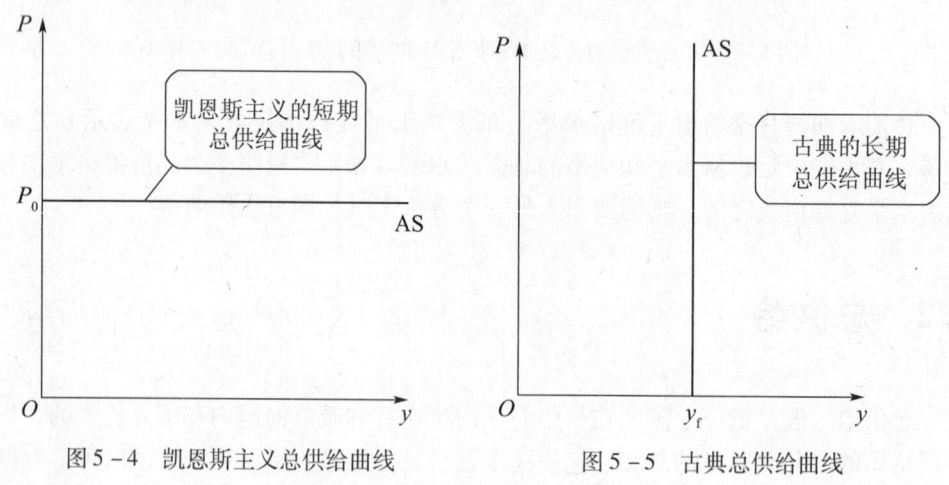

图 5-4　凯恩斯主义总供给曲线　　　　图 5-5　古典总供给曲线

应该指出的是，这种情况仅仅存在于失业较为严重时，例如，20 世纪 30 年代大危机时期的情况，因此，它仅仅是一种特例。凯恩斯提出这种观点与他的理论产生于 20 世纪 30 年代大危机时期和运用了短期分析方法是相关的。

2. 古典总供给曲线

如果说凯恩斯主义总供给曲线显示的是一种极端情形，那么图 5-5 所给出的所谓古典总供给曲线则是另外一种极端情形，古典总供给曲线表明是长期的总供给曲线。

可以看出，古典总供给曲线是一条位于充分就业产量水平上的垂直线。这表明，无论价格水平如何变动，总供给量都是固定不变的。

古典总供给曲线一般基于下面的假定：货币工资具有完全的伸缩性，它随劳动供求关系的变化而变化。当劳动市场存在超额劳动供给时，货币工资就会下降。反之，当劳动市场存在超额劳动需求时，货币工资就会提高。简单地说，在古典总供给理论的假定下，劳动市场的运行毫无摩擦，总能保持劳动力的充分就业。既然在劳动市场，在工资的灵活调整下充分就业的状态总能被维持，那么，无论价格水平如何变化，经济中的产量总是与劳动力充分就业下的产量即潜在产量相对应，这也就是说，因为全部劳动力都得到了充分就业，即使价格水平再上升，产量也无法增加，即此时实现充分就业时的国民收入已经无法再增加了，故总供给曲线是一条与价格水平无关的垂直线。

从长期来看，经济是可以实现充分就业的，因此，古典总供给曲线也称为长期总供给曲线。但在短期中，经济并不一定总处于充分就业状态，总供给曲线在更多情况下是向右上方倾斜的，而失业较为严重时则是水平的。值得指出的是，虽然垂直的总供给曲线所依赖的假设，即货币工资具有完全的伸缩性受到凯恩斯及其追随者们的指责，但现在大多数西方学者都认为，这条垂直的总供给曲线可以作为长期的总供给曲线。于是，垂直的总供给曲线在宏观经济学中又被称为长期总供给曲线。

凯恩斯主义的主流经济学家试图用总供给曲线和总需求曲线来解释宏观经济变动，他们同时使用长期和短期总供给曲线。也就是说，他们把向右上方倾斜的总供给曲线统称为短期总供给曲线，把垂直的总供给曲线称为长期总供给曲线。如图5-6所示的总供给曲线综合了短期和长期的情况。水平段是凯恩斯主义总供给曲线，此时资源严重过剩没有充分利用，在不提高价格情况下，可以增加总供给；向右上方倾斜段是短期总供给曲线，表明资源接近充分利用时的情况；垂直段是长期总供给曲线，它显示资源已经得到充分利用，无论价格水平怎样变化，总供给也不会增加。

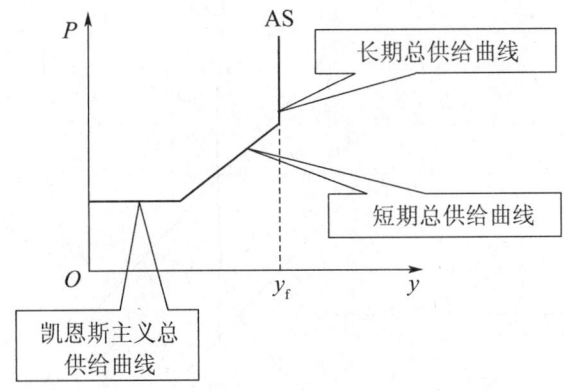

图5-6 三种情形下的总供给曲线

注：图中的 y_f 为充分就业时所对应的国民收入

5.3 AD-AS 模型

总需求曲线表示的是产品市场和货币市场同时达到均衡时的价格与收入水平之间的关系；总供给曲线表示的是劳动市场达到均衡时的价格和收入水平之间的关系。把总需求和总供给放在同一坐标体系图中就构成了总需求—总供给模型，一般简称 AD

—AS 模型。

总供给曲线 AD 和总需求曲线 AS 相交，得到的均衡点 E 点，这样决定均衡的国民收入 y^* 和均衡的价格水平 P^*，如图 5-7 所示。

下面运用 AD-AS 模型来分析需求拉动型通货膨胀形成的原因。早期的西方经济学家主要从需求方面分析通货膨胀的成因，认为当经济中需求扩张超出总供给增长时所出现的过度需求是拉动价格总水平上升、产生通货膨胀的主要原因。通俗的说法就是"太多的货币追逐太少的商品"，使得对商品和劳务的需求超出了在现行价格条件下可得到的供给，从而导致一般物价水平的上涨。需求拉动说的理论分析可用图 5-8 来说明。

图 5-8 中 AS 表示总供给曲线，AD_0 表示总需求曲线的初值，二者的交点决定了供求平衡条件下的物价水平 P_0 和收入水平 y_0。当总需求增加，曲线 AD_0 移动至 AD_1 时，会使收入水平提高至 y_1，同时拉动物价水平上升至 P_1。由于经济离充分就业差距较大时，总供给曲线 AS 比较平坦，因此收入水平提高至 y_2，同时拉动物价水平的变动较小。当总需求继续增加，曲线 AD_1 移动至 AD_2 时，

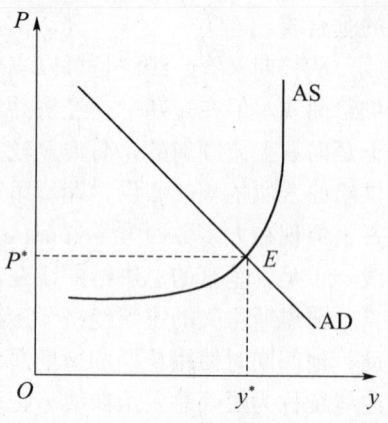

图 5-7 AD-AS 模型分析

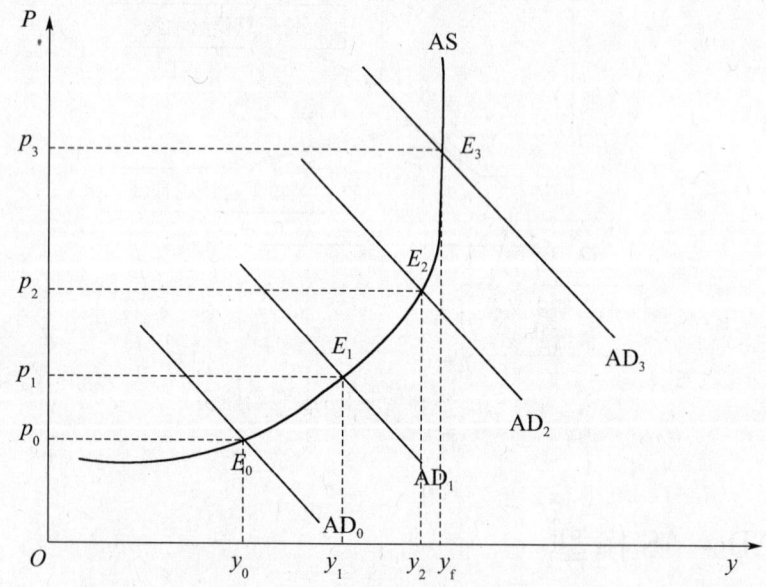

图 5-8 需求拉动型通货膨胀的成因

收入水平提高至 y_2，同时拉动物价水平升至 P_2。此时 AS 曲线倾斜度增大，物价水平的提高加快，进入凯恩斯所说的"半通货膨胀"状况。经济越是接近充分就业时的

收入水平 y_f，AS 曲线越是陡峭，表示收入水平越难以进一步增长，因此，当需求从 AD_2 移至 AD_3 时，经济达到充分就业，AS 曲线变为垂直，收入水平不再增长，总需求的增加几乎全部通过物价的上涨（提高至 P_3）反映出来，即进入凯恩斯所谓的"真正的通货膨胀"阶段。

本章小结

1. 总需求曲线 AD 被定义为产量（收入）和价格水平之间的关系，表示在各个价格水平上，商品与货币市场处于均衡时的产出水平。一般情况下，总需求曲线中价格和收入呈负相关。

2. AD 曲线的经济含义：①AD 曲线是一条描述总需求达到宏观均衡即 IS = LM 时，一个国家总产出水平与价格水平之间关系的曲线。②AD 曲线表明总产出 y 与价格水平 P 之间存在着反向变化关系。③AD 曲线反映了价格水平影响实际货币供给，实际货币供给影响利率水平，利率水平影响投资水平，投资水平影响产出水平或收入水平这样一个复杂而迂回的传导机制。

3. 财政扩张使 AD 曲线向右上方移动，名义货币存量使 AD 曲线以同样的比例向上移动。

4. 总供给曲线 AS 表明了价格与产量的相结合，即在某种价格水平时整个社会的厂商所愿意供给的产品总量。

5. 极端凯恩斯情形下的供给曲线是水平的，意味着厂商在现有价格水平上愿意供给所需数量的所有商品；极端古典情形下的总供给曲线是垂直的，它适用于价格与工资充分灵活性的经济。

6. 在凯恩斯供给条件下，价格固定，货币扩张与财政扩张都会提高均衡产出水平。在古典供给条件下，财政扩张对产出没有影响，但会提高价格水平。

7. 总需求和总供给模型 AD – AS 用来表明产出和价格两者的均衡水平的决定。

练 习 题

一、名词解释

1. 总需求
2. 总需求函数
3. 宏观生产函数
4. 短期宏观生产函数
5. 长期宏观生产函数
6. 古典总供给曲线
7. 凯恩斯总供给曲线
8. 常规总供给曲线

二、单项选择题

1. 总需求曲线向右下方倾斜是由于（　　）。
   A. 价格水平上升时，投资会减少
   B. 价格水平上升时，消费会减少
   C. 价格水平上升时，净出口会减少
   D. 以上几个因素都有

2. 价格水平上升时，会（　　）。
   A. 减少实际货币供给并使 LM 曲线右移
   B. 减少实际货币供给并使 LM 曲线左移
   C. 增加实际货币供给并使 LM 曲线右移
   D. 增加实际货币供给并使 LM 曲线左移

3. 当（　　）时，总需求曲线更平缓。
   A. 投资支出对利率变化比较敏感
   B. 支出乘数较小
   C. 货币需求对利率变化较敏感
   D. 货币供给量较大

4. 总需求曲线（　　）。
   A. 当其他条件不变，政府支出减少时会右移
   B. 当其他条件不变，价格水平上升时会左移
   C. 当其他条件不变，税收减少时会左移
   D. 当其他条件不变，名义货币供给增加时会右移

5. 总需求是（　　）。
   A. 对所有产品和服务的需求加上进口需求
   B. 对所有商品和服务的需求
   C. 对所有最终产品和服务的需求
   D. 家庭和政府对产品和服务的需求总和

6. 总需求曲线是（　　）。
   A. 一条向右下方倾斜的曲线
   B. 一条垂直线
   C. 一条向上倾斜的曲线
   D. 通常是向右下方倾斜的一条曲线，但也可能是一条垂直线

7. 政府税收的增加将（　　）。
   A. 使 IS 曲线向左移动
   B. 使 IS 曲线向右移动
   C. 对 IS 曲线无影响
   D. 与投资增加对 IS 曲线的影响一致

8. 假定经济实现充分就业，总供给曲线是垂直线，减税将（　　）。
   A. 提高价格水平和实际产出

B. 提高价格水平但不影响实际产出

C. 提高实际产出但不影响价格水平

D. 对价格水平和产出均有影响

9. 假定经济实现充分就业，总供给曲线是垂直线。若增加 10% 的名义货币供给，将（   ）。

   A. 对价格水平没有影响　　　　　　B. 提高利率水平

   C. 增加名义工资 10%　　　　　　　D. 增加实际货币供给 10%

10. 假定经济实现充分就业，总供给曲线是垂直线。若政府支出增加，则（   ）。

   A. 利率水平上升，实际货币供给减少

   B. 利率水平上升，实际货币供给增加

   C. 利率水平上升，不影响实际货币供给

   D. 对利率水平和实际货币供给均无影响

11. 总供给通常是指（   ）。

   A. 所有生产厂商所能生产的最大产出

   B. 所有消费者愿意购买的购买量之和

   C. 所有生产厂商愿意并且能够提供的总产出量

   D. 政府能够让生产者提供的产品数量

12. 总供给曲线是（   ）。

   A. 一条向下倾斜的曲线　　　　　　B. 一条垂直线或向上倾斜的曲线

   C. 一条垂直线或向下倾斜的曲线　　D. 始终向上倾斜的曲线

13. 得出短期总供给曲线的条件假设是（   ）。

   A. 假定价格是不变的

   B. 假定生产函数是不变的

   C. 假定收入是不变的

   D. 假定生产要素的价格特别是货币工资是不变的

14. 总供给曲线右移可能是因为（   ）。

   A. 其他情况不变而厂商对劳动需求增加

   B. 其他情况不变而所得税增加

   C. 其他情况不变而原材料涨价

   D. 其他情况不变而劳动生产率下降

15. 当总供给曲线为正斜率，单位原材料的实际成本增加时总供给曲线会移向（   ）。

   A. 右方，价格水平下降，实际产出增加

   B. 左方，价格水平下降，实际产出增加

   C. 右方，价格水平上升，实际产出减少

   D. 左方，价格水平上升，实际产出减少

16. 当总供给曲线有正斜率，成本中可变成本所占的份额下降时，总供给曲线移向（   ）。

  A. 左方，价格水平下降，实际产出增加
  B. 右方，价格水平下降，实际产出增加
  C. 左方，价格水平增加，实际产出减少
  D. 右方，价格水平增加，实际产出减少

17. 假定经济实现充分就业，总供给曲线是垂直线，名义货币供给增加，（   ）。
  A. 实际货币供给增加   B. 不影响实际货币供给
  C. 实际产出同比例增加   D. 利率水平下降

18. 如果经济实现了充分就业，总供给曲线为正斜率，那么减税会使（   ）。
  A. 价格水平上升，实际产出增加
  B. 价格水平上升，但不影响实际产出
  C. 实际产出增加，但不影响价格水平
  D. 名义工资和实际工资都上升

19. 如果经济实现了充分就业，总供给曲线为正斜率，增加政府支出会提高（   ）。
  A. 产出和价格水平   B. 均衡产出和实际工资
  C. 均衡产出和实际利率   D. 以上都可能

20. 如果经济实现了充分就业，总供给曲线为正斜率，总需求曲线向右移动会增加（   ）。
  A. 实际工资、就业量和实际产出
  B. 名义工资、就业量和实际产出
  C. 劳动生产率和实际产出
  D. 劳动力需求、就业量和实际工资

三、判断题

1. 当一般价格水平变动时，由于各产品之间的相对价格保持不变，因此居民不会减少对各产品的需求，总需求水平也保持不变。（   ）

2. 当一般价格水平上升时，将会使各经济主体的收入增加，因此总需求增加。（   ）

3. 当一般价格水平上升时，在名义货币供给量不变的情况下，实际货币供给降低，资产市场均衡的实际利率增加，将会使总需求下降。（   ）

4. 财政政策能够影响总需求曲线的位置，货币政策不能影响总需求曲线的位置。（   ）

5. 在其他条件不变时，任何影响 IS 曲线位置的因素变化，都会影响总需求曲线的位置。（   ）

6. 长期总供给曲线所表示的总产出是经济中的潜在产出水平。（   ）

7. 短期总供给曲线和长期总供给曲线都是向右上方倾斜的曲线，区别是斜率不同。（   ）

8. 在 AD – AS 模型中，短期均衡是指短期总需求曲线和短期总供给曲线的交点。（ ）

9. 在长期总供给水平，由于生产要素等得到了充分利用，因此经济中不存在失业。（ ）

10. 当经济达到长期均衡时，总产出等于充分就业产出，失业率为自然失业率。（ ）

四、计算题

1. 如果总供给曲线为 $Y_s = 500$，总需求曲线为 $Y_d = 600 - 50P$，试求：

（1）供求均衡点；

（2）总需求上升 10% 之后新的供求均衡点。

2. 假定某经济社会的总需求函数为 $P = 80 - 2y/3$，总供给函数为古典学派总供给曲线形式，即表示为 $y = y_f = 60$，求：

（1）经济均衡时的价格水平；

（2）如果保持价格水平不变，而总需求函数变动为 $P = 100 - 2y/3$，将会产生什么后果？

五、简答题

1. 说明总需求曲线向右下方倾斜的原因。

2. 降低工资对总需求和总供给有何影响？

3. 导致总供给曲线移动的主要因素有哪些？

六、论述题

试论述在何种情况下，AS 曲线是水平的、垂直的或向右上斜的？政府政策对经济产出是否有效？

【网络资源】

1. 中国经济网　http：//www.ce.cn/macro/

2. 国家统计局网站　http：//www.stats.gov.cn/

（注：这里提供了一些网络链接，目的是为读者提供一些参考，拓展知识面，并且提供一种获取资料的方法。其中的一些链接可能会因为网站更新、网址变更等网络原因无法登录，请读者注意。）

 应用型本科经管类"十三五"规划教材(第二批)　　　　　　　　宏观经济学

第6章　失业与通货膨胀

【教学提示】

　　失业与通货膨胀是当代经济社会关注的两大重要议题，属于宏观经济学理论研究的重点。本章将介绍失业的分类和对经济的影响；通货膨胀产生的原因以及对经济的影响。了解失业与通货膨胀的关系以及有关治理通货膨胀和失业的经济政策。

【教学提示】

　　通过本章的学习，你应该能够：
● 熟悉失业与通货膨胀的定义；
● 掌握失业分类、产生的原因以及对经济的影响；
● 掌握通货膨胀分类、产生的原因以及对经济的影响；
● 了解政府治理失业与通货膨胀的政策措施。

【阅读材料6-1】

　　始于2007年4月美国的次贷危机，在仅仅一年的时间里，完成了次贷危机到金融危机并最终到实体经济危机的蜕变。不仅如此，次贷危机从美国传染到全球，引发全球发达国家的经济衰退，并导致全球就业萎缩，中国就业市场也受到冲击。

　　国家统计局国民经济运行数据显示，2008年前三季度中国国内生产总值同比增长9.9%，比上年同期回落2.3个百分点。如果这种局面持续发展，金融危机引发的实体经济动荡会大大影响我国就业的增长空间。

　　席卷全球的金融海啸，正在悄悄地波及大学生就业市场。一方面，2009年高校毕业生比2008年有所增加；另一方面，不少企业却取消了校园招聘计划，2009届大学生们已经感受到了就业前景的"寒流"。

　　大学生就业属于新的增量就业，因此，宏观与微观经济环境变化对其影响很大。从某种程度上说，大学毕业生成为企业应对外部环境的"雇佣调节器"。这场全球范围内的金融危机带来的全球经济滑坡导致消费需求下降，投资需求萎缩，从而引起对新增劳动力需求的大幅减少，企业的首要决策是降低增量就业。

　　同时，为有效应对外部快速变化的环境，企业也在不断地计算现有人员工作时间与新增人员替代选择的成本收益关系，这也会降低增量就业。在我国，金融行业、外贸行业、与出口相关的制造业受到巨大冲击而降低对新增人员的需求，因此，大学毕业生将会成为受冲击最大的就业群体。

　　（资料来源：中国人民大学中国就业研究所副所长杨伟国，中国教育报）

　　在全球金融危机下的失业现象主要是由于什么样的原因导致的？"大学生的就业

难的问题"与这场危机之间有什么样的联系？如何在金融危机下解决"大学生的就业难的问题"？本章将一一阐述。

6.1 失业理论

6.1.1 失业的定义

按照西方经济学的解释，失业就是想工作而没有工作的现象。国际劳工组织对失业的界定是：一定年龄以上参考时间内没有工作，目前可以工作正在寻找工作的人。由此我们认为失业主体必须具备三条件：（1）有劳动能力；（2）愿意就业；（3）现在没有工作。我们也可以将失业简单定义为：具有劳动能力的人，一段时间内曾经以各种方式努力寻找工作，但未找到工作的现象。

6.1.2 失业指标体系

失业最重要的指标是失业人数和失业率。就业和失业人口的总和构成劳动力人口，不同国家和地区对失业和就业人口的界定不同。

就业和失业的指标体系应该有三个层次的指标构成。第一层次的指标是对一个国家总人口中适合劳动的人口进行界定。世界大多数国家把16～65周岁的人口定义为劳动年龄人口，而中国规定男性16～60周岁，女性16～55周岁为劳动年龄人口，对于从事行政领导、科学技术和文化学术工作的人员，退休年龄另有规定。因而，对于从事行政领导、科学技术和文化学术工作的人员，男性超过60周岁，女性超过55周岁未退休者也应计入劳动年龄人口。第二层次的指标是将劳动年龄人口进一步划分为劳动力人口和不在劳动力人口。第三层次指标是将劳动力人口划分为就业人口和失业人口。作为失业统计指标三个层次可以表述为：

$$总人口 = 劳动年龄人口 + 非劳动年龄人口$$
$$劳动年龄人口 = 劳动力人口 + 不在劳动力人口$$
$$劳动力人口 = 就业人口 + 失业人口$$

衡量一个经济中失业状况的最基本指标是失业率：

$$失业率 = \frac{失业人数}{劳动力总数} \times 100\% \tag{6.1}$$

【阅读材料6-2】

美国劳工部数据显示，2009年8月份美国失业率升至9.7%，创近26年来新高。到11月份美国失业率又进一步升至10%。有专家指出，如果你把那些只工作半天以及那些放弃找工作的人都算在里面的话，失业率要高于20%。有新闻记者来到纽约曼哈顿下城的失业办公室进行实地采访，这里是那些失去工作的人领取失业救济的地方。这些失业的人目前处境如何呢？记者发现，在纽约失业办公室的外面，人们都焦虑不安。失业工人罗萨托说:"昨天,他们来了,把我解雇了,而且要我离开办公楼,把我赶到街上。"很多人都担心会坐吃山空。失业者罗文说:"我所有的钱都快用光了。"记者问:"那你怎么办?"罗文说:"我不知道。"纽约的情况并不独特。卡特彼勒牵引车公司今年早些时候解雇了伦道夫。她在位于伊利诺伊州皮奥里亚附近的卡特彼勒工厂生产引擎,但是到目前为止还没有找到工作。她说:"我想去做清理房子的工作,但是没有人在雇人。我连一个打扫房子的工作都找不到。"

(资料来源:人民网)

6.1.3 失业的种类

市场经济国家一般把失业划分为六种类型。

(1) 摩擦性失业。摩擦性失业是由于求职劳动者与需要提供的岗位之间存在着时间滞差而形成的失业。西方经济学家指出,在劳动市场上,往往由于劳动者缺乏就业机会方面的知识,或由于缺乏迅速移动所必须具备的先决条件,使得就业岗位与寻求就业者不能及时相遇所造成的失业。

(2) 求职性失业。求职性失业是指工人不满意现有的工作,离职去寻找更理想的工作所造成的失业。求职性失业是工人自己造成的,属于自愿失业的性质。这种失业人口中青年人占的比例最大,因为青年人往往不满现状,渴望找到更适合自己的工作。

(3) 季节性失业。季节性失业是由于某些行业受气候变化、社会风俗或购买习惯等因素的影响,使生产对劳动力的需求出现季节性的波动而形成的失业。

(4) 技术性失业。技术性失业是由于使用新机器设备和材料,采用新的生产工艺和新的生产管理方式,导致社会局部生产节省劳动力而形成的失业。不过对这种失业西方经济学界后来存在不同的意见和争论。

(5) 结构性失业。结构性失业是由于国民经济产业结构的变化及其生产形式和规模的变化,劳动力结构不能与之相适应而导致的失业。

(6) 周期性失业。周期性失业是由周期性经济危机对就业产生的影响而形成的失业。这种失业是资本主义经济所有失业类型中最为严重的一种,它是与经济运行周期波动相联系的失业,在经济跌入萧条时期,社会需求锐减,生产普遍停滞或下降,导致对劳动力需求减少而引起的失业。

中国正在由传统的计划经济体制向市场经济体制过渡,市场经济正在逐步确立,市场经济国家存在的失业形式均不同程度的在中国出现。但由于中国城乡就业分割的体制,城乡一体的劳动力市场没有建立,就业体制还具有典型的二元经济的特征,这些都决定中国的失业类型具有其特殊性。这表现在城市的"下岗"和农村的剩余劳动力。

【阅读材料6-3】

专家：2008年失业率提高是改革以来首次周期性失业

2008年四季度以来，国际金融危机给我国经济发展带来严重困难，也对我国就业造成较大冲击。我国政府及时出台了一系列应对之策，国际金融危机对我国就业的冲击正在逐步得到化解。但就业问题一直是我国最主要的民生问题。受国际金融危机影响，我国就业问题更加复杂，需要采取针对性、前瞻性更强的政策措施。一段时间以来，有关专家学者深入研究、积极探索，为解决我国就业问题提供了一些思路和建议。

一、应对国际金融危机冲击的就业政策效果显著

专家指出，国际金融危机对我国对外贸易、产业发展和经济增长产生了综合影响，进而对我国就业带来冲击。这种冲击主要有三个特点：第一，对农民工就业影响最大。今年二季度以前，在国际金融危机中遭受冲击比较严重的东部沿海地区，出口企业和产业部门的用人需求下降较大，农民工失去工作岗位的情况比较严重。第二，范围可能不断扩大。外贸出口大幅下降，不仅直接影响外向型企业，而且会对产业链中非出口型企业造成冲击，并影响这些领域的就业稳定。第三，存在出现就业挤压效应的危险。我国劳动力市场的供求关系本来就很紧张，局部地区、行业的就业形势进一步紧张可能导致整体就业形势更加趋紧。

2008年我国城镇登记失业率达4.2%，为近三年来最高水平。2008年末，人保部监测的513家企业，岗位年净流失达8.05%，这说明国际金融危机对我国就业产生了较大影响。

2008年四季度以来，我国制定实施了一系列稳定和扩大就业的政策措施。2009年中央财政预算安排就业资金420亿元，比2008年增长66.7%。专家指出，这些政策出手快、力度大，组合性强，统筹兼顾，已经取得显著成效。2008年前三季度我国就业局势保持总体稳定，城镇新增就业851万人，完成全年目标的94%；城镇登记失业率为4.3%。国际金融危机对就业的冲击正在逐步得到化解，2008年第四季度以及2009年就业形势都会保持平衡并持续向好。

二、高度重视经济运行中不利于扩大就业的因素

专家认为，2008年开始的失业率提高，是由于我国实体经济受到国际金融危机影响而导致的周期性失业现象。这是我国改革开放以来经历的第一次周期性失业。同时，周期性失业与结构性失业（劳动力供给结构与需求结构不一致造成的失业）、摩擦性失业（劳动力缺乏流动性，信息交流不完全以及市场组织不健全造成的失业）交织，就业问题异常复杂。目前存在的不利于扩大就业的因素主要有：

经济增长对就业的拉动作用减弱。虽然从一般意义上讲，经济增长会扩大就业，但实证研究表明，我国经济高速增长与就业增长率偏低现象长期并存，经济增长对就业的拉动作用有弱化倾向。目前我国就业弹性系数（就业增长率/经济增长率）仅约为0.1。投资对就业的拉动作用也有减弱的趋势。2001—2007年，固定资产投资每增

长1个百分点，就业增长由约1个百分点下降到约0.31个百分点。我国的经济结构和发展模式是造成这种失衡的深层次原因。我国经济增长主要靠投资和出口拉动，而固定资产投资近年来又主要向拉动就业能力较弱的石油化工、通用设备等资本密集型行业集中，投资对就业增长的拉动力减弱。再加上我国单位GDP中的工资比重、国民收入中的居民收入比重偏低，社会保障等社会事业发展滞后，居民消费不足，影响了吸纳就业能力较强的第三产业发展，从而影响就业增长。以往出口对就业的拉动作用较强，在出口大幅滑坡的情况下，就业问题愈发凸显。因此，应从产业结构、增长方式以及政策出发点等方面，注重增强经济增长对就业的拉动作用。

人才结构与产业结构不适应。近年来，我国劳动力供给的结构性变化主要表现在两个方面：一是农村出现大量富余劳动力。二是高校毕业生人数快速增加，逐步成为城镇新增就业人员的主要部分。目前，这两大群体与产业结构升级不相适应的问题都很突出。大学专业设置与产业结构升级的需求相脱节，致使一些高校毕业生知识结构不合理、动手能力低，创业能力也较差，与社会岗位需求存在较大差距。随着经济发展和产业结构升级，劳动力市场需求正由单纯的体力型向智力型、技能型转变。但我国"有文化、懂技术、会经营"的农村劳动力较少，这从根本上影响了农民工的就业及其质量。

中小企业在吸纳就业中发挥着主力作用，但抗冲击能力弱。目前，我国中小企业吸纳了75%以上的城镇就业人口。同样的投资，小企业提供的就业岗位是大企业的10多倍。但中小企业普遍存在技术创新能力不强、缺乏自主品牌、管理落后等问题，绝大部分处于产业链低端，容易受经济波动影响。同时，中小企业在发展中还面临资金、政策等方面的瓶颈，进一步削弱了其抗风险能力。这也影响了社会就业稳定和就业率提高。

劳动力市场不健全，公共就业服务体系不完善。我国劳动力市场不够健全，导致劳动力市场配置人力资源的效率较低，成为扩大就业的制约因素。农村劳动力市场发展落后且与城市劳动力市场不对接，增加了农民转移就业的难度和外出务工的盲目性。公共就业服务体系特别是农村公共就业服务体系不发达，小额担保贷款、就业援助、信息服务、职业培训和技能鉴定等就业政策覆盖范围窄、落实不到位，一些地方出台地方就业保护政策措施等，也在一定程度上制约了城乡劳动力的流动、就业和创业活动。

三、将短期促进就业措施与中长期就业政策结合起来

专家指出，国际金融危机对我国就业的影响仍将持续较长时间。化解国际金融危机对我国就业的冲击，从根本上解决就业问题，应认真贯彻落实中央一系列稳定和扩大就业的政策措施，同时注重将短期措施与中长期政策相结合。

在保增长中进一步突出扩大就业目标。在国际金融危机对我国经济增长产生较大影响的情况下，保增长无疑是应对就业问题最重要的措施。但鉴于我国经济增长的就业弹性不断降低，经济增长并不必然带来就业量的大幅增加，因而在保增长中应进一步突出扩大就业目标，实现经济增长与扩大就业的良性互动。为此，应重视宏观经济

政策的就业效果。在区域发展、产业发展、所有制结构调整、城镇化等宏观经济政策制定过程中，都要把扩大就业作为重要目标。比如，在财政投资计划中应考虑如何让财政投入更好地起到扩大就业的"种子"资金作用，适当向吸纳就业能力强的产业倾斜。对地方政府工作的考核也应加入新增就业岗位方面的内容。有专家提出，鉴于我国劳动力资源丰富和资本短缺的基本国情，未来我国应选择就业增长优先的经济增长模式。

把结构调整与扩大就业结合起来。不合理的经济结构是制约经济又好又快发展以及扩大就业的重要因素，结构调整是解决就业问题的重要途径。应加大对"三农"的投入，通过发展现代农业吸纳劳动力；提升制造业发展水平，吸纳相应人才就业；特别是积极发展第三产业，充分发挥其扩大就业的作用。加快转变发展方式，稳步推进产业结构优化升级，使扩大就业与科学发展相得益彰。在消费与投资结构中，应通过提高居民收入在国民收入分配中的比重、提高劳动报酬在初次分配中的比重以及完善社会保障等，进一步扩大消费比例，提高对产品和服务的总需求，创造更多就业岗位。

实施以创业带动就业的发展战略。在我国，目前1人创业一般可以带动5人就业。促进以创业带动就业，是积极就业政策的重要内容之一。以创业带动就业，既要大力扶持中小企业和民营经济发展，也要出台力度更大的促进创业的政策措施。具体包括：一是为创业企业营造良好的市场环境。比如，成立专门机构对创业活动进行指导、服务和帮助；保障民营资本合法权益，取消不合理的市场准入限制等。二是尽快形成以创业带动就业的政策支持体系，包括财政扶持、税收优惠、金融支持以及创业培训、创业服务等。近年来，我国已出台不少扶持创业的政策措施，关键是要通过有效机制将其落到实处。三是针对高校毕业生、农民工等不同创业群体出台有差异性的扶持政策，满足不同群体的创业需求。

发挥政府职能，降低自然失业率。自然失业是指在正常经济情况下长期自然存在的失业，主要包括结构性失业、摩擦性失业。加强政府劳动力市场服务职能，提供就业和再就业的中介服务、培训并完善劳动力市场功能，就可以用自然失业率的降低来抵消周期性失业率的上升。特别是对于青年就业群体来说，降低自然失业率还有很大潜力。此外，增强劳动力市场的灵活性，通过灵活就业渠道弥补正规就业损失，也是经济困难时期稳定就业的有效途径。

着眼于产业结构升级，优化人才结构。经济危机之后新的经济繁荣是在产业结构升级基础上形成的。在世界性经济危机来临时，谁按照产业升级的要求优化人才结构，谁就能在随后的繁荣时期抓住机遇。结合我国未来经济结构调整对人才的需求，政府部门有必要做好人才教育和培训的统筹规划，增加对农村教育投入，促进公共教育资源均衡配置；加快发展中、高等职业教育；调整大中专院校的专业设置，加强对创新型人才的培养，为创新创业提供有力的人才支撑。

重视科技进步对就业的巨大促进作用。从长期看，科技进步不仅不会带来失业，而且会由于开拓了新市场而增加就业。我国目前的情况是劳动密集型企业较多，科技类新型企业发展不足。过于依靠劳动密集型产业促进就业增长，迟早会产生瓶颈。因此，必须重视科技进步，在科技含量高的产业形成竞争力，增强扩大就业的后劲。

加快建立健全城乡统一的劳动力市场。建立健全城乡统一的劳动力市场和公共就业服务体系，发挥市场对人力资源配置的基础性作用，是解决就业问题的制度基础。优化劳动力市场环境，还应加快户籍制度改革，促进劳动力自由流动；完善和贯彻落实就业促进法、劳动合同法以及劳动合同法实施条例等有关就业的法律政策。

（资料来源：张怡恬 人民网-人民日报 http://news.qq.com/a/20091110/000312.htm 2009-11-10）

6.1.4 充分就业和自然失业率

即使经济社会能够提供足够的职位空缺，失业率也不会等于零。经济中仍然会存在摩擦性失业和结构性失业。凯恩斯认为，如果消除了"非自愿性失业"，失业仅局限于摩擦性失业和自愿失业的话，经济就实现了充分就业。自然失业率，即在没有货币因素干扰的情况下，让劳动力市场和商品市场自发供求力量起作用时，总供给和总需求处于均衡状态时的失业率。所谓没有货币因素干扰，指的是失业率的高低与通货膨胀的高低之间不存在替代关系。因此，自然失业率应等于某一时点上摩擦性和结构性失业占劳动力的百分比。在实际统计时，用长期的平均失业率来近似地表示自然失业率，而影响失业持续时间长短和失业频率高低的因素都会影响自然失业率的高低。

6.1.5 失业的影响

20世纪60年代美国经济学家阿瑟·奥肯根据美国的世界资料发现了失业率与实际国民收入增长率之间关系的经验统计规律。这一规律表明，失业率每增加1%，则实际国民收入减少2.5%；反之，失业率每减少1%，则实际国民收入增加2.5%，上述规律被称为奥肯定律。奥肯定律提示了产品市场和劳动市场之间极为重要的联系。

理解这一规律应注意以下几点。

第一，它表明了失业率与实际国民收入增长率之间是反方向变动的关系。

第二，失业率与实际国民收入增长率之间1∶2.5的关系只是一个平均数，是根据经验统计资料得出来的，在不同的时期并不是完全相同的。

第三，奥肯定理主要适用于没有实现充分就业情况，即失业是周期性失业的失业率。

奥肯定律的一个重要结论是：实际GDP必须保持与潜在GDP同样快的增长，以防失业率的上涨。如果政府想让失业率下降，那么，该经济社会的实际GDP的增长必须快于潜在GDP的增长。

【阅读材料6-4】

过去的2007年，对我们每个人来说可能都不太轻松。十多年来让几乎每个人都得到实惠的"高增长、低通胀"，在进入2007年后演变成经济持续增长背景下的CPI

（居民消费价格指数）小幅攀升，这让许多人不适应甚至明显感受到了生活上的压力。2007年4月以来，我国居民消费价格总水平逐月攀高，连续6个月超过国际公认的、可忍受的3.0%的轻微通货膨胀底线，11月的CPI同比上涨6.9%，再度刷新10月6.5%的1996年以来的最高纪录。尽管这一价格涨幅与20世纪八九十年代我们曾经经历过的高达两位数的通货膨胀还有不小的差距，但基于由货币发行过量引发的通货膨胀的惯性特征，以及哪怕是温和通货膨胀本身的巨大危害，我们仍然要对此高度警惕。

应该指出的是，此次物价上涨具有明显的结构性特征。2007年1—11月累计CPI增长4.6%中，食品价格上涨的"贡献"超过了80%，而非食品价格上涨的"贡献"不到20%。从11月的情况来看，CPI同比上涨6.9%，其中，非食品价格同比上涨1.4%，食品价格同比上涨18.2%；居住类价格同比上涨6%，消费品价格上涨8.4%，服务项目价格上涨2.3%。这里我们看到：不仅是创1996年以来新高的CPI，而且还有与老百姓生活息息相关的食品类价格继续快速上涨和居住类价格的加速上扬。

由此也就决定了这次价格上涨及由此带来的通货膨胀压力与20世纪八九十年代的两次通货膨胀相比，具有不同的特点：首先，此轮物价上涨由生猪价格的大幅提高发轫，2007年上半年，居民消费价格指数呈现出明显的结构性上涨，CPI的逐月攀升主要由食品价格上涨所带动。在上半年CPI为3.2%的涨幅中，食品价格带动了2.5个百分点，食品价格的上涨又主要集中在粮食、肉禽及其制品和蛋价格的上涨。其次，2007年上半年，扣除食品和能源项目后的核心价格指数仅上涨0.9%，工业品出厂价格基本稳定，原材料、燃料、动力购进价格涨幅还在回落；之后，食品价格的快速上涨才逐渐传递到生产资料和其他工业品上面，从而使通货膨胀的压力逐步凸显。最后，2003年以来连续两位数的经济增长主要靠投资和出口拉动，国际收支持续、大额的顺差导致外汇占款激增，货币投放量被动过度增加，过剩的流动性成为推高资产价格和CPI的重要因素。

（资料来源：社科院专家/何德旭　中国青年报）

6.2　通货膨胀

6.2.1　通货膨胀的定义及种类

1. 通货膨胀的定义

通货膨胀是指经济的物价总水平或一般物价水平在一定的时期内持续的上升过程。货币数量论认为价格水平的波动主要是由名义货币供应量的变化而引起的，当经济中纸币的发行量超过商品流通中人们对纸币的实际需要量时，货币就会贬值，物价水平就会普遍持续上涨。把所有商品和劳务的交易价格总额进行加权平均，通货膨胀就表现为一般价格水平的上升。

通常用通货膨胀率来衡量通货膨胀的程度，可用三种价格指数来反映通货膨胀率。

（1）消费者价格指数（Consumer Price Index，CPI），又称生活费用指数，是对一个固定的消费品篮子价格的衡量，指通过计算城市居民日常消费的生活用品和劳务的价格水平变动而得的指数。CPI主要反映消费者支付商品和劳务的价格变化情况，也是一种度量通货膨胀水平的工具，以百分比变化为表达形式。

（2）生产者物价指数（Producer Price Index，PPI），又称批发价格指数，指通过计算生产者在生产过程中所有阶段所获得的产品的价格水平变动而得的指数，是衡量工业企业产品出厂价格变动趋势和变动程度的指数，是反映某一时期生产领域价格变动情况的重要经济指标，也是制定有关经济政策和国民经济核算的重要依据。

【阅读材料6-5】

居民消费价格和生产价格全年下降，年底出现上升

全年居民消费价格比上年下降0.7%。其中，城市下降0.9%，农村下降0.3%。分类别看，八大类商品价格四涨四落：烟酒及用品上涨1.5%，医疗保健和个人用品上涨1.2%，食品上涨0.7%，家庭设备用品及维修服务上涨0.2%；居住下降3.6%，交通和通信下降2.4%，衣着下降2.0%，娱乐教育文化用品及服务下降0.7%。居民消费价格11月份同比涨幅由负转正，当月上涨0.6%，12月份上涨1.9%。全年工业品出厂价格下降5.4%，12月份由负转正，当月上涨1.7%。全年原材料、燃料、动力购进价格下降7.9%；商品零售价格下降1.2%。

（资料来源：国家统计局网站 2010-1-21）

（3）国民生产总值价格折算指数，它反映的是所有计入GNP的最终产品和劳务的价格水平的变化。

2. 通货膨胀的分类

（1）按照价格分类。

温和的通货膨胀：指每年物价上升的比例在10%以内。

奔腾的通货膨胀：指年通货膨胀率在10%以上和100%以内。

超级通货膨胀：指通货膨胀率在100%以上。

【阅读材料6-6】

20世纪20年代的德国正经历着一场历史上最为严重的通货膨胀。1923年初，1马克能兑换2.38美元，而到夏天的时候，1美元能换4万亿马克！早上能买一栋房子的钱，傍晚只能买一个面包。在1923年，德国街头的一些儿童在用大捆大捆的纸币马克玩堆积木的游戏；一位妇人用手推车载着满满一车的马克，一个小偷趁她不注意，掀翻那一车纸币，推着手推车狂奔而逃；一位家庭主妇正在煮饭，她宁愿不去买

煤,而是烧那些可以用来买煤的纸币。到了发工资的时候,领到工资就以百米冲刺的速度冲到商店,跑得稍微慢一点,东西就涨一大截。

(2) 按照价格影响的差别分类。

平衡的通货膨胀:即每种商品的价格都按相同比例上升。

非平衡的通货膨胀:即各种商品价格上升的比例并不完全相同。

(3) 按照人们的预期程度加以区分。

未预期到的通货膨胀:指价格上升的速度超过人们的预料,会打破原有的平衡,对经济的影响比较大。

预期到的通货膨胀:又称为惯性通货膨胀,由于通货膨胀程度事先已经预料到,经济活动事先就把通货膨胀的因素考虑在内了,因此对经济活动的影响较小。

6.2.2 通货膨胀产生的原因

1. 作为货币现象的通货膨胀

货币数量论在解释通货膨胀方面的基本思想是,每一次通货膨胀背后都有货币供给的迅速增长。

交换方程式: $$MV = PY \tag{6.2}$$

M 为货币供给量;V 为货币流通速度,它被定义为名义收入与货币量之比,即一定时期平均一元钱用于购买最终产品与劳务的次数;P 为价格水平,Y 为实际收入水平。

通货膨胀率公式: $$\pi = m - y + v \tag{6.3}$$

π 为通货膨胀率;m 为货币增长率;y 为产量增长率;v 为流通速度变化率。即通货膨胀来源于三个方面:m;y;v。V 不变且收入处于其潜在的水平上,则通货膨胀的产生主要是货币供给增加的结果,即货币供给的增加是通货膨胀的基本原因。

2. 需求拉动通货膨胀

需求拉动通货膨胀:又称超额需求通货膨胀,是指总需求超过总供给所引起的一般价格水平的持续显著的上涨(如图6-1所示)。

根据凯恩斯主义的观点:在商品市场上,在现有的价格水平下,如果经济的总需求超过总供给水平,就会导致一般物价水平的上升,引起通货膨胀。引起总需求扩大的因素有两大类:一类因素称为实际因素,诸如消费需求、投资需求扩大,政府支出增加、减税以及一国净出口水平的增加都会使得产品市场上 IS 曲线向右移动从而使总需求曲线向右移动,使经济在现有的价格水平下总需求超过总供给;另一类是所谓的货币因素,即货币供给量的增加或实际货币需求的减少,都会使得 LM 曲线向右移动,也会导致总需求水平在现有价格水平下扩大、在经济的总供给没有达到完全就业水平的总供给水平之前,总需求的增加在使价格水平上升的同时,还会使产量增加。随着经济接近充分就业的产量水平,总需求再增加,产出就不能再增加,而只会导致价格水平的上升。

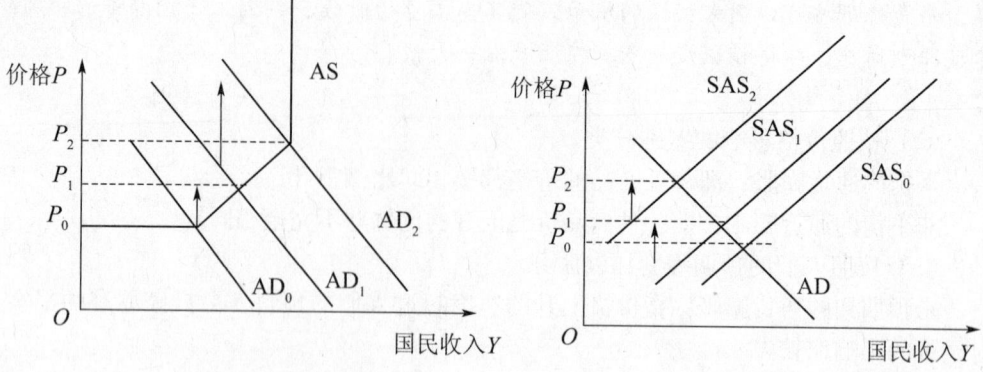

图 6-1　需求拉动通货膨胀　　　　图 6-2　成本推动通货膨胀

瓶颈现象：即由于劳动、原料、生产设备等的不足而使成本提高，从而引起价格水平的上涨瓶颈式的通货膨胀。需求方面的原因或冲击：财政政策、货币政策、消费习惯的突然改变、国际市场的需求变动等。

3. 成本推动通货膨胀

成本推动通货膨胀：又称成本通货膨胀或供给通货膨胀，是指在没有超额需求的情况下由于供给方面成本的提高所引起的一般价格水平持续和显著的上涨（如图 6-2 所示）。

由于生产成本的提高而引起一般价格水平上升。生产成本的提高一方面可体现在工资水平上升，原材料和能源等涨价；另一方面也体现在厂商为追逐垄断利润而限制产量，从而引起价格水平的普遍上涨。在现有的价格水平下，工人如果要求提高实际工资，厂商能够雇佣的工人就会减少，其产量就随之减少，导致供给曲线向左移动，总需求水平超过总供给，价格水平上升。与需求拉动的通货膨胀不同的是，在短期成本推动的通货膨胀将减少经济的产出水平。

成本推动通货膨胀又可以根据生产成本的组成部分的不同分为以下两种。

（1）工资推动通货膨胀：不完全竞争的劳动市场造成的过高工资所导致的一般价格水平的上涨。

（2）工资—价格螺旋：工资提高引起价格上涨，价格上涨又引起工资提高。这样，工资提高和价格上涨形成了螺旋式的上升运动，利润推动通货膨胀：指垄断企业和寡头企业利用市场势力谋取过高利润所导致的一般价格水平的上涨。

4. 混合通货膨胀理论

从供给和需求两个方面及其相互影响说明通货膨胀的理论。在现实经济生活中，需求拉动和成本推动的作用常常是混在一起的，成为混合型通货膨胀。假设需求拉动在先，其后是成本推动，如图 6-3 所示。

5. 结构性通货膨胀

结构性通货膨胀是指在没有需求拉动和成本推动的情况下，只是由于经济结构因素的变动，也会出现一般价格水平的持续上涨。这种价格水平的上涨叫作结构性通货膨胀。西方学者通常用生产率提高快慢不同的两个部门说明结构性通货膨胀，工资增长率超过生产增长率的百分比就是价格上涨率或通货膨胀率。

6.2.3 通货膨胀的持续

通货膨胀螺旋：通货膨胀不是价格水平的一次性改变，而是价格水平的持续上升。在大多数情况下通货膨胀似乎

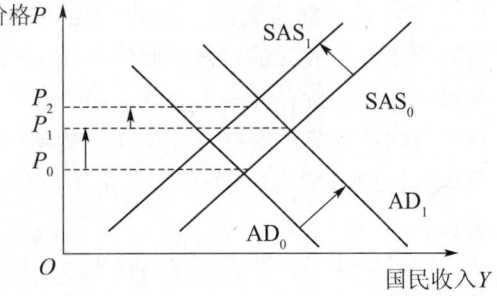

图 6-3 混合通货膨胀

有一种惯性。如果经济有了 8% 的通货膨胀率，那么这 8% 的通货膨胀率会有不断持续下去的趋势。原因：如果经济中大多数人都预期到同样的通货膨胀率，那么，这种对通货膨胀的预期就会变成经济运行的现实。

6.2.4 通货膨胀的预期

如果通货膨胀是突发的、短期的，人们无法完全预测到的，那么，在劳动力市场上，劳动力需求曲线向右移动的幅度就会大于劳动力供给曲线向左移动的幅度，从而使得货币工资率的增长小于物价的上升，在短期，扩大就业，产量也随之增加。如果通货膨胀是长期的，可被人们事先完全预期到，工人就会要求按物价上涨的速度增加其货币工资率。在劳动力市场上，劳动力供给曲线就与劳动力需求曲线同样幅度移动，经济的就业状况就没有改善，产量水平也不会增加。

6.2.5 通货膨胀的经济效应

由于通货膨胀的产生总是伴随着经济的高速增长，因此通货膨胀往往会给人以诱惑。不少发展中国家的经济学家曾提出以温和的通货膨胀刺激经济增长的口号。然而，由于通货膨胀对经济结构的扭曲作用要远远大于对经济增长的刺激作用，因此一旦发生通货膨胀，其结果往往是将经济结构推向恶化。

1. 通货膨胀对经济增长的影响

在分析通货膨胀对经济的影响时，经济学界存在着很大的分歧。分歧可以分为促进论和促退论。

促进论认为适度的通货膨胀有利于经济增长，理由主要有以下几点。

（1）在通货膨胀的情况下，由于货币幻觉的存在和工人对通货膨胀预期的不充分，工资的上涨往往慢于物价的上涨，结果实际工资下降，降低了厂商的生产成本，提高了利润，这样刺激厂商扩大投资，进而促进经济增长。这主要是一种短期效应。

（2）通货膨胀是一种有利于高收入阶层（即利润收入阶层）而不利于低收入阶层（即工资收入阶层）的收入再分配，由于高收入阶层的边际储蓄倾向较高，因此，通货膨胀会促使社会储蓄率的提高，根据哈罗德—多马经济增长模型，社会储蓄率提高会提高经济增长率，加快经济的发展。

（3）通货膨胀实际上是货币发行者（即政府部门）从货币持有者（即私人部门）手中获得收入的过程。政府通过发行货币，无偿获得对一部分商品或劳务的支配权，而货币持有者手中的货币却因通货膨胀不断贬值，降低了其购买力，这实质上是政府向所有货币持有者征税（通货膨胀税），从而使政府收入增加。如果政府将所获得的这种通货膨胀税收入用于投资，则将提高社会的投资率，从而推动经济增长。

促退论认为，通货膨胀不仅不利于促进经济增长，反而会损害经济的增长，降低效率，主要有以下观点。

（1）在持续性的通货膨胀过程中，市场价格机制将遭到严重破坏。由于市场价格机制失去了其应有的调节功能，这就往往会促使消费者和生产者作出错误的决策，从而导致经济资源的不合理配置和严重浪费，使经济效益大大下降。

（2）通货膨胀会动摇人们对货币的信心，并促使人们更多地持有那些价格随通货膨胀不断上涨的实物资产、黄金、外汇以及各种高档消费品或从事房地产等投机活动，而不去从事正常的生产性活动，结果将严重地阻碍经济增长。而且，在严重的通货膨胀情况下，人们会减少货币的使用，而用实物作为交易媒介，这将使交易成本大大提高，从而造成经济效益的损失。

（3）一国的通货膨胀长期高于外国，会使本国产品相对于外国产品的价格上升，从而不利于本国的出口，并刺激进口的增加，引起经常项目的逆差。本国通货膨胀率长期高于外国，还会促使人们将国内储蓄转移到国外，导致资本的外流，引起资本项目的逆差，不利于国际收支的平衡。

（4）通货膨胀意味着货币购买力的下降，它降低工薪阶层的实际收入水平和储蓄价值，因此公众都不愿意以货币的形式进行储蓄，以免遭受经济损失。在预期物价会进一步上涨的心理支配下，公众势必为避免将来物价上涨所造成的经济损失减少储蓄而增加目前消费，这就会使社会储蓄率下降，从而使投资率和经济增长率下降。

如果通货膨胀超过一定程度，就会产生通货膨胀预期，造成物价与工资成本的螺旋式上涨，有可能演变成累积性的恶性通货膨胀，导致经济的崩溃。

2. 通货膨胀对分配的影响

首先，通货膨胀不利于靠固定货币收入生活的人，这些人主要包括领取救济金者、退休者、一些雇工等。由于货币收入固定，随着通货膨胀率的上升，其实际收入则不断下降，即使有时货币收入能根据物价水平作出调整，但是这种调整也是滞后的，或者是不充分的，结果即使货币工资有少量上升，但实际工资还是不断下降，导致生活水平的下降。相反，那些可以获得可变收入的人特别是企业主则可从通货膨胀中获利，能获得可变收入的人，可以根据通货膨胀水平不断调整货币工资，有时甚至可以保持实际工资的上升，而企业主，由于支付的工资成本落后于物价的上涨，可以获得更多的利润。

其次，通货膨胀引起债权人与债务人之间收入的再分配。例如你借给别人100元钱，年利率为10%，一年后你可以得到110元，如果一年后价格水平上涨了20%，那么这 110 元钱的购买力就还不如现在的 100 元。这样,你不仅未能得到利息,反而损失了一些本金,别人却从价格上升中得到好处,这相当于通货膨胀将一部分财富从债权人手中转移到了债务人手中。这样,在通货膨胀时期,政府作为最大的债务人总是能够从中得到好处。

再次,通货膨胀期间金融资产可能会因通货膨胀而降低实际价值,例如债券、存单、保险等,不过股票有时会随着通货膨胀的变化而调整,甚至会出现实际价值上升的现象,但影响股票价格的因素很多,所以股票绝非通货膨胀中较稳妥的保值资产,而实物资产如房产、土地等一般会随着通货膨胀率的变动而相应地调整价格,使实际价值变化不大,因而这类资产在通货膨胀中有较大的保值作用。

最后,通货膨胀增加了纳税人的负担,因为大部分国家对所得税实行累进制征收,随着货币收入越高,征缴的税率越高。假如政府规定,年薪 10 000 元以上按 20% 交税,8 000 ~ 10 000 按 15% 交税,一个原来年薪是 8 000 元的工人必须按 15% 的税率交税,如果发生了通货膨胀,使其货币收入上升到 10 000 元,但实际收入不变,则他必须按 20% 的税率交税,结果其实际可支配收入下降了,政府从税收中获益。

6.2.6 治理通货膨胀的对策

许多国家都经历了较为严重的通货膨胀,给经济造成了巨大的破坏,为了将通货膨胀限制在一定的范围之内,西方国家都在深入研究和尝试治理通货膨胀的政策措施,并针对不同类型的通货膨胀提出了不同的政策。

1. 抑制总需求

这主要是针对需求拉上式的通货膨胀而采取的措施。需求的拉动主要是由财政扩张和货币扩张引起的,所以可以从财政政策和货币政策着手抑制通货膨胀。

(1) 财政政策。财政政策是由政府直接掌握的,可控性强,时滞短,通过实行紧缩性的财政政策,可以迅速降低总需求,具体的措施有:① 减少财政支出,从而可以降低公共投资,抑制投资需求;② 增加税收,这不但可以降低企业的投资积极性,从而抑制投资需求,而且可以减少个人的可支配收入,抑制消费需求;③ 减少转移支付,抑制个人收入增加,达到降低消费需求的目的。以上措施可以达到降低总需求的目的,但是执行起来比较困难,例如,增加税收会遭到各方面的反对。

(2) 货币政策。货币扩张是通货膨胀的真正源泉,要治理通货膨胀,必须减少货币供给,因为货币供给的减少可以降低人们的收入水平,从而抑制消费需求。同时,货币供给的下降会推动利率的上升,提高融资成本,抑制投资需求。所以通过紧缩性的货币政策可以达到抑制总需求的目的。为了降低货币供给,中央银行可以进行公开市场操作卖出债券,或者提高再贴现率,或者提高法定准备金率都可以达到目的。

总需求的降低减缓了通货膨胀的压力,因为它缩小了需求与供给的缺口,但是,与此同时也减少了劳动的需求,从而产生更多的失业,而当失业水平上升时,增加工资的压力会下降，也就减少了成本推进的可能性。所以，降低总需求是治理通货膨胀的有效工具，但增加了失业。

2. 稳定总供给

成本推进式通货膨胀之所以能发生，很重要的原因就是总供给曲线的左移，而总供给曲线的左移，主要来源于工资的上涨，所以通过执行一种收入政策，稳定工资、稳定总供给，从而达到抑制通货膨胀的目的。这种收入政策主要包括以下几种形式。

（1）确定工资—物价"指导线"，以限制工资—物价的上升。这是由政府规定一个允许货币收入增长目标值，即根据估计的平均生产率的增长，政府估算出货币收入的最大增长限度，而每个部门的工资增长率应等于全社会劳动生产率增长趋势，不允许超过。只有这样，才能维持整个经济中每单位产量的劳动成本的稳定，因而预定的货币收入增长就会使物价总水平保持不变。"指导线"不是法律规定，不能强迫工人和企业遵守，但政府可以以不购买该企业的产品来威胁那些不听从劝告的企业，这在一定时期内产生了预期的效果，但那些与政府采购没有多大联系的企业却往往超出指导线，使得这一政策执行效果并不是太理想。

（2）实行工资—物价管制。由政府颁布法令，强行规定工资、物价的上涨幅度，在某些时候，甚至暂时将工资和物价加以冻结。这种严厉的管制措施一般在战争时期较为常见，但是当通货膨胀变得非常难以对付时，和平时期的政府也可能求助于它。

（3）以纳税为基础的收入政策。政府以税收作为惩罚或奖励手段来限制工资增长，对于工资增长率保持在政府规定界限以下的企业，以减少税收的方式进行奖励；对于工资增长率超出政府规定界限的企业，则以增加税收的方式进行惩罚。

6.3 失业与通货膨胀的关系

6.3.1 凯恩斯对失业与通货膨胀之间关系的观点

（1）在未实现充分就业，即资源闲置的情况下，总需求的增加只会使国民收入增加，而不会引起价格水平上升。也就是说，在未实现充分就业的情况下，不会发生通货膨胀。

（2）在实现充分就业，即资源得到充分利用之后，总需求的增加无法使国民收入增加，而只会引起价格上升。也就是说，在发生了通货膨胀时，一定已实现了充分就业。

6.3.2 菲利普斯曲线

1958年，英国伦敦经济学院教授菲利普斯（A. W. Phillips）提出货币工资变动率与失业水平之间存在着一种此消彼长、互为替代的逆向变化关系。他根据英国1861—1957年的统计资料，利用数理统计的方法，估算出一条货币工资变动率与失业率之间的依存关系的曲线,被称之为"菲利普斯曲线"。

1. 短期菲利普斯曲线

短期菲利普斯曲线反映的是货币工资增长率越高的时候失业率越低,失业率越高的时候,货币工资增长率越低。菲利普斯曲线自左上方向右下方倾斜,如图 6-4 所示。

由于工资成本是产品价格的重要构成部分,从而通货膨胀率与货币工资增长率之间存在相当稳定的正比例关系(两者差额为劳动生产率的增长率),从而通常用通货膨胀率替代货币工资率来描述菲利普斯曲线:通货膨胀率越高,失业率越低;通货膨胀率越低,失业率越高。

短期菲利普斯曲线提出了以下几个重要观点。

(1) 通货膨胀是由于工资成本推动所引起的,这就是成本推动通货膨胀理论。根据这一理论把货币工资增长率与通货膨胀率联系了起来。

(2) 承认了通货膨胀与失业的交替关系。

(3) 当失业率为自然失业率时,通货膨胀率为零。

(4) 为政策选择提供了理论依据。菲利普斯曲线反映出通货膨胀与失业的替代关系,又可用于分析抑制通货膨胀的对策。在一定的时点上,政府可设置一个经济能够最大限度承受的通货膨胀与失业的界限,通过总需求管理政策把通货膨胀和失业都控制在此界限之内。当通货膨胀率过高时,可通过紧缩性的经济政策使失业率提高以换取较低通货膨胀率;当失收率过高时采取扩张性的经济政策使通货膨胀率提高,以获得较低的失业率。

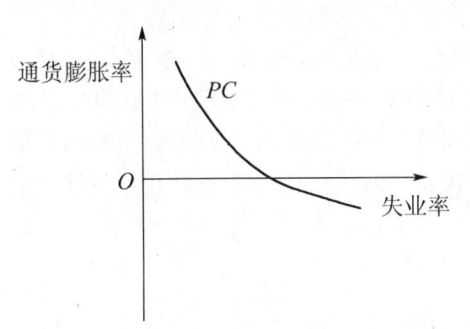
图 6-4 短期菲利普斯曲线

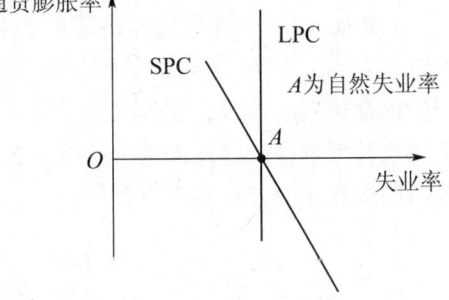
图 6-5 长期菲利普斯曲线

2. 长期菲利普斯曲线

当通货膨胀成为一种持续性的长期现象时,人们对通货膨胀的预期就会使菲利普斯曲线向右上方移动。这时货币工资上涨率与失业率之间的关系发生了变化,经济此时必须以更高的通货膨胀率才能换取一定的失业率。在长期,如果菲利普斯曲线不断向右移动换取一定的失业率,所需的通货膨胀率就越来越高,最终菲利普斯曲线将成为一条垂直线,这就是长期的菲利普斯曲线,如图 6-5 所示。如果经济开始在一个自然失业率的水平下运行,长期菲利普斯曲线就是以自然失业率为出发点的一条垂线。它否认了短期存在的失业和通货膨胀之间的替代关系。由于自然失业率是无法长期消除的,任何政府试图以通货膨胀来消除自然失业率的努力都只是暂时的。

本章小结

1. 国际劳工组织对失业的界定是:一定年龄以上参考时间内没有工作,目前可以工作正在寻找工作的人。失业最重要的指标是失业人数和失业率。市场经济国家一般把失业划分为六种类型:摩擦性失业、结构性失业、季节性失业、技术性失业、求职性失业以及周期性失业。

2. 20 世纪 60 年代美国经济学家阿瑟·奥肯根据美国的世界资料发现了失业率与实际国民收入增长率之间关系的经验统计规律。这一规律表明,失业率每增加 1%,则实际国民收入减少 2.5%;反之,失业率每减少 1%,则实际国民收入增加 2.5%,上述规律被称为奥肯定律。

3. 通货膨胀是指经济的物价总水平或一般物价水平在一定的时期内持续的上升过程。通常以消费者物价指数、生产者价格指数以及国内生产总值价格折算指数(GDP 平减指数)来衡量一国的通货膨胀率。

4. 通货膨胀按照其产生的原因不同,可分为:作为货币现象的通货膨胀、需求拉动型通货膨胀、成本推动型通货膨胀、结构性通货膨胀以及混合型通货膨胀。

5. 西方国家都在深入研究和尝试治理通货膨胀的政策措施,并针对不同类型的通货膨胀提出了不同的政策。比较常用的有抑制总需求和稳定总供给政策。

6. 1958 年,英国伦敦经济学院教授菲利普斯(A. W. Phillips)根据英国 1861—1957 年的统计资料,利用数理统计的方法,估算出一条货币工资变动率与失业率之间的依存关系的曲线,被称之为"菲利普斯曲线"。短期菲利普斯曲线反映的是货币工资增长率越高的时候失业率越低,失业率越高的时候,货币工资增长率越低。菲利普斯曲线自左上方向右下方倾斜。

练 习 题

一、名词解释

1. 失业　　　　2. 通货膨胀　　　　3. 消费物价指数
4. 需求拉动通货膨胀　　5. 成本推动通货膨胀　　6. 短期菲利普斯曲线

二、单选题

1. 年通货膨胀率在 10% 以内的通货膨胀称为(　　)。

A. 温和的通货膨胀 B. 奔腾的通货膨胀
C. 超级的通货膨胀 D. 恶性的通货膨胀
2. 货币数量论认为，通货膨胀主要是（　　）。
   A. 总供给不足的结果
   B. 经济周期的结果
   C. 流通中的货币量过多的结果
   D. 工会过高的工资要求和价格管制的结果
3. 根据凯恩斯主义的观点，通货膨胀是（　　）。
   A. 流通中的货币量过多的结果
   B. 经济社会的总需求超过总供给水平导致一般物价水平的上升
   C. 未实现充分就业时，产出水平和物价水平的同时上升
   D. 以上说法都不对
4. 一般地说，通货膨胀会使（　　）。
   A. 债权人和债务人都受损 B. 债权人受益，债务人受损
   C. 债权人和债务人都受益 D. 债权人受损，债务人受益
5. 具有垄断能力的部门为谋求过高利润所导致的通货膨胀，属于（　　）。
   A. 成本推动的通货膨胀 B. 结构性通货膨胀
   C. 需求拉上的通货膨胀 D. 以上都不对
6. 抑制需求拉动的通货膨胀，应该（　　）。
   A. 增加工资 B. 增税
   C. 减少基础货币投放 D. 解除垄断组织
7. 收入政策主要是用来解决（　　）。
   A. 需求拉上的通货膨胀 B. 成本推进的通货膨胀
   C. 结构性的通货膨胀 D. 以上都不对
8. 假设一国人口为 2 000 万人，就业人数为 900 万人，失业人数 100 万人。这个经济的失业率为（　　）。
   A. 11% B. 10% C. 8% D. 5%
9. 如果 2000 年底的物价指数是 125，2001 年底的物价指数是 139，那么，2001 年通货膨胀率是（　　）。
   A. 4.2% B. 5.9% C. 6.25% D. 11.2%
10. 当经济中只存在（　　）时，该经济被认为实现了充分就业。
    A. 摩擦性失业和自愿性失业 B. 摩擦性失业和结构性失业
    C. 结构性失业和季节性失业 D. 需求不足型失业
11. 自然失业率（　　）。
    A. 恒为零
    B. 依赖于价格水平
    C. 是经济处于潜在产出水平时的失业率

D. 是没有摩擦性失业时的失业率

12. 一般用来衡量通货膨胀的物价指数是（　　）。
　　A. 消费者物价指数　　　　　　B. 生产物价指数
　　C. GDP 平减指数　　　　　　　D. 以上均正确
13. 由于经济萧条而形成的失业属于（　　）。
　　A. 摩擦性失业　　　　　　　　B. 结构性失业
　　C. 周期性失业　　　　　　　　D. 永久性失业
14. 工资上涨引起的通货膨胀也称为（　　）通货膨胀。
　　A. 需求拉动　　　　　　　　　B. 成本推进
　　C. 结构性　　　　　　　　　　D. 隐性
15. 短期菲利普斯曲线表示的失业率与通货膨胀率的关系是（　　）。
　　A. 正相关　　　　　　　　　　B. 负相关
　　C. 零相关　　　　　　　　　　D. 无法判断

三、计算题

1. 若每年的通货膨胀率为 12%，那么，当前的 1 000 元两年后它的实际购买力相当于今天的多少元？

2. 假定某国的物价指数 1984 年是 400，1985 年是 440，1986 年是 462，计算 1985 年和 1986 年的通货膨胀率。

四、简答题

你如何看待当今经济运行中通货膨胀与失业的关系？

【网络资源】

1. 中国人力资源和社会保障部　http://www.mohrss.gov.cn/Desktop.aspx? PATH=rsbww/sy

检索路径：首页 >> 专题专栏 >> 规划与统计 >> 统计公报

网络应用：查询历年的劳动和社会保障事业发展统计公报，收集最近十年年末的城镇登记失业率数据，这些数据表现出怎样的趋势？

分组讨论：近年来大学生就业压力很大，结合你收集的数据与大家讨论一下就业的前景。如何看待大学生的"毕业即失业"现象？如何看待有时（比如金融危机时）大学生的工资和农民工差不多？

2. 有中国特色的通缩　http://business.sohu.com/s2015/tongsuo/index.shtml

（注：这里提供了一些网络链接，目的是为读者提供一些参考，拓展知识面，并且提供一种获取资料的方法。其中的一些链接可能会因为网站更新、网址变更等网络原因无法登录，请读者注意。）

第7章 宏观经济政策

【教学提示】

宏观经济学的重要内容之一是宏观经济政策的讨论，本章将对需求管理政策中的财政政策和货币政策进行学习，介绍什么是宏观经济政策，宏观经济政策的内容以及政策实施的效果。

【教学目的】

通过本章的学习，你应该能够：
- 掌握宏观经济政策目标；
- 熟练掌握财政政策的类型、政策工具，了解财政政策的效果；
- 熟练掌握货币政策的类型、政策工具，了解货币政策的效果；
- 理解财政政策和货币政策的混合使用对宏观经济的调控。

【阅读材料7-1】

2008年全球金融危机与世界各主要国家财政政策的具体表现

在世界金融危机日趋严峻的背景下，各国政府纷纷救市，以防经济陷入衰退。各国政府的政策手段可以从财政支出和收入两个角度进行区分。

一、为应对金融风暴，各国政府在财政支出方面的政策力度很大

美联储局主席伯南克2008年10月已公开支持财政刺激方案。白宫发言人佩洛西（Nancy Pelosi）在接受华尔街日报采访时提出了11月已有一项总额达600亿至1 000亿美元的财政支出计划送至国会，而奥巴马的经济顾问已规划在未来10年将增加1 500亿美元的支出协助建设绿能产业，预计将增加500万个就业机会。美国的官员们也正在设法找出一些很必要的公共设施并提出建设计划，以作为新财政支出的主要项目，更将以此增加就业。美国国会近期考虑出台新的经济刺激方案，该方案将增加联邦政府在基础设施、食品、失业保险以及医疗保健等方面的开支。

二十国集团G20财长上周末在圣保罗集会时，宣示将联合实行财政刺激方案，以应对即将到来的经济衰退。

英国包括财政大臣达林（Darling）在内的高级官员表示，布朗政府下个月将增加在房产、能源和商业方面的支出，同时推进对学校和医院的建设项目。

德国内阁于2008年11月通过了一项政策性贷款提案。

法国提出的方案包括出资收购在建屋，以协助不动产开发商，另有一个提案将成立财富基金，以保护国内主要企业不被国外并购。

另外美国和一些欧洲国家还对部分金融机构进行了财政政策注资，主要是向金融

机构注入一定量资金，购买该机构的优先股股权，改善金融机构的资产负债表，帮助金融机构摆脱财务困境。

国务院总理温家宝2008年11月5日主持召开国务院常务会议，研究部署进一步扩大内需促进经济平稳较快增长的措施。会议认为，世界经济金融危机日趋严峻，为抵御国际经济环境对我国的不利影响，必须采取灵活审慎的宏观经济政策，以应对复杂多变的形势。当前要实行积极的财政政策和适度宽松的货币政策，出台更加有力的扩大国内需求措施，加快民生工程、基础设施、生态环境建设和灾后重建，提高城乡居民特别是低收入群体的收入水平，促进经济平稳较快增长。初步匡算，实施上述工程建设，到2010年底约需投资4万亿元。

为落实中央部署，国家发展和改革委员会近日宣布，安排2008年第四季度新增1 000亿元中央政府投资，2009年灾后重建基金提前安排200亿元，带动地方和社会投资，总规模达到4 000亿元。此外，公路、民航、铁路、电力和能源等部门近日也相继公布了投资方案。其中，铁路投资将过万亿元，公路投资规模每年将超过1万亿元。铁道部估计，仅2009年计划的6 000亿元铁路投资，可创造600万个就业岗位，对经济增长的拉动将达到1.5个百分点。

二、在财政收入手段方面，各国政府也有不少动作

从2008年初美国就宣布了退税方案。白宫发言人佩洛西最近宣布，将于1月奥巴马总统上台后新增一项减税方案。

德国内阁于11月通过了一项减税提案。德国总理默克尔（Merkel）则在考虑一项总计150亿欧元（折合193亿美元）的退税计划。

意大利总理西尔维奥·贝卢斯科尼（Silvio Berlusco ni）力图暂停对制造业收税。

日本首相麻生太郎（Taro Aso）则计划削减收入税。

中国推进税制改革，实行减税政策。中国将从2009年1月1日起全面实施增值税转型，促进企业投资和扩大内需。财政部表示，将进一步研究实施扩大消费的财税政策，增加居民消费需求。调整完善出口退税政策，鼓励外贸发展，促进外贸出口保持稳定增长。

那么，什么是财政政策？面对全球金融危机，各国实施的财政政策都有什么样的特点？中国应对金融危机的财政政策实施后对日后宏观经济的运行又会产生什么样的影响？本章将一一阐述。

7.1 宏观经济政策目标

7.1.1 宏观经济政策目标

宏观经济政策是指政府有意识有计划地运用一定的政策工具，调节控制宏观经济运行，以达到一定的政策目标。从西方国家战后的实践来看，国家宏观调控的政策目标一般包括：充分就业、经济增长、物价稳定和国际收支平衡等四项。

充分就业是宏观经济政策的首要目标。充分就业这一概念始于英国经济学家凯恩斯的代表作《就业、利息和货币通论》一书。按照凯恩斯的理论，充分就业是"在某一工资水平下，所有愿意接受这种工资的人都能得到工作"，这时不存在非自愿失业。充分就业并不是失业率等于零，而是总的失业率等于"自然失业率"的状态。随着时间的推移，用来描述充分就业的"自然失业率"水平逐步提高，由 20 世纪 50 年代的"3%～4%"提高到 20 世纪 80 年代的 6%。国际劳工组织也曾指出，充分就业是指愿意并有能力工作的劳动年龄段男子和妇女能够得到有报酬的、自由选择的、生产性就业的就业水平。可见，该组织所认为的充分就业包括了就业数量和就业质量两个方面的含义。

经济增长指一国在一定时期内所生产的商品和劳务总量的增长。经济增长可以用总产量、人均产量或总收入、人均收入的增长率来表示。经济增长的重要性自是不言而喻，它能够牵起政治、文化、社会等与我们生活息息相关的领域，甚至同为经济增长，增长速度的快与慢都会造成巨大的差异。正是 19 世纪 40 年代开始直至 20 世纪初的持续快速增长，创造出了美国这样一个富足的国家。但是 20 世纪 30 年代之后增长率的下滑同样给美国造成了严重的负面影响，劳动收入原地踏步，人们生活水平只能以微不能见的幅度提高，国民开始不安、愤怒和抱怨，政治上让人产生恐慌。正是认识到了经济增长的重要性，现代国家都将保持经济持续、稳定、快速的发展作为一国宏观经济的重要目标。

【阅读材料 7-2】

盖特纳称美当务之急是恢复经济增长和创造就业

新华网华盛顿 11 月 1 日电 美国财政部长盖特纳 1 日承认，美国联邦政府财政赤字过高，但他表示，目前政府的首要任务是恢复经济增长和创造就业。

盖特纳在接受美国全国广播公司（NBC）采访时说，白宫正集中精力使经济恢复增长，目前还没有到决定具体如何削减赤字的时候，不过，政府肯定不会增加年收入低于 25 万美元的公民的税负。

盖特纳指出，虽然目前经济已经开始复苏，但复苏进程不会一帆风顺。真正的经济复苏不能依靠政府主导，而必须依赖私人部门的重新崛起。

他还表示，虽然 2009 年以来有 115 家美国银行倒闭，但金融业的整体信心显著增加。目前需要防范的是银行业过度谨慎，导致经济复苏无法获得足够信贷支持。

关于美国经济形势，美国总统奥巴马 10 月 31 日在他的每周电台演讲中说，最近的经济数据说明政府的经济刺激计划发挥了作用，美国经济正在恢复。他说，政府经济刺激计划自实施以来已保住或创造超过 100 万个就业岗位。

但奥巴马也坦言，美国经济重新恢复繁荣还有很长的路要走。他承认，目前的经济状况改善并没有带动工作岗位增加，如果经济不恢复增长，就业就没有复苏可能。

2009年9月，美国失业率上升到26年来的最高点9.8%。经济学家预计，10月失业率或达10%。另据美国商务部公布的最新数据，今年第三季度美国国内生产总值按年率计算增长了3.5%，为连续四个季度下滑后的首次增长。

（资料来源：http://news.xinhuanet.com/world/2009-11/02/content_12371987.htm 2009-11-2）

物价稳定是指一般物价水平在短期内没有显著或急剧的波动，而是保持在一定的限度内。物价稳定是一国宏观经济政策的基本目标之一，而物价是否能够保持稳定，又取决于本国货币的币值，即货币购买力。稳定物价就是要抑制住通货膨胀、避免通货紧缩、维持币值的稳定，因而又常把这一目标称之为"稳定币值"。

国际收支平衡是指一国国际收支的自主性交易所产生的借方金额和贷方金额相等或基本相等，就表明该国的国际收支平衡或基本平衡。一般来说，一国的国际收支越是不平衡，其不利的影响越大。国际收支的顺差和逆差都会对经济带来不利的影响。相比之下，国际收支的逆差产生的影响要更为险恶。

西方经济学者提出的宏观经济政策的四个主要目标，无论是在现今的理论界、舆论界，还是政治界几乎已成共识，且各国均不同程度地采用实行。在党的"十六大"报告中，我国正式提出"把促进增长、增加就业，稳定物价、保持国际收支平衡作为宏观调控的主要目标"。这与西方宏观经济学提出的宏观经济政策目标完全一致。这种提法第一次明确地把"增加就业"作为一个重要的目标置于政府宏观经济政策的视野之内。

西方经济学把政府调节经济的目标界定为经济增长、充分就业、物价稳定和国际收支平衡四大目标。但协调这四大目标是比较困难的，彼此之间有时会发生矛盾。比如政府采取扩张性的宏观经济政策来实现充分就业的同时，可能因为经济的过快增长和货币供给量的增加而引发物价上涨；在经济增长的过程中，通货膨胀也是难以避免的。另外，在不同的国家和不同的经济发展阶段，重点考虑的宏观经济目标也是不一样的。20世纪60—70年代，美国国会讨论预算时，总要修改与1946年就业法案不协调的内容。80年代，西方国家政策目标的优先次序发生了重要转变，控制通货膨胀率代替了失业率成为政府的首要目标，实际经济增长率的地位也下降了。90年代不少国家相继把减少赤字预算、平衡财政收支当作重要的经济目标，如日本的"巩固财政计划"；英国削减财政赤字和公共借款的中期战略；美国克林顿执政后，重要的政策目标是削减财政赤字，且成效显著。

西方各工业国宏观经济目标的优先次序和政策工具随着形势的变化的实践给我们重要的启示是：尽管我国把促进经济增长、就业、物价稳定和国际收支平衡作为宏观调控的目标，但必须根据中国国情和发展阶段的不同情况确立不同的目标次序。

【阅读材料7-3】

增长与通胀的平衡

2009年12月16日，美国联邦储备委员会（简称美联储）决定继续维持联邦基金利率在0～0.25%的水平，同时将结束部分经济刺激措施。这表明，美联储对经济的乐观度虽较前有所上升，但对复苏前景依然持谨慎态度。在刺激经济增长和防范通货膨胀之间，美联储试图求得一种平衡。

维持低利率不变，这符合市场预期。市场普遍预计美联储要到明年经济稳固复苏后才会开始加息。为应对金融危机和经济衰退，美联储自2008年12月将利率降至目前的历史最低水平后一直未变。美国企业研究所高级研究员、美联储前货币事务部主任莱因哈特认为，美联储不加息的主要考虑，来自于对就业市场的忧虑。近期虽有迹象显示，美国经济在经历数十年来最严重的滑坡之后开始增长，但失业率仍保持在约10%的高位，美国经济并未走出衰退的谷底。因此，美联储仍将通过传统的利率杠杆手段为实体经济提供支持，即在高失业率的状况下降低利率，帮助创造就业刺激增长。

种种迹象表明，美联储目前对美国经济状况的评估较前明显趋于乐观。16日发布的公告称，自11月份以来的信息显示，国内经济活动持续上升，就业市场恶化迹象正在消退，特别是近几个月，随着资本市场的改善，华尔街大银行大都归还了政府提供的金融救援款，通用汽车公司最近也表示将于明年归还部分联邦救助资金。基于这些利好数据的推动，美联储计划结束部分紧急救助计划。事实上，美联储此前已开始尝试减少对资本流动性的支持。2009年10月，美联储终止了3 000亿美元国库券购买计划，并表示2010年3月将完全终止1.25万亿美元的抵押贷款支持证券购买计划。随着金融市场这个"病人"症状的改善以及功能趋于稳定，美联储将逐步解除其原有的紧急治疗方案。

不过，美联储在宣布退出计划的同时也明确指出，它可以根据需要随时改变退出计划，以帮助支持金融稳定和经济增长。舆论认为，美联储虽然发出了调整政策的信号，但具体的调整仍要取决于它对经济增长和市场状况的预期。与此同时，美联储终止放贷项目的计划对金融市场来说，仍是一个新的考验。在定量宽松政策安抚下重返机构债券市场的投资者，对美联储的政策改变会做出何种反应，这是美联储近期需关注的问题。

美联储目前正处在一个微妙的境地。国会正在考虑剥夺其对银行的监管权，将其置于更广泛的监管之下；美联储主席伯南克正在等待参议院对其第二任期任命的批准。在出席参议院银行委员会举行的听证会时，伯南克遭到了截然相反的两种指责。一些参议员指责其作为主要经济决策者，未能及早预警金融危机，同时认为其在促进就业方面措施不力；另有人则警告他应及时退出刺激计划，否则将导致通货膨胀。一个有趣的插曲是，就在美联储作出维持基金利率不变这一决定的当天，伯南克因及时推出救助计划使金融体系免于崩溃，被美国《时代》杂志评为本年度风云人物。据报道，一位目击者称，当伯南克步入会场时，与会同事长时间起立鼓掌表示祝贺，但伯南克脸上却是一副略显尴尬的笑容。

其实，国会对伯南克发出的这两种看似相互矛盾的指责声音，其实也是美联储及伯南克本人在经济决策中面临的困境。在对资本市场进行了两年史无前例的干预后，美联储正面临一个困难的选择：如果太长时间维持低利率，有可能在未来引发通胀，并为下一次资产泡沫埋下隐患；如退出战略实施太早，或仅仅是做出有关暗示，又可能引发市场不安，危及刚刚复苏的经济前景。美联储的决定，可谓在两种可能之间谋求政策平衡的结果。

（资料来源：马小宁　人民日报　2009－12－18）

7.1.2　宏观经济政策工具

宏观经济政策工具是用来达到政策目标的手段。在宏观经济政策工具中，常用的有需求管理、供给管理、国际经济政策。

1. 需求管理

需求管理是指通过调节总需求来达到一定政策目标的宏观经济政策工具，它包括财政政策和货币政策。需求管理政策是以凯恩斯的总需求分析理论为基础制定的，是凯恩斯主义所重视的政策工具。

需求管理是要通过对总需求的调节，实现总需求等于总供给，达到既无失业又无通货膨胀的目标。它的基本政策有实现充分就业政策和保证物价稳定政策两个方面。在有效需求不足的情况下，也就是总需求小于总供给时，政府应采取扩张性的政策措施，刺激总需求增长，克服经济萧条，实现充分就业；在有效需求过度增长的情况下，也就是总需求大于总供给时，政府应采取紧缩性的政策措施，抑制总需求，以克服因需求过度扩张而造成的通货膨胀。

2. 供给管理

供给学派理论的核心是把注意力从需求转向供给。供给管理是通过对总供给的调节，来达到一定的政策目标。在短期内影响供给的主要因素是生产成本，特别是生产成本中的工资成本。在长期内影响供给的主要因素是生产能力，即经济潜力的增长。供给管理政策具体包括控制工资与物价的收入政策、指数化政策、人力政策和经济增长政策。

（1）收入政策。收入政策是指通过限制工资收入增长率从而限制物价上涨率的政策，因此，也叫工资和物价管理政策。之所以对收入进行管理，是因为通货膨胀有时是由成本（工资）推进所造成的（参见成本推进型通货膨胀）。收入政策的目的就是制止通货膨胀，它有以下三种形式：一是工资与物价指导线，根据劳动生产率和其他因素的变动，规定工资和物价上涨的限度，其中主要是规定工资增长率，企业和工会都要根据这一指导线来确定工资增长率，企业也必须据此确定产品的价格变动幅度，如果违反，则以税收形式以示惩戒。二是工资物价的冻结，即政府采用法律和行政手段禁止在一定时期内提高工资与物价，这些措施一般是在特殊时期采用，在严重通货膨胀时也被采用。三是税收刺激政策，即以税收来控制增长。

（2）指数化政策。指数化政策是指定期地根据通货膨胀率来调整各种收入的名义价值，以使其实际价值保持不变。指数化政策主要有：一是工资指数化。二是税收指数化，即根据物价指数自动调整个人收入调节税等。

（3）人力政策又称就业政策。它是一种旨在改善劳动市场结构，以减少失业的政策。其主要措施有：一是人力资本投资，由政府或有关机构向劳动者投资，以提高劳动者的文化技术水平与身体素质，适应劳动力市场的需要。二是完善劳动市场，政府应该不断完善和增加各类就业介绍机构，为劳动的供求双方提供迅速、准确而完全的信息，使劳动者找到满意的工作，企业也能得到其所需的员工。三是协助工人进行流动，劳动者在地区、行业和部门之间的流动，有利于劳动的合理配置与劳动者人尽其才，也能减少由于劳动力的地区结构和劳动力的流动困难等原因而造成的失业。对工人流动的协助包括提供充分的信息、必要的物质帮助与鼓励。

(4) 经济增长政策。经济增长政策主要有：一是增加劳动力的数量和质量，增加劳动力数量的方法包括提高人口出生率、鼓励移民入境等；提高劳动力质量的方法有增加人力资本投资。二是资本积累，资本的积累主要来源于储蓄，可以通过减少税收，提高利率等途径来鼓励人们储蓄。三是技术进步，技术进步在现代经济增长中起着越来越重要的作用。因此，促进技术进步成为各国经济政策的重点。四是计划化和平衡增长，现代经济中各部门之间协调的增长是经济本身所要求的，国家的计划与协调要通过间接的方式来实现。

3. 国际经济政策

国际经济政策是对国际经济关系的调节。现实中每一个国家的经济都是开放的，各国经济之间存在着日益密切的往来与相互影响。一国的宏观经济政策目标中有国际经济关系的内容（即国际收支平衡），其他目标的实现不仅有赖于国内经济政策，而且也有赖于国际经济政策。因此，在宏观经济政策中也应该包括国际经济政策。

7.2 财政政策

7.2.1 财政政策的概念

财政政策是指一国政府运用支出和收入来调节总需求以控制失业和通货膨胀并实现经济稳定增长和国际收支平衡的宏观经济政策。

7.2.2 财政政策的工具

政府是通过财政收入和财政支出两方面来调节宏观经济的。其中政府的收入包括税收和公债，而政府的支出主要包括政府购买支出和转移支付。

财政收入主要来源于两个渠道，第一是税收。税收是国家为了实现其职能，按照法定标准，无偿取得财政收入的一种手段，是国家凭借政治权力参与国民收入分配和再分配而形成的一种特定分配关系。税收具备强制性、无偿性和相对固定性三个基本特征。税收的强制性指国家税法规定的范围内，任何单位和个人都必须依法纳税，否则就要受到法律的制裁。税收的无偿性指国家征税以后纳税人交纳的实物或货币随之转变为国家所有，不需要立即付给纳税人以任何报酬，也不再直接返还给纳税人。税收的相对固定性指国家在征税以前，就通过法律形式，把每种税的纳税人、课税对象及征收比例等都规定下来，以便征纳双方共同遵守。财政收入绝大部分都是从税收中来。

【阅读材料 7-4】

中国的主要税收种类

（1）按征税对象的性质分为：流转税（主要有：增值税，消费税，营业税，关税），所得税（企业所得税，外商投资企业和外国企业所得税，个人所得税），资源税（资源税，城镇土地使用税和耕地占用税），行为税（印花税，车船使用税），财产税（房产税，契税）。

（2）按税收管理和使用权限分：中央税（关税，消费税），地方税（个人所得税，房产税，车船使用税，土地使用税），中央地方共享税（增值税，资源税，营业税，企业所得税）。

（3）按税收与价格的关系分：价内税（消费税）和价外税（增值税）。

（4）按计税标准为依据划分：从价税（增值税，营业税，关税）和从量税（资源税，车船使用税）。

（5）按税负是否转嫁分：直接税（所得税）和间接税（增值税，消费税）。

当政府的收入不足以弥补政府的支出，会出现财政赤字。当出现赤字的时候，解决的方法之一就是发行公债，使公债成为财政收入的又一组成部分。公债是国家或政府以其信用为基础，在向国内外筹集资金的过程中所形成的债权债务关系，也就是说国家或政府以债务人的身份，采取信用的方式，通过借款或发行债券等方式取得资金的行为。在当今世界各国，公债的作用已不仅仅是局限于筹集财政资金、弥补财政赤字、平衡预算，它还是政府调节经济、实现宏观调控、促进经济的稳定和发展的一个重要的经济杠杆。

【阅读材料 7-5】

国际上评价财政赤字风险通常有两个指标：赤字率（赤字占 GDP 的比重）不超过 3%、负债率（国债余额占 GDP 的比重）不超过 60%。截至 2008 年年末，我国国债余额约 5.5 万亿元人民币，占 GDP 比重不到 20%。而美国、欧元区和日本的这一比例分别为 72.4%、67% 和 163%。

政府的支出主要有政府购买支出和转移支付两个方面。购买性支出是政府用于购买商品和服务的支出，主要包括：经济建设支出、行政管理支出、公共教育、科学、文化、卫生、社会治安支出等。政府的转移性支付是政府单方面把一部分收入的所有权无偿地转移出去而发生的支出，主要包括社会保险支出、抚恤与社会救济支出、财政补贴支出、债务支出等。

我国的财政政策工具的具体表现有如下几个方面。

（1）国家预算，主要通过预算收支规模及平衡状态的确定、收支结构的安排和调整来实现财政政策目标。

（2）税收，主要通过税种、税率来确定和保证国家财政收入，调节社会经济的分配关系，以满足国家履行政治经济职能的财力需要，促进经济稳定协调发展和社会的公平分配。

（3）财政投资，通过国家预算拨款和引导预算外资金的流向、流量，以实现巩固和壮大社会主义经济基础，调节产业结构的目的。

（4）财政补贴，是国家根据经济发展规律的客观要求和一定时期的政策需要，通过财政转移的形式直接或间接地对农民、企业、职工和城镇居民实行财政补助，以达到经济稳定协调发展和社会安定的目的。

（5）财政信用，是国家按照有偿原则，筹集和使用财政资金的一种再分配手段。包括在国内发行公债和专项债券，在国外发行政府债券，向外国政府或国际金融组织借款，以及对预算内资金实行周转有偿使用等形式。

（6）财政立法和执法，是国家通过立法形式对财政政策予以法律认定，并对各种违反财政法规的行为（如违反税法的偷税抗税行为等）诉诸司法机关，按照法律条文的规定予以审理和制裁，以保证财政政策目标的实现。

（7）财政监察，是实现财政政策目标的重要行政手段。即国家通过财政部门对国有企业事业单位、国家机关团体及其工作人员执行财政政策和财政纪律的情况进行检查和监督。

7.2.3 财政政策的种类

财政政策可以分为三种类型：扩张性的财政政策、紧缩性的财政政策以及稳健的财政政策（如表7-1所示）。

（1）扩张性财政政策（又称积极的财政政策）是国家通过财政分配活动刺激和增加社会总需求的一种政策行为。扩张性财政政策主要通过减税、增加财政支出进而扩大财政赤字的财政分配方式，增加和刺激社会总需求。

（2）紧缩性财政政策是指通过财政分配活动来减少和抑制总需求。它往往是在已经或将要出现社会总需求大大超过社会总供给的趋势下采取的。它的典型形式是通过财政盈余压缩政府支出规模。因为财政购买支出构成社会总需求的一部分，而财政盈余意味着将一部分社会总需求冻结不用，从而达到压缩社会总需求的目的。实现财政盈余，一方面要增加税收，另一方面要尽量压缩支出。

表7-1 财政政策的种类

经济状况 政策	萧条 （存在通货紧缩缺口）	通货膨胀 （存在通货膨胀缺口）
财政收入政策	减税	加税
财政支出政策	扩大支出	减少支出
财政政策类型	扩张性财政政策	紧缩性财政政策

(3) 稳健的财政政策是指财政的分配活动对社会总需求的影响保持中性。

稳健的财政政策也就是"中性"的财政政策，其本来含义是指财政收支要保持平衡，从而避免对社会总需求产生扩张性或紧缩性的影响。但这只是一种静态的"中性"，是一种理想状态。

凯恩斯指出财政政策的特点，就是要"逆经济风向行事"，在经济萧条、工人失业时期实行扩张性财政政策；在经济繁荣、通货膨胀时期实行紧缩性的财政政策。

7.2.4 自动稳定器

自动稳定器指财政制度本身所具有的减轻各种变量或者说干扰对国民收入冲击的内在机制。自动稳定器的内容包括政府的所得税制度、政府转移支付制度、农产品价格维持制度等。自动稳定器的作用主要表现在两方面：一方面，是包括个人所得税和个人所得税的累进所得税自动稳定作用。在经济萧条时，个人和企业利润降低，符合纳税条件的个人和企业数量减少，因而税基相对缩小，使用的累进税率将会下降，税收自动减少。因税收的减少幅度大于个人收入和企业利润的下降幅度，税收便会产生一种推力，防止个人消费和企业投资的过度下降，从而起到反经济衰退的作用。在经济过热时期，其作用机理正好相反。另一方面，是政府福利支出的自动稳定作用。如果经济出现衰退，符合领取失业救济和各种福利标准的人数增加，失业救济和各种福利的发放趋于自动增加，从而有利于抑制消费支出的持续下降，防止经济的进一步衰退。在经济繁荣时期，其作用机理正好相反。尽管有自动稳定器的作用，但要消除经济波动，仅靠自动稳定器不够，仍需要政府有意识地运用"逆经济风向行事"的相机抉择的财政政策。

7.3 货币政策

【阅读材料 7-6】

2008 全球金融危机与世界各主要国家货币政策的具体表现

为了应对席卷全球的金融危机，增加市场流动性，改善投资者信心，世界各主要央行又加大了政策救市的力度，全球再次联手降息以应对全球金融风暴。

美国联邦储备委员会在 2008 年 10 月 29 日的决策例会上决定，将联邦基金利率即商业银行间隔夜拆借利率下调 0.5 个百分点，从现有的 1.5% 下调到 1%。

中国人民银行 2008 年 10 月 29 日也宣布，自 2008 年 10 月 30 日起下调金融机构人民币存贷款基准利率。其中，一年期存贷款基准利率分别下调 0.27 个百分点。这是人民银行月内的第二次降息，也是当前我国实施灵活审慎宏观经济政策的具体体现。"再度降息缘于国内和国际两大背景。"中国社科院世界经济与政治研究所所长助理何帆认为，国家统计局发布的数据显示出当前通胀压力正有所缓解，同时中国经济正面临下滑风险，这就需要出台更多调控政策拉动经济增长。而在国际上，包括美联储在内的一些国家中央银行也在酝酿进一步降息行为。

香港金管局10月30日宣布，基本利率根据预设公式下调至1.5%，即时生效。

挪威央行自10月30日起将商业银行实行的基准利率下调0.5个百分点，即从5.25%降至4.75%。

日本央行10月31日宣布降息。据日本媒体报道，为了稳定金融市场，防止实体经济下滑，阻止日元急升和股价继续大幅缩水，日本中央银行——日本银行正在探讨降息的可能性，于31日宣布将银行间无担保隔夜拆借利率由目前的0.5%调降至0.25%。

11月6日英国央行出人意料地宣布下调基准利率150个基点，从4.5%降至3%，这是英国央行货币政策委员会自1997年获得政策独立性以来最大幅度的降息，也远远超出市场此前普遍预期的降息50个基点。据悉，自20世纪50年代以来，英国基准利率从未触及过3%的低水平。英国央行对此发表的声明称，"经济活动前景有十分重大的恶化趋势，目前必须采取重大降息措施来实现到2%的通胀目标。"

继英国央行大幅降息后，欧洲央行6日也宣布降息50个基点至3.25%，以提振欧元区经济。此前欧洲央行在10月8日的全球联合降息行动中，将利率从4.25%下调至3.75%。

瑞士央行也宣布降息50个基点，三个月期目标利率范围降至1.5%～2.5%。除此以外，各国还相继宣布各项救市注资方案。

为什么全球各主要国家的央行均采用降息的方式来应对全球金融危机？这种方式实施后对各国的经济又会产生什么样的影响？本节将一一阐述。

货币政策指政府通过中央银行变动货币供给量，影响利率和国民收入的政策措施。货币政策的工具有公开市场业务、改变贴现率、改变法定准备率以及道义上的劝告等措施。这些货币政策的工具作用的直接目标是通过控制商业银行的存款准备金，影响利率与国民收入，从而最终实现稳定国民经济的目标。

7.3.1 中央银行

1. 中央银行的职能

中央银行是一个由政府组建的机构，负责控制国家货币供给、信贷条件，监管金融体系，特别是商业银行和其他储蓄机构。

中央银行是一国最高的货币金融管理机构，在各国金融体系中居于主导地位。中央银行的职能是宏观调控、保障金融安全与稳定、金融服务。

中央银行是"发币的银行"，对调节货币供应量、稳定币值有重要作用。

中央银行是"银行的银行"，它集中保管银行的准备金，并对它们发放贷款，充当"最后贷款者"。

中央银行是"国家的银行"，它是国家货币政策的制定者和执行者，也是政府干预经济的工具；同时为国家提供金融服务，代理国库，代理发行政府债券，为政府筹集资金；代表政府参加国际金融组织和各种国际金融活动。

中央银行所从事的业务与其他金融机构所从事的业务的根本区别在于，中央银行所从事的业务不是为了营利，而是为实现国家宏观经济目标服务，这是由中央银行所处的地位和性质决定的。

中央银行的主要业务有：货币发行、集中存款准备金、贷款、再贴现、证券、黄金占款和外汇占款、为商业银行和其他金融机构办理资金的划拨清算和资金转移的业务等。

中国人民银行是中国的央行，它服务的对象是各国有银行，政策性银行，股份制银行和商业银行，也就是说，它并不对普通的企业或个人提供例如储蓄之类的服务。它的主要职能包括以下几个方面。

（1）起草有关法律和行政法规；完善有关金融机构运行规则；发布与履行职责有关的命令和规章。

（2）依法制定和执行货币政策。

（3）监督管理银行间同业拆借市场和银行间债券市场、外汇市场、黄金市场。

（4）防范和化解系统性金融风险，维护国家金融稳定。

（5）确定人民币汇率政策；维护合理的人民币汇率水平；实施外汇管理；持有、管理和经营国家外汇储备和黄金储备。

【阅读材料 7-7】

部分国家的中央银行简介

1. 中国人民银行是中华人民共和国的中央银行，成立于1948年12月1日。在中国大陆计划经济时代，中国人民银行是中华人民共和国唯一的银行，同时履行中央银行和商业银行的职能。

2. 欧洲央行成立于1998年6月1日，是为了适应欧元发行流通而设立的金融机构，同时也是欧洲经济一体化的产物。欧洲央行的英文名为 European Central Bank，缩写为 ECB，有时也被称为欧银，总部位于德国金融中心法兰克福。

3. 美国联邦储备委员会（Federal Reserve，简称美联储）是美国联邦储备体系的最高权力机构，由三部分组成：联邦储备委员会（也称理事会）、联邦公开市场委员会和各联邦储备银行。①决策机构：联邦储备委员会。②执行机构：联邦公开市场委员会。③执行机构：各联邦储备银行。

4. 英格兰银行原为商业银行，诞生时间较早，随着英国金融业的发展，逐渐发展为英国的中央银行。直到1997年，英国央行才获得独立制定利率政策的权力。根据《1998年英格兰银行法》，英国成立英格兰银行货币政策委员会，负责制定货币政策。货币政策委员会是个相对独立的机构，它根据英格兰银行各部门提供的信息作出决策，再由相关部门执行它。

2. 基础货币与货币乘数

基础货币，也称货币基数（Monetary Base，M_b）、强力货币、始初货币，因其具有使货币供应总量成倍放大或收缩的能力，又被称为高能货币（High-Powered Money），它是中央银行发行的债务凭证，表现为商业银行在中央银行存放的存款准备金（R）和公众持有的通货（C）。在国际货币基金组织的报告中，基础货币被称为 Reserve Money，说白了就是真正印刷出来钱的总量。基础货币是整个商业银行体系借以创造存款货币的基础，是整个商业银行体系的存款得以倍数扩张的源泉。

基础货币就是流通中的现金加上银行里的准备金，记为 $M_b = C + R$，货币供给总量 M 就是流通中的现金加上银行里的支票存款（这里指狭义货币 M_1）记为 $M = C + D$，那么货币乘数定义为货币供给比上基础货币，记为 m，则 $m = M/M_b = (C + D)/(C + R)$。由于存款准备金 R 是整个存款 D 中的一小部分，因而基础货币仅仅是总货币量的一小部分，由此得出狭义货币的货币乘数 $m > 1$。也就说明了基础货币 M_b 一个较小的变动，会引起货币总量 M 发生较大的波动。M 与 M_b 的倍数关系称为货币乘数。中央银行对基础货币的调节控制，会通过货币乘数的杠杆作用对货币供给产生放大影响。中央银行想要控制货币供给，可以通过公开市场上的业务操作来调整基础货币，从而控制货币供给，也可以通过调整法定存款准备金率来调整货币乘数。

【阅读材料 7-8】

基础货币与货币乘数交相影响信贷变动

货币供应量是由基础货币和货币乘数共同决定的，基础货币或货币乘数的上升都会导致货币供应量的增加。基础货币上升，货币供应量会否同时扩张呢？这要取决于货币乘数。2008 年 9 月国际金融危机爆发以后我国央行四次有区别地下调存款准备金率，有利于提高货币乘数，但如果银行没有把资金贷出去，资金仍然停留在准备金账户上，超额准备金率会上升，信贷并不能够得到有效扩张。也就是说，虽然基础货币增加了，但是货币乘数可能下降，市场流动性并没有得到大幅度上升。如果商业银行把资金贷放出去，货币乘数上升，货币信贷将得到有效扩张。值得指出的是，货币信贷的增加要么是由于基础货币和货币乘数同时上升导致的，要么是其中之一上升的缘故，基础货币是中央银行可以直接控制的，如通过公开市场业务自由投放或回笼资金，但是货币乘数并不完全是由中央银行控制，中央银行只能够部分控制。而在经济不景气的情况下，金融机构惜贷，居民和企业都不愿意投资，超额准备金率、货币乘数都会下降，因此即使基础货币增加，货币供应量也可能下降或增长缓慢。实际上，央行不断注资，如果资金没有贷放出去，货币市场资金供给不断增加，货币市场利率会不断下降，而央行为了稳定金融市场，又不得不继续回笼资金，这就出现一方面央行在投放资金；另一方面央行又不得不再吸收资金的现象，如国际金融危机时期就出现过这样的情况。下面我们将从基础货币和货币乘数的角度分析国际金融危机爆发以来我国货币信贷的变化趋势。

一、2008 年年底货币信贷上升：主要是基础货币上升所致

由于国际金融危机爆发，2008 年 9 月份开始，我国货币政策由"从紧"转向"适度宽松"，经过了短暂的调整后，11 月份和 12 月份新增贷款开始增长。2008 年年底银行信贷增加主要是由于我国基础货币迅速增加导致的。根据央行公布的数据，2008 年 11 月份我国广义货币供应量比 10 月份增加 5 512.34 亿元，人民币贷款新增 4 769 亿元；12 月份广义货币供应量增加 16 521.94 亿元，人民币贷款增加 7 400 亿元，货币供应量和新增贷款呈现大幅度回升的态势。从货币乘数变化来看，2008 年 10 月份我国的广义货币供应量货币乘数为 3.92，11 月份、12 月份分别下降为 3.84 和 3.68，11、12 月份基础货币分别增加为 3 617.41 亿元、9 889.62 亿元，因此 2008 年年底的货币信贷增加主要是由于基础货币增加所导致的。货币乘数下降反映了商业银行超额准备金较高，货币信贷没有得到有效扩张。

二、2009 年上半年货币信贷增加：主要是由于货币乘数上升导致的

进入 2009 年，我国银行信贷增长迅速，但 2009 年上半年，我国基础货币并没有大幅度增加，1 月份我国基础货币为 129 653.44 亿元，只比 2008 年 12 月份多增 431.11 亿元，2 月份基础货币为 125 446.91 亿元，反而比 1 月份下降了 4 206.53 亿元，3 月份基础货币比 2 月份下降了 1 170.25 亿元，4 月份比 3 月份下降 10.28 亿元，5 月份比 4 月份下降 1 488.47 亿元，2009 年前几个月我国基础货币一直是下降的。2009 年 1 月、2 月份、3 月份、4 月份和 5 月份广义货币供应量增加分别为 20 968.7 亿元、10 572.76 亿元、23 918.64 亿元、9 854.5 亿元和 7 782.3 亿元；新增贷款增加分别为：1.62 万亿元、1.07 万亿元、1.89 万亿元、5 918 亿元和 6 645 亿元，货币供应量和银行信贷迅速增加，因此在我国基础货币下降的情况下，导致 2009 年前 5 个月货币供应量和信贷激增的主要因素是货币乘数。2009 年初，我国货币乘数开始反弹，1 月份的货币乘数上升到 3.83，2、3、4、5 月份的货币乘数进一步上升，分别为 4.04、4.2697、4.3493、4.4654，货币乘数一直持续上升。因此前几个月货币乘数的放大作用是货币供应量和信贷增加的主要推动力，货币乘数上升反映了市场信心恢复，金融机构愿意增加贷款，投资者也愿意借款。

从我国 6 月份的数据来看，我国金融机构人民币各项贷款较上月新增 15 304 亿元，货币供应量上升了 20 652.69 亿元，上升幅度较大。从 6 月份的央行资产负债表来看，货币供应量和新增存贷款的大幅度上升主要是由于基础货币和货币乘数上升共同作用的结果。6 月份我国基础货币是 123 929.74 亿元，比 5 月份增加了 1 151.83 亿元，广义货币乘数为 4.5906，比 5 月份上升了 0.1252。因此与上半年前几个月不同的是，6 月份货币供应量和新增贷款的激增是由于基础货币和货币乘数同时上升的结果。实际上，上半年货币乘数上升主要是由于我国超额准备金率下降，2008 年年底我国银行体系的超额准备金率是 5.11%，2009 年第一季度末下降到 2.28%，第二季度末进一步下降到 1.55%，整个上半年超额准备金率的下降幅度达到 3.56%，推动了货币乘数的上升，有力地促进了银行信贷的增长。

超额准备金下降，不影响基础货币总量，但影响基础货币的结构，导致货币乘数

上升，货币供应量增加。与之前我国超额准备金率下降不同的是，2009年度央行没有调整法定准备金率，而以前超额准备金率下降主要是央行不断提高法定准备金率所导致的，而2009年上半年超额准备金率下降是由于商业银行把资金贷放出去的缘故。

三、2009年下半年：货币与信贷过度扩张得到有效遏制

2009年7、8、9月份新增贷款分别为3 359亿元、4 104亿元和5 167亿元，基础货币增加分别为：816.12亿元、-209.79亿元和8 870.57亿元。7月份基础货币增加幅度较小，8月份基础货币下降，9月份基础货币增加较大。7、8月份货币和信贷的增加主要是由于货币乘数上升的缘故。从7月份的数据来看，货币乘数为4.594 1，比6月份略有上升，8月份货币乘数继续上升，达到4.630 8。9月底我国银行体系的超额准备金率是2.06%，比2季度末有所上升，货币乘数有所下降，2009年9月份货币乘数为4.388 1，但9月份货币和信贷的增长主要依赖于基础货币的变动，9月份基础货币比8月份增加了8 870.57亿元，银行体系流动性上升，上升幅度较大，有利于信贷的扩张。

2009年10月份货币乘数又有所上升，为4.56，11、12月份，货币乘数下降，为4.45和4.24，10、11、12月份的新增贷款分别为2 530亿元、2 948亿元和3 798亿元，基础货币的增加分别为：-4 630.31亿元、4 898.13亿元和10 310.54亿元。因此10月份基础货币下降，货币信贷增加主要是由于货币乘数上升导致的，11、12月份货币和信贷增加主要是由于基础货币上升导致的。又根据央行货币政策报告，2009年12月底我国银行体系的超额准备金率是3.13%，比三季度末有所上升，因此12月份货币乘数会下降，货币的扩张能力下降。

从2009年下半年的数据来看，基础货币和货币乘数出现了交替变化的状况，说明货币和信贷过度扩张的状况得到了有效遏制，货币信贷变化波动幅度有所收窄。

四、2010年上半年：基础货币和货币乘数交替作用

2010年1月份我国货币和信贷大幅度上升，2010年1月份第1周，银行贷款增长就达6 000亿元左右，立即引起了央行的警觉，央行希望今年银行信贷的投放将更加适度、均衡，不要出现像2009年一季度信贷井喷的情况。因此央行加大了公开市场的回笼力度，1月12日和25日央行还分别上调了存款准备金率0.5个百分点，进一步回收流动性，控制信贷的过度投放。实际上，2010年1月份我国新增贷款为13 900亿元，大幅度上升，1月份的货币信贷激增主要是由于货币乘数上升，基础货币处于高位的缘故，如2010年1月份我国货币乘数为4.38，较2009年12月份有所上升。

1月份央行两次上调法定准备金率，2月份货币乘数开始下降，随后3月份货币乘数又有所上升。3月底我国银行体系的超额准备金率是1.96%，比2009年末有所下降，因此3月份货币乘数上升。为了控制基础货币，2010年1月份央行实现资金净回笼650亿元；由于春节因素，2月份实现资金净投放5 220亿元；3月份实现净回笼7 350亿元，前三个月我国基础货币的变化分别为：-1 165.42亿元、9 809.83亿元和-2 596.57亿元，因此2010年一季度货币信贷增加，1、3月份是由于货币乘数上升的缘故，2月份货币乘数下降，是由于基础货币上升的原因。

4、5月份货币乘数继续上升,由于5月份提高了法定准备金率,6月份货币乘数下降。6月底我国银行体系的超额准备金率是1.82%,比上个季度末有所下降,但相比3月末,6月份货币乘数还是有所上升。4、5、6月份新增贷款分别为7 740亿元、6 394亿元和6 034亿元,基础货币的变动为:-3 005亿元、100.4亿元和7 106.24亿元,因此4月份货币信贷增加是由于货币乘数上升的缘故,5月份是由于基础货币和货币乘数同时上升的缘故,6月份是由于基础货币上升的缘故。

从2010年上半年的货币信贷变化来看,基础货币和货币乘数也是交替变化,也没有出现单一趋势变化的情形,说明货币信贷调控进入平稳期,不会出现大起大落的情况。

总之,基础货币和货币乘数变动影响货币供应量,货币供应量增加必然会反映到银行信贷的增加上,控制基础货币和货币乘数是央行调控的两种主要途径,央行能够通过货币政策的工具调控基础货币,但超额准备金率主要是由商业银行控制的,不是央行完全能够控制的,但通过对基础货币和货币乘数的调控,央行可以调节货币和银行信贷的变动。从目前的调控趋势来看,货币信贷调控进入平稳期,2010年下半年货币信贷也不会出现大的起落,央行能够通过货币政策工具的运用有效调控货币信贷的变动,保证货币信贷的均衡投放。

(资料来源:陆前进　中国证券报　http://money.163.com/10/0916/01/6GLR7LTQ00253B0H.html　2010-9-16)

7.3.2　存款创造

1. 派生存款

商业银行以经营工商业存款、放款为主要业务,并为顾客提供多种服务。商业银行的资金来自活期存款、储蓄存款、定期存款及自己发行股票、债券等,商业银行的资金运用在贷放短期放款、中期放款和长期放款,而且还可以办理信托放款、租赁业务、有价证券投资等。由于很少会出现所有储户在同一时间里取走全部存款的现象,因此商业银行可以把绝大多数存款用来贷款或用于其他盈利活动,只需要留下一小部分存款用来满足储户随时取款的需要就可以了。这种被保留的用于支付存款提取用的一定金额,称为存款准备金。在现代银行制度中,这种准备金在存款中所占的比率是由一国的中央银行规定的,这一比率成为法定准备金率,按照这一比率提留的准备金被称为法定准备金。

中央银行发行的现金,只占货币总量的一部分。除现金之外的货币是怎样产生的?从银行体系的总体来看,它能够创造存款——派生存款,存款是货币,所以说,商业银行也可以创造货币。

要理解商业银行体系如何创造存款,我们通过一个虚拟的例子来说明。

假定商业银行的准备金率为10%。首先,假设某储户甲,把1 000元现金存入某商业银行(简称为银行1),银行将存入银行1的100元作为准备金,而将其余900元用于贷款或购买各种债券。例如,它将这900元放贷给B,B把900元用于购买衣服，结果这 900 元到了衣服销售者 C 的手中，我们假设 C 把钱全部存入银行 2；这样，银行 2 增加 900 元存款，然后，它留下 10% 的准备金，即 90 元，把其余的 810 元放贷给农户 E，农户 E 用之购买肥料，结果这 810 流到了肥料销售商 F 的手中，F 把它存入银行 3，这样，银行 3 增加了 810 元的存款。银行 3 把 81 元留下，其余也放贷出去，……，这个过程一直可以持续下去。存款创造的过程如表 7－2 所示。

表 7－2　存款创造的过程

商业银行	存款 D（元）	法定准备率 $r=1/10$	准备金 R（元）	贷款并转存入另一家银行（元）
银行 1	1 000	0.1	100	900
银行 2	900	0.1	90	810
银行 3	810	0.1	81	729
……	……	……	……	……
合计	10 000		1 000	9 000

银行体系创造货币的结果将是最初 1 000 元新增现金的 10 倍，达到 10 000 元。我们把 10 倍称为货币供给乘数，它是法定准备金的倒数。

从这么一个过程可以看出，一笔原始存款，在整个银行体系存款扩张原理的作用下，可以产生出大于原始存款若干倍的派生存款出来。这个派生存款数额的大小，主要取决于两个因素：原始存款数额的大小、法定存款准备金率的高低。一般假定各银行的原始存款为 A，存款准备金率为 r，那么最终存款总额 D 和这两者之间的关系用公式表示为：$D=A(1/r)$。派生存款与原始存款数额成正比，与法定存款准备金率成反比。

由此可见，商业银行可以创造货币——派生存款，但其能力受制于中央银行，原因是中央银行改变法定准备金率，就可以对商业银行的创造派生存款的能力施加重要影响。

2. *存款创造乘数*

存款创造乘数是指银行存款创造机制所决定的存款最大扩张的倍数（也称派生倍数），它是法定存款准备金率的倒数，即存款创造乘数 $K=1/r$。其经济含义为每一元准备金的变动所能引起的存款的变动。但这只是一个简单的存款乘数，因为前面的分析有两个假定条件：第一，银行的客户将其全部货币收入都存入银行，而不持有现金（即没有货币的漏出）；第二，银行只按照法定的存款准备金率提取存款准备金。如果考虑现实经济中的其他因素，则乘数公式需做进一步修正。首先客户可能有现金需求，即出现了现金漏出；其次，银行可能会有超过法定准备金之外的超额准备金；再者，定期存款有着与活期存款不同的法定准备金率，从而影响存款货币创造的基础。因此，实际中需要考虑上面修正简单的存款创造乘数公式。

7.3.3 货币政策及其工具

货币政策是指政府通过中央银行运用其政策工具，调节货币供给量和利息率，从而调控经济活动水平以实现既定的宏观调控目标所采取的措施和方针。

中央银行货币政策的工具可分为一般性的货币政策工具、选择性的货币政策工具及其他货币政策工具。其中，选择性的货币政策工具和其他货币政策工具种类很多。各国中央银行可根据本国实际和货币政策的目标加以选择和运用，一般性的货币政策工具有三种；即存款准备金政策、再贴现政策和公开市场业务。

1. 存款准备金政策

存款准备金是指金融机构为保证客户提取存款和资金清算需要而准备的资金，金融机构按规定向中央银行缴纳的存款准备金占其存款总额的比例就是存款准备金率。存款准备金制度是在中央银行体制下建立起来的，世界上美国最早以法律形式规定商业银行向中央银行缴存存款准备金。存款准备金制度的初始作用是保证存款的支付和清算，之后才逐渐演变成为货币政策工具，中央银行通过调整存款准备金率，影响金融机构的信贷资金供应能力，从而间接调控货币供应量。

经国务院同意，中国人民银行决定，从1998年3月21日起，对存款准备金制度进行改革，主要内容有两个方面。

(1) 将原各金融机构在人民银行的"准备金存款"和"备付金存款"两个账户合并，称为"准备金存款"账户。

(2) 法定存款准备金率从13%下调到8%。准备金存款账户超额部分的总量及分布由各金融机构自行确定。

【阅读材料7-9】

存款准备金率历次调整一览表

中国人民银行决定，自2015年9月6日起，下调金融机构人民币存款准备金率0.5个百分点，以保持银行体系流动性合理充裕，引导货币信贷平稳适度增长。同时，为进一步增强金融机构支持"三农"和小微企业的能力，额外降低县域农村商业银行、农村合作银行、农村信用社和村镇银行等农村金融机构准备金率0.5个百分点。额外下调金融租赁公司和汽车金融公司准备金率3个百分点，鼓励其发挥好扩大消费的作用。同时，中国人民银行决定，自2015年8月26日起，下调金融机构人民币贷款和存款基准利率，以进一步降低企业融资成本。其中，金融机构一年期贷款基准利率下调0.25个百分点至4.6%；一年期存款基准利率下调0.25个百分点至1.75%；其他各档次贷款及存款基准利率、个人住房公积金存贷款利率相应调整。同时，放开一年期以上（不含一年期）定期存款的利率浮动上限，活期存款以及一年期以下定期存款的利率浮动上限不变。银行存款准备金率历次调整见表7-3。

表7-3 银行存款准备金率历次调整一览表

次数	生效时间	调整前	调整后	调整幅度(%)
53	2015年10月24日	(大型金融机构)17.50%	17.00%	-0.5
		(中小金融机构)14.00%	13.50%	-0.5
		自2015年10月24日起,下调金融机构人民币存款准备金率0.5个百分点,以保持银行体系流动性合理充裕,引导货币信贷平稳适度增长。同时,为加大金融支持"三农"和小微企业的正向激励,对符合标准的金融机构额外降低存款准备金率0.5个百分点		
52	2015年9月6日	(大型金融机构)18.00%	17.50%	-0.5
		(中小金融机构)14.50%	14.00%	-0.5
		同时,为进一步增强金融机构支持"三农"和小微企业的能力,额外降低县域农村商业银行、农村合作银行、农村信用社和村镇银行等农村金融机构准备金率0.5个百分点。额外下调金融租赁公司和汽车金融公司准备金率3个百分点,鼓励其发挥好扩大消费的作用		
51	2015年6月28日	(大型金融机构)18.50%	18.00%	-0.5
		(中小金融机构)15.00%	14.50%	-0.5
		自2015年6月28日起有针对性地对金融机构实施定向降准,以进一步支持实体经济发展,促进结构调整。(1)对"三农"贷款占比达到定向降准标准的城市商业银行、非县域农村商业银行降低存款准备金率0.5个百分点。(2)对"三农"或小微企业贷款达到定向降准标准的国有大型商业银行、股份制商业银行、外资银行降低存款准备金率0.5个百分点。(3)降低财务公司存款准备金率3个百分点,进一步鼓励其发挥好提高企业资金运用效率的作用		
50	2015年4月20日	(大型金融机构)19.50%	18.50%	-1
		(中小金融机构)16.00%	15.00%	-1
		普降1个百分点。定向:农信社、村镇银行等农村金融机构额外降低1个百分点,并统一下调农村合作银行存款准备金率至农信社水平;定向:对中国农业发展银行额外降低2个百分点;定向:"三农"或小微企业贷款达到一定比例的国有银行和股份制商业银行可执行较同类机构法定水平低0.5个百分点的存款准备金率		

续表

次数	生效时间	调整前	调整后	调整幅度（%）
49	2015年2月5日	（大型金融机构）20.00%	19.50%	-0.5
		（中小金融机构）16.50%	16.00%	-0.5
		普降0.5个百分点。定向："三农"和小微贷款达标的城市商业银行、非县域农村商业银行额外降低0.5个百分点；定向：中国农业发展银行额外降低4个百分点		
48	2014年6月16日	对符合审慎经营要求且"三农"和小微企业贷款达到一定比例的商业银行（不含2014年4月25日已下调过准备金率的机构）下调人民币存款准备金率0.5个百分点。下调后的存款准备金率为20% 　　此外，为鼓励财务公司、金融租赁公司和汽车金融公司发挥好提高企业资金运用效率及扩大消费等作用，下调其人民币存款准备金率0.5个百分点		
47	2014年4月25日	下调县域农村商业银行人民币存款准备金率2个百分点，下调县域农村合作银行人民币存款准备金率0.5个百分点。调整后县域农商行、农合行分别执行16%和14%的准备金率，其中一定比例存款投放当地考核达标的县域农商行、农合行分别执行15%和13%的准备金率		
46	2012年7月18日	（大型金融机构）20.50%	20.00%	-0.5
		（中小金融机构）17.00%	16.50%	-0.5
45	2012年5月18日	（大型金融机构）20.50%	20.00%	-0.5
		（中小金融机构）17.00%	16.50%	-0.5
44	2012年2月24日	（大型金融机构）21.00%	20.50%	-0.5
		（中小金融机构）17.50%	17.00%	-0.5
43	2011年12月5日	（大型金融机构）21.50%	21.00%	-0.5
		（中小金融机构）18.00%	17.50%	-0.5
42	2011年6月20日	（大型金融机构）21.00%	21.50%	0.5
		（中小金融机构）17.50%	18.00%	0.5
41	2011年5月18日	（大型金融机构）20.50%	21.00%	0.5
		（中小金融机构）17.00%	17.50%	0.5
40	2011年4月21日	（大型金融机构）20.00%	20.50%	0.5
		（中小金融机构）16.50%	17.00%	0.5

第7章 宏观经济政策

续表

次数	生效时间	调整前	调整后	调整幅度（%）
39	2011年3月25日	（大型金融机构）19.50%	20.00%	0.5
		（中小金融机构）16.00%	16.50%	0.5
38	2011年2月24日	（大型金融机构）19.00%	19.50%	0.5
		（中小金融机构）15.50%	16.00%	0.5
37	2011年1月20日	（大型金融机构）18.50%	19.00%	0.5
		（中小金融机构）15.00%	15.50%	0.5
36	2010年12月20日	（大型金融机构）18.00%	18.50%	0.5
		（中小金融机构）14.50%	15.00%	0.5
35	2010年11月29日	（大型金融机构）17.50%	18.00%	0.5
		（中小金融机构）14.00%	14.50%	0.5
34	2010年11月16日	（大型金融机构）17.00%	17.50%	0.5
		（中小金融机构）13.50%	14.00%	0.5
33	2010年5月10日	（大型金融机构）16.50%	17.00%	0.5
		（中小金融机构）13.50%	不调整	—
32	2010年2月25日	（大型金融机构）16.00%	16.50%	0.5
		（中小金融机构）13.50%	不调整	—
31	2010年1月18日	（大型金融机构）15.50%	16.00%	0.5
		（中小金融机构）13.50%	不调整	—
30	2008年12月25日	（大型金融机构）16.00%	15.50%	-0.5
		（中小金融机构）14.00%	13.50%	-0.5
29	2008年12月05日	（大型金融机构）17.00%	16.00%	-1
		（中小金融机构）16.00%	14.00%	-2
28	2008年10月15日	（大型金融机构）17.50%	17.00%	-0.5
		（中小金融机构）16.50%	16.00%	-0.5
27	2008年9月25日	（大型金融机构）17.50%	17.50%	—
		（中小金融机构）17.50%	16.50%	-1
26	2008年6月7日	16.50%	17.50%	1
25	2008年5月20日	16%	16.50%	0.50
24	2008年4月25日	15.50%	16%	0.50
23	2008年3月18日	15%	15.50%	0.50

续表

次数	生效时间	调整前	调整后	调整幅度（%）
22	2008年1月25日	14.50%	15%	0.50
21	2007年12月25日	13.50%	14.50%	1
20	2007年11月26日	13%	13.50%	0.50
19	2007年10月25日	12.50%	13%	0.50
18	2007年9月25日	12%	12.50%	0.50
17	2007年8月15日	11.50%	12%	0.50
16	2007年6月5日	11%	11.50%	0.50
15	2007年5月15日	10.50%	11%	0.50
14	2007年4月16日	10%	10.50%	0.50
13	2007年2月25日	9.50%	10%	0.50
12	2007年1月15日	9%	9.50%	0.50
11	2006年11月15日	8.50%	9%	0.50
10	2006年8月15日	8%	8.50%	0.50
9	2006年7月5日	7.50%	8%	0.50
8	2004年4月25日	7%	7.50%	0.50
7	2003年9月21日	6%	7%	1
6	1999年11月21日	8%	6%	-2
5	1998年3月21日	13%	8%	-5
4	1988年9月	12%	13%	1
3	1987年	10%	12%	2
2	1985年	央行将法定存款准备金率统一调整为10%	-	-
1	1984年	央行按存款种类规定法定存款准备金率，企业存款20%，农村存款25%，储蓄存款40%	-	-

（资料来源：http://finance.sina.com.cn/money/forex/20150528/102722288538.shtml 2015-5-28）

2. 再贴现政策

再贴现政策是中央银行最早拥有的货币政策工具。现代许多国家中央银行都把再贴现作为控制信用的一项主要的货币政策工具，再贴现是指商业银行或其他金融机构将贴现所获得的未到期票据，向中央银行转让。对中央银行来说，再贴现是买进商业银行持有的票据，流出现实货币，扩大货币供应量。对商业银行来说，再贴现是出让已贴现的票据，解决一时资金短缺。整个再贴现过程，实际上就是商业银行和中央银行之间的票据买卖和资金让渡的过程。所谓再贴现政策，就是中央银行通过制订或调整再贴现利率来干预和影响市场利率及货币市场的供应和需求，从而调节市场货币供应量的一种金融政策。

3. 公开市场业务

公开市场业务是货币政策工具之一，指的是中央银行在金融市场上买卖政府债券来控制货币供给和利率的政策行为，是中央银行控制货币供给量的重要和常用的工具。

在多数发达国家，公开市场操作是中央银行吞吐基础货币，调节市场流动性的主要货币政策工具，通过中央银行与指定交易商进行有价证券和外汇交易，实现货币政策调控目标。中国公开市场操作包括人民币操作和外汇操作两部分。外汇公开市场操作于1994年3月启动，人民币公开市场操作于1998年5月26日恢复交易，规模逐步扩大。1999年以来，公开市场操作已成为中国人民银行货币政策日常操作的重要工具，对于调控货币供应量、调节商业银行流动性水平、引导货币市场利率走势发挥了积极的作用。

中国人民银行从1998年开始建立公开市场业务一级交易商制度，选择了一批能够承担大额债券交易的商业银行作为公开市场业务的交易对象，目前公开市场业务一级交易商共包括40家商业银行。这些交易商可以运用国债、政策性金融债券等作为交易工具与中国人民银行开展公开市场业务。从交易品种看，中国人民银行公开市场业务债券交易主要包括回购交易、现券交易和发行中央银行票据。其中回购交易分为正回购和逆回购两种，正回购为中国人民银行向一级交易商卖出有价证券，并约定在未来特定日期买回有价证券的交易行为，正回购为央行从市场收回流动性的操作，正回购到期则为央行向市场投放流动性的操作；逆回购为中国人民银行向一级交易商购买有价证券，并约定在未来特定日期将有价证券卖给一级交易商的交易行为，逆回购为央行向市场上投放流动性的操作，逆回购到期则为央行从市场收回流动性的操作。现券交易分为现券买断和现券卖断两种，前者为央行直接从二级市场买入债券，一次性地投放基础货币；后者为央行直接卖出持有债券，一次性地回笼基础货币。中央银行票据即中国人民银行发行的短期债券，央行通过发行央行票据可以回笼基础货币，央行票据到期则体现为投放基础货币。

【阅读材料 7 – 10】

一年期央票利率再次上行　央行货币政策尽显灵活性

存款准备金率上调的风波还没结束，一年期央票再拾升势。19日发行的一年期央票利率再次上调了8.3个基点，而通常于周二发行的28天期正回购却暂停发行。

专家认为，最近公开市场中的一系列微调操作在加大回笼力度的同时反映了货币政策的灵活性。2009年12月份广义货币供应量（M_2）和狭义货币供应量（M_1）的双双回落显示央行此前的动态微调已经取得一定效果。货币政策将回归正常化，而市场对于加息预期也逐渐增强。

一、资金回笼加力，实际操作微调

2009年10月份以来，人民银行未雨绸缪，在公开市场操作中展开了一系列的回笼操作，连续4个月实现了月度的净回笼，甚至在年末也一反常规地小幅净回笼资金。

央行的资金回笼力度自2010年来逐渐加大，新年头两周的净回笼量双双突破千亿元，分别为1 370亿元和1 020亿元，而据测算，提高存款准备金率50个基点直接回笼的资金也只在2 000亿～3 000亿元，可见公开市场回笼力度之大。

然而想连续实现大幅净回笼并非易事，到期资金量以及市场的需求决定了回笼力度。据统计，一季度到期资金高达1.9万亿元，如果想继续通过"量升价稳"的方式回笼资金，难度较大，为此央行在公开市场操作中进行了一系列微调以实现净回笼，上调央票发行利率就是其中重要一环。

国信证券分析师李怀定表示，央票利率上调带来的"降价"效果会吸引更多的市场需求。从实际的发行状况来看也确实如此。12日1年期央票利率上行8.29个基点，当天发行量较之前一次上升了三分之二；而19日的发行量再次上升了20%，利率再次上行8.3个基点。

二、货币政策凸显灵活性，利率上行通道确立

2009年12月份的中央经济工作会议强调货币政策要操持连续性，同时指出要有针对性和灵活性。新年央行工作会议后，央行货币政策的针对性和灵活性尽显。

市场传言新年第一周信贷6 000亿元，央行立即动用"存款准备金率"这一工具，给银行信贷放量敲响警钟。接下来，当机构普遍预测3月期央票利率还要上行之时，央行又突然停止了3月期央票利率的上调。

"这是央行货币政策灵活性的体现。"国泰君安分析师陈岚说，"上调不一定全部调，也不一定是一直调，而是调一步看一步。"

在19日的公开市场操作中，央行再次施展"灵活"的公开市场操作策略，非常规地暂停了正回购。李怀定认为这是由于28天期正回购到期日在春节期间，如果发行，相当于将期限延长到了40天左右，相应的发行利率也会有所提高。

对于利率是否还会上行，市场观点高度一致。记者采访的众多机构都表示1年期央票利率将上行到2%以上。比较有代表性的观点是国泰君安认为1年期央票将在春节前调至2%以上，而预计年中将达到2.7%的水平。

三、货币增速拐点已至，加息预期渐强

中国人民银行15日公布的2009年金融市场运行数据显示：2009年12月末，广义货币供应量（M_2）余额同比增长27.68%，增幅比11月末低2.06个百分点；狭义货币供应量（M_1）余额同比增长32.35%，增幅比11月末低2.28个百分点，为2009年2月以来的首次增幅下降。

M_1、M_2增速的双双回落与央行自2009年7月份以来在公开市场操作中的动态微调密切相关，特别是10月份以来的持续净回笼。

海通证券宏观经济首席分析师陈露认为：货币政策将回归适度宽松，货币政策正常化的进程不可避免，预计2010年M_2增速可能回归到历史平均增速，即名义GDP增速加8个百分点。

随着央票利率上升通道的确立，市场对于加息的预期有所增强。兴业银行资金运营中心资深经济学家鲁政委预计今年法定存款准备金率仍可能继续调整2～3次，而加息时点也可能提前。

陈露认为，在时间窗口上，出口的同比高增长和CPI年内高点可能会出现重叠，因而加息的敏感时点将出现在二季度末。但由于央行正面临着结构性困境，预计窗口指导、微幅升值及准备金的多次上调是主要手段；除非通胀形势大幅超出预期，否则不会早于三季度前调整基准利率。

（资料来源：新华社记者沈而默、姚玉洁　新华网　http://news.xinhuanet.com/fortune/2010-01/20/content_12844564.htm　2010-1-20）

7.3.4 货币政策的种类

货币政策的类型大体上分为两种：一是扩张性的货币政策（我国一般称积极的货币政策），另一种是紧缩性的货币政策。扩张性的货币政策主要作用是刺激经济增长，紧缩性的货币政策主要作用是控制通货膨胀。

扩张性货币政策指政府通过扩大货币供给量，从而降低利率水平，提高经济增长水平，促使均衡的国民收入增长。在经济衰退期间采取扩张性的货币政策已成为越来越重要的刺激经济回升的手段。在经济衰退期间采取扩张性货币政策，一方面可以降低利率，从而刺激消费和投资的增加；另一方面也可扩大社会的支付能力，提高物价水平，避免通货紧缩的出现。中央银行可以通过降低法定存款准备金率、减少再贴现率以及在市场中买入政府债券以扩大货币供给量。

紧缩型性的货币政策是指通过提高放贷利率、银行存款准备金率和减少货币的发行等手段，即通过降低供应货币增长速度来降低总需求的水平，减少流通中的货币量，影响总需求与总供给的对比变化，以达到稳定物价、抑制通货膨胀、平衡国际收支的目的。在经济增长过快，投资过热的情况下，一般中央银行都会出台紧缩型的货币政策，目的是抑制投资过热，控制信贷规模。中央银行可以通过增加法定存款准备金率、提高再贴现率以及在市场中卖出政府债券以减少货币供给量。货币政策的种类见表7-4。

表7-4　货币政策的种类

政策手段 \ 经济状况	萧条（存在通货紧缩缺口）	通货膨胀（存在通货膨胀缺口）
法定准备率	降低	提高
再贷款利率	降低	提高
公开市场业务	买进政府债券	卖出政府债券
货币政策类型	扩张的货币政策	紧缩的货币政策

【阅读材料 7-11】

这些年，央行们都发明了哪些"招式"
——金融加杠杆的国际经验及借鉴

全球金融危机爆发至今已经六年，各国在改革上步履艰难，央行们纷纷试图通过货币政策来解决结构性难题，救助措施力度之强史无前例，资产负债表也因此而大幅扩张。为缓解金融部门流动性短缺，同时为降低实体经济陷入衰退与通缩的风险，全球主要央行纷纷拿出常规和非常规货币政策工具印钞票。而印钞票虽然在各个国家形式不同，但实质上都是以非常规手段实现货币超发，金融部门加杠杆。

常规招式：降低基准利率，接近"零利率"。次贷危机发生后，美国银行体系遭受重创，信贷活动萎缩，市场利率上升，实体经济难以得到资金支持。美联储首先采取的是基本招式——降低基准利率，接近"零利率"。对于欧洲央行来说，更是降息无底线，9月再次将基准利率由0.15%降至0.05%，并继续调低隔夜存款利率至-0.20%。

突破招式：量化宽松的货币政策。随着各国利率基本下调至降无可降的底部，传统手段如公开市场操作，准备金率和贴现窗口等已近失效，量化宽松皆成为各国央行的突破招式。2008年9月起，美联储开始在公开市场上进行三轮大规模资产购买（QE），以压低实体经济长期融资成本，其资产负债表也伴随着每轮QE而扩张。欧元区金融机构主要通过欧洲央行设立的贷款便利机制拆入流动性，欧央行首先扩大了LTRO（再融资操作）的规模，其金融部门杠杆的变化可以看成是主要再融资工具的发力所造成的。而日本央行则以购买国债成核心，资产负债表扩张仍将延续。

创新招式：新型流动性工具层出不穷。尽管美联储等将央行传统三大政策工具（公开市场操作、再贴现和存款准备金率）都用上了，但是银行信贷依然低迷，信贷市场上风险溢价仍未恢复，这迫使美联储等央行不得不进行进一步的动作和创新。央行们主要从四个方面，新创设了诸多流动性工具：第一类是针对存款机构的工具创新（TAF），第二类是针对交易商的工具创新（TSLF，PDCF），第三类是针对货币市场的工具创新（AMLF），第四类是直接针对特定的具有系统风险的企业和法人的工具创新（CPFF，TALF）。

危机过后，去杠杆化是修复资产负债表的必然过程。参考美国的经验，我们发现，虽然去杠杆也经历阵痛，但杠杆并不是被消灭，而是被消化和转移，特别是通过三轮QE，将杠杆转移到金融和政府部门。

2014年以来，中国央行在货币政策创新工具上做出了很大的进步。其中正回购利率的连续下调标志着降息周期已经开始，而万亿PSL和5 000亿SLF标志着QE亦已启动。当前货币宽松或是唯一选择，毕竟产能过剩的制造业和房地产都需要去杠杆，而政府又难以承受经济的全面萎缩，因而也需要政府和金融部门加杠杆对冲，但代价是道德风险的继续存在。

而长期来看，中国经济未来发展唯有依靠改革去打破垄断，去带动民间投资重新振作才能焕发新活力。而改革就需要央行在"救"与"不救"、"救谁"与"不救谁"、"通过市场运作"还是"直接介入"以及"道德风险"和"真实风险"之间的艰难抉择中，拿出更多的定力和创意来。

（资料来源：海通证券宏观债券首席分析师姜超　腾讯财经　http：//finance.qq.com/a/20141009/024305.htm　2014-10-9）

7.3.4 货币政策的局限性

我们从上述分析中可以看出，实施货币政策的基本目的是为了减少经济波动，促使经济持续、稳定地增长。但是在各国货币政策的实施过程中，也使我们看到货币政策实施的效果并不能完全达到货币当局的预定目标，这主要是货币政策本身存在着以下局限性。

1. 受经济周期本身的影响

在经济高涨时期和经济衰退时期，货币政策的作用有很大差异。一般说来，紧缩的货币政策对抑制通货膨胀的效果比较显著，而用扩张的货币政策对付通货紧缩的效果就不会太明显。在经济衰退时期，厂商对经济的前景普遍悲观，即使央行松动银根，降低利率，降低存款准备金率，投资者一般也不愿意增加贷款从事投资活动。银行为防止坏账，一般也不肯轻易贷款。特别是由于存在着流动性陷阱，不论银根如何松动，利率都不会再降低。这样，货币政策在反衰退的过程中，其作用就相当微弱。

再进一步，即使是反通货膨胀，货币政策的效果也主要体现在抑制需求拉上型通货膨胀，而对于成本推进型通货膨胀，货币政策的效果就显得捉襟见肘。因为物价的上涨如果是由工资上涨超过劳动生产率上升幅度引起的，或是由垄断厂商为获取高额利润引起的，那么中央银行想通过控制货币供给来抑制通货膨胀就比较困难。

2. 受货币流通速度的影响

从货币市场均衡的角度看，如果要通过货币供应量的变化来影响利率，则有一个前提条件，那就是货币的流通速度不变。如果货币流通速度发生变化，那么货币供给变动对经济的影响程度就会变弱。在通货膨胀时期，央行一般会采取紧缩货币供给的政策来抑制通货膨胀，但这时公众会加速消费支出，特别是在物价上升较快时，公众更不愿意把货币持在手上，希望尽快花出去。这样，货币的流通速度会加快。如果货币流通速度增长1倍，这时即使央行将货币供给减少一半，在流通中的货币总量并没有发生变化，因此就难以抑制物价的快速上升。反之，当经济衰退时，货币流通速度也会随之下降，这时央行增加货币供给的政策往往会被货币流通速度的下降所抵消。

3. 受政策外部时滞的影响

我们把货币政策看作是政府对经济的一种间接调控，那是因为，从中央银行变动货币供给量来影响利率，再影响投资，然后影响收入和就业，这是一个相当长的影响过程，其作用也会在实施政策后的相当一段时间后才能起作用。尤其是在市场机制不太完善的国家，货币供给和利率变化的传导机制往往被阻隔，投资规模并不会随着利率的变动而迅速作出反应，这样，货币政策就会失效。此外，即使市场机制是完善的，投资者对利率的反应也会有一个时间差。利率下降后，厂商增加投资，扩大生产规模是需要有一个过程的，而一般这一过程所需要的时间比较长。反之，如果利率上升，厂商要缩小生产规模，解雇工人等更是一件不容易的事。由于时间上的差异，往往当投资者对利率变化作出反应，并且开始实施投资增减计划，经济状况已发生根本变化。在经济衰退时央行实施的货币扩张政策，到效果完全发挥出来时，经济已开始繁荣，物价开始上涨，货币扩张政策反而对物价上升起了推波助澜的作用。

【阅读材料 7-12】

历史回顾：货币政策十年路

从 1993 年开始中国经济出现过热现象，开始采取适度从紧的货币政策，严重的通货膨胀由 1995 年开始得到了抑制。

1998—2002 年稳健的货币政策：1997 年，我国经济开始出现国内需求不旺的情况，加上亚洲金融危机爆发影响，我国形成通货紧缩的局面。基于此，从 1998 年起正式开始实施稳健的货币政策。

2003—2007 年稳中从紧的货币政策：2003 年开始，我国进入新一轮经济增长周期的上升期。在此期间，货币政策虽然名义上仍维持"稳健"的基调，但内涵已逐步表现出适度从紧的趋向。截至 2007 年底一共加息 8 次，上调准备金率 14 次。

2007—2008 年 10 月从紧的货币政策：为防止经济增长由偏快转为过热，防止价格由结构性上涨演变为明显通货膨胀，2007 年底的中央经济工作会议明确提出从 2008 年起货币政策由"稳健"改为"从紧"。至此，我国实施 10 年之久的"稳健"货币政策正式被"从紧"货币政策所取代。

2008 年 11 月适度宽松的货币政策：11 月 5 日召开的国务院常务会议提出，为抵御国际经济环境对我国的不利影响，必须采取灵活审慎的宏观经济政策，当前要实行适度宽松的货币政策。这次也是中国 10 多年来货币政策中首次使用"宽松"的说法。适当宽松的货币政策意在增加货币供给，在继续稳定价格总水平的同时，要在促进经济增长方面发挥更加积极的作用。

2008 年 12 月积极发挥货币政策促进经济增长作用：中国人民银行 10 日下午召开会议，研究部署贯彻落实中央经济工作会议部署的具体措施。会议提出要积极发挥货币政策在促进经济增长方面的重要作用。

2009 年 6 月继续落实适度宽松的货币政策：中国人民银行货币政策委员会 2009 年第二季度例会日前在北京召开。会议认为，要认真贯彻党中央、国务院关于宏观调控的决策部署，落实适度宽松的货币政策，保持政策的连续性和稳定性，引导货币信贷合理增长。进一步理顺货币政策传导机制，优化信贷结构，加大对"三农"、中小企业等薄弱环节的金融支持，努力发展消费信贷，支持自主创新、兼并重组、产业转移和区域经济协调发展。严格控制对高耗能、高污染和产能过剩行业企业的贷款。继续推进金融改革和创新，大力加强风险管理，增强金融企业防范风险能力。

2010年1月继续实施适度宽松的货币政策，防范系统性金融风险。2010年中国人民银行工作会议于1月5日至6日召开。会议确定2010年人民银行工作的总体要求是，保持货币政策的连续性和稳定性，继续实施适度宽松的货币政策，着力提高政策的针对性和灵活性，支持经济发展方式转变和经济结构调整，推动金融改革，加快金融创新，切实维护金融稳定，防范系统性金融风险，全面提升金融服务水平，完善人民银行系统自身建设，更好地履行中央银行职责。

（资料来源：http://news.xinhuanet.com/fortune/2010-05/02/c_1270132.htm 2010-5-2）

7.4 财政政策和货币政策的搭配使用

将财政政策与货币政策有效地结合起来，才能更好地发挥其对宏观经济的调控作用，常见的配合方式主要有以下几种。

（1）双"紧"的财政政策与货币政策。此种结合方式的积极效应是可以强烈地抑制总需求，控制通货膨胀；其消极效应是容易造成经济萎缩。

（2）双"松"的财政政策与货币政策。其积极效应是可以强烈地刺激投资，促进经济增长；消极效应是往往产生财政赤字、信用膨胀并诱发通货膨胀。

（3）"松"、"紧"搭配的财政政策与货币政策。"松"、"紧"搭配的财政货币政策是在经济调控中最常用的调节方式。如何搭配二者的"松"、"紧"则取决于客观经济状况。例如，当经济中出现货币发行过多但还未演变为通货膨胀时，为了经济的稳定发展，不应急于收紧银根，回笼货币，而应采取增加财政收入、紧缩财政支出的对策，即选择"松"货币政策与"紧"财政政策的搭配；而当通货膨胀成为经济发展中的主要矛盾时，就应采取紧缩银根、回笼货币的"紧"货币政策与扩大支出、减少收入的"松"财政政策，以压缩需求，增加供给，使经济增长能保持一定的稳定性。又如，当经济发展中出现财政赤字但经济增长速度尚可观时，不应急于紧缩财政，而应减少货币供应、控制贷款，选择"松"财政与"紧"货币的搭配；而当经济发展中主要矛盾为财政赤字并伴随经济增长停滞时，财政应努力增加收入压缩支出，而银行则应放松银根、发行货币，即选择"紧"财政与"松"货币的搭配，借以启动经济、促进经济增长，同时防止通货膨胀的出现。

本章小结

1. 西方经济学把政府调节经济的目标界定为经济增长、充分就业、物价稳定和国际收支平衡四大目标。但协调这四大目标是比较困难的，彼此之间有时会发生矛盾。

2. 宏观经济政策工具是用来达到政策目标的手段。在宏观经济政策工具中，常用的有需求管理、供给管理、国际经济政策。

3. 财政政策是指一国政府运用支出和收入来调节总需求以控制失业和通货膨胀并实现经济稳定增长和国际收支平衡的宏观经济政策。政府是通过财政收入和财政支出两方面来调节宏观经济的。其中政府的收入包括税收和公债，而政府的支出主要包括政府购买支出和转移支付。财政政策可以分为三种类型：扩张性的财政政策、紧缩性的财政政策以及稳健的财政政策。

4. 货币政策指政府通过中央银行变动货币供给量，影响利率和国民收入的政策措施。货币政策的工具有公开市场业务、改变贴现率、改变法定准备率以及道义上的劝告等措施。货币政策的类型大体上分为两种：一是扩张性的货币政策，另一种是紧缩性的货币政策。扩张性的货币政策主要作用是刺激经济增长，紧缩性的货币政策主要作用是控制通货膨胀。

5. 将财政政策与货币政策有效地结合起来，才能更好地发挥其对宏观经济的调控作用，常见的配合方式主要有以下几种：双"紧"的财政政策与货币政策、双"松"的财政政策与货币政策以及"松""紧"搭配的财政政策与货币政策。

练 习 题

一、名词解释

1. 财政政策　2. 货币政策　3. 自动稳定器　4. 公开市场业务　5. 需求管理

二、单项选择题

1. 有关宏观经济政策的目标，下列说法正确的是（　　）。
   A. 通货膨胀率为零，经济加速增长
   B. 稳定通货，减少失业，保持经济稳定的增长
   C. 充分就业，通货膨胀率为零
   D. 充分就业，实际工资的上升率等于或超过通货膨胀率

2. 如果中央银行认为通货膨胀压力太大，其紧缩政策为（　　）。
   A. 在公开市场购买政府债券　　B. 迫使财政部购买更多的政府债券
   C. 在公开市场出售政府债券　　D. 降低法定准备率

3. 在经济衰退时期，如果政府不加干预的话，（　　）。
   A. 税收减少，政府支出减少　　B. 税收减少，政府支出增加
   C. 税收增加，政府支出减少　　D. 税收增加，政府支出增加

4. 扩张性财政政策对经济的影响是（　　）。
   A. 缓和了经济萧条但增加了政府债务
   B. 缓和了萧条也减轻了政府债务

C. 加剧了通货膨胀但减轻了政府债务
D. 缓和了通货膨胀但增加了政府债务

5. 下列（　　）的情况不会增加预算赤字。
  A. 政府所欠债务的利息增加　　　B. 政府购买的物品和劳务增加
  C. 政府转移支付增加　　　　　　D. 间接税增加

6. 商业银行之所以会有超额储备，是因为（　　）。
  A. 吸收的存款太多　　　　　　　B. 未找到那么多合适的贷款对象
  C. 向中央银行申请的贴现太多　　D. 以上几种情况都有可能

7. 通常认为紧缩性的货币政策是（　　）。
  A. 提高贴现率　　　　　　　　　B. 增加货币供给
  C. 降低法定准备率　　　　　　　D. 中央银行增加购买政府债券

8. 中央银行提高法定准备金率，则（　　）。
  A. 商业银行要留的准备金会增加　B. 商业银行要留的准备金会减少
  C. 商业银行要留的准备金仍不变　D. 以上几种情况都有可能

9. 下列不属于中央银行扩大货币供给的手段是（　　）。
  A. 降低法定准备率以变动货币乘数　B. 降低再贴现率以变动基础货币
  C. 公开市场业务买入国债　　　　　D. 向商业银行卖出国债

10. 中央银行实施紧缩性的货币政策，将会导致市场利率水平（　　）。
  A. 增加　　　B. 减少　　　C. 不变　　　D. 无法判断

三、判断题

1. 自动稳定器不能完全抵消经济的不稳定。（　　）
2. 在萧条时为取得年度预算的平衡，政府必须降低税率。（　　）
3. 通货膨胀可以通过增加政府支出和减少税收来加以解决。（　　）
4. 失业保险制度如果能根据国民收入变化及时地调整失业人口的消费水平，那么对经济就具有内在稳定作用。（　　）
5. 在其他条件不变的情况下，增加公债的负担在通胀时期比萧条时期更重。（　　）
6. 准备金要求的提高是为了增加银行的贷款量。（　　）
7. 提高贴现率可以刺激银行增加贷款。（　　）
8. 中央银行可以强令货币供给紧缩，但不能强令其扩张。（　　）
9. 如果中央银行希望降低利率，那么，它就可以在公开市场上出售政府债券。（　　）
10. 改变再贴现率是中央银行经常使用的货币工具。（　　）
11. 中央银行提高再贴现率，提高法定准备率，和在公开市场上卖出债券对信贷规模的影响是相同的。（　　）

四、简述题

1. 什么是财政政策，其主要种类有哪些？
2. 中央银行的货币政策工具有哪些？
3. 什么是货币创造乘数，其大小主要和哪些变量有关？
4. 采用什么样的货币政策和财政政策组合来治理严重的经济衰退和萧条？
5. 经济中的自动稳定器有哪些？它们是如何发挥作用的？
6. 什么是公开市场操作？这一货币政策工具有哪些优点？

【网络资源】

1. 高校财经数据库　http：//www.bjinfobank.com/

检索路径：首页>>中国统计数据库>>行业"财税"地域"中国">>输入字词"财政收入"和"财政支出">>分别检索最新某个时期（一年、一个季度或者一个月）财政收入和支出的数据。

网络应用：比较分析哪个项目提供最大的财政收入，哪个项目占用最大的财政支出？

分组讨论：从财政收入和支出的变化中，分析最近的财政政策是在扩张还是在紧缩？近年来个人所得税在财政收入中的比重有何变化？

2. 中国人民银行　http：//www.pbc.gov.cn/

检索路径：首页>>调查统计>>统计数据>>"2008年">>货币供应量

网络应用：观察各月份货币和准货币各组成部分的数据，计算各月货币和准货币的环比增速，你能联系当时的宏观经济形势对你的计算结果进行分析吗？

分组讨论：回到网站首页，进入"简介"，人民银行有哪些主要职责？与同学讨论这些职责的意义。

3. 一张图看懂央行最常用的三个大招　http：//i.ifeng.com/news/sharenews.f? aid=100958554&from=groupmessage&isappinstalled=0

4. 央行的三件武器之存款准备金率　http：//business.sohu.com/s2014/picture-talk-144/

5. 央行的三件武器之公开市场操作　http：//business.sohu.com/s2014/picture-talk-145/index.shtml? pvid=tc_business&a=&b

6. 央行的三件武器之再贴现率　http：//business.sohu.com/s2014/picture-talk-146/index.shtml

7. 央行为何还不降准？　http：//business.sohu.com/s2015/picture-talk-261/index.shtml

8. 降息降准为何拖到今日？　http：//business.sohu.com/s2015/picture-talk-262/index.shtml

9. 存款保险制度到底是啥？　http：//business.sohu.com/s2015/picture-talk-225/

index. shtml

    10. 从基础货币和货币乘数变动看信贷激增　http：//money. 163. com/09/0428/08/57VLC2HD00253B0H. html

    11. 从货币和信贷变动轨迹看经济态势　http：//money. 163. com/09/1020/03/5M1N71AD00253B0H. html

    12. 人民币国际化中国走到哪儿了？　http：//business. sohu. com/s2015/picture-talk-219/index. shtml

    13. 央行为何降准？　http：//business. sohu. com/s2015/picture-talk-212/index. shtml

    14. 央行又降准　http：//business. sohu. com/s2015/picture-talk-229/index. shtml

（注：这里提供了一些网络链接，目的是为读者提供一些参考，拓展知识面，并且提供一种获取资料的方法。其中的一些链接可能会因为网站更新、网址变更等网络原因无法登录，请读者注意。）

第 8 章　经济周期与经济增长

【教学提示】

本章运用国民收入决定理论分别从总需求和总供给的角度来分析经济的短期波动和长期增长问题。

【教学目的】

通过本章的学习，你应该能够：
- 了解经济周期和经济增长的含义；
- 掌握经济周期的类型和成因；
- 掌握经济增长的源泉和主要模型；
- 联系凯恩斯有效需求决定收入的理论说明哈罗德经济增长模型。

【阅读材料 8-1】

巴曙松：2010 年是新一轮经济周期的开始

本来是一个非常好的环境，如果我们误判了这个复苏的势头非常强劲，导致这种微调提前或加大，很可能干扰复苏的持续进行。

如果把 2010 年放到整个中国经济走势的大周期背景下，中国现在处于什么位置？这是一个很重要的投资策略判断，对我们下一步的资产配置非常关键。国家统计局昨天发布的数据显示，2009 年 GDP 为 8.7% 左右，而四季度为 10.7%。结合 2008 年前的情况来看，在季度上，2009 年的一季度将成为谷底，为 6.1%；在年度上，2009 年的 8.7% 将是谷底。既然 2009 年是谷底，那么就意味着从 2010 年开始，中国将进入第十一轮经济周期。

1999 年以来的第十轮经济周期应该说是中国经济改革开放以来老百姓得益最多、实体经济变化最大、进步最显著的一段时期。中国经济增长率从 1999 年开始逐渐上升，并从 2003 年开始进入两位数增长，一直持续到 2007 年 13% 的增长。在 2007 年见顶之后，中国在金融危机和经济结构的调整需求下，经过了非常陡峭的回落。从最近的中央经济工作会议上可以看到，政府接下来的最主要的任务已经不再是"保八"的增长，而是使第十一轮经济周期的上升期持续长一些。我们希望看到第十轮这样比较长的上升周期，而不希望看到第九轮周期（1990—1997 年）里面如此陡峭的上升，然后花很长的时间再去调结构。

2010 年是经济周期的复苏阶段，上市公司业绩随着实体经济的改善会出现上升的局面，应该把 2009 年忘掉，2009 年的投资策略简单一点说，就是"拿着别动"。到了 2010 年复杂的经济环境，很可能变成要经常学习、经常调整一下投资组合，市场可能会"奖勤罚懒"。所以，接下来市场主要的推动力将来自于上市公司盈利的改善，随着经济的复苏，上市公司盈利的改进将推动股市的上升。如果上市公司盈利改进20%、30%，我们今年有20%、30%的上升空间也不是难事。

从几个方面的指标可以判断中国实体经济的复苏是非常强劲的，最关键的指标就是PMI指标，这个指标被称为经理人采购指数。有人当时问格林斯潘，把你关在一个荒岛上，只能给你一个指标，让你来进行宏观政策的超前判断和决策，你会选择哪一个？他想了想说我选择PMI，所以大家也把这个指标称为"格林斯潘荒岛指数"。在中国这个指数统计的时间还不是很长，但是它的预警性却越来越明显。大家通常认为50以上为经济扩张，50以下为经济收缩。中国经济的PMI在冲击最严重的2008年降得非常低，但到了2009年12月份已经达到了56.6。自从有了这个指数以来，超过55的只有七个月份，而这七个月的经济增长大概推算都在11%至13%之间。还有用电量逐渐恢复和信贷投放增长迅速等指标均显示实体经济复苏势头良好。

目前的政策调整措施是延长上升周期，正是希望出现的第十轮周期情况。现在有一种判断：上半年政策会紧一些，因为今年要防止大起大落。我每个月跟踪各大机构对国内国外的经济预测，2008年底各机构对中国经济的预测差异非常大，而到了2009年底和2010年初则高度趋同，绝大部分机构预测GDP增长在9%～10%，其中最高的是高盛的11.4%，最低的是我国的信息中心8.8%左右，国务院的测算是9.5%左右。如果在9%的增长，那么怎样的分布比较合适？比如11%、9%、8%，避免上半年上升太快，避免一年内的波动太过于陡峭。目前来看一月份上升比较陡峭的可能性比较大，导致一部分的调整行为出现。这是具有合理性的，但是我要提醒的是，要特别注意区别宏观调控决策方面同比和环比，不能误读当前的经济势头。同比是12个月之前的，2009年上半年非常差，自然而然1、2月份也会比较好；但是如果看环比，我们事前模拟的情况，2010年的环比是非常稳定的，复苏是非常平稳的。本来是一个非常好的环境，如果我们因为同比的原因，误判了这个复苏的势头非常强劲，导致这种微调提前或加大，很可能干扰复苏的持续进行。（作者系国务院发展研究中心金融研究所副所长）

（资料来源：南方日报　http：//theory.people.com.cn/GB/10820612.html　2010-1-22）

8.1　经济周期理论

无论是单市场（商品市场）、双市场（商品市场、货币市场）还是三市场（商品市场、货币市场、劳动市场）收入决定模型，都只能说明收入的变动，无法说明收入的波动。除非能够证明，决定均衡收入的两条曲线各自变动的结果能使它们的交点轨迹具有波动的性质。本节的主要内容，就是在原先讨论的收入决定的各种模型的基础上，探索收入的波动理论——经济周期理论。

8.1.1 经济周期的含义与阶段

1. 经济周期的含义

经济周期是指经济总量沿着其自然趋势的波动，或实际国民收入增长率沿着充分就业国民收入增长率的波动。但是实际经济周期学派认为，经济周期是由技术、投资或劳动供给的冲击引起的充分就业国民收入或充分就业国民收入增长率的本身的波动。2004 年 10 月，挪威经济学家芬恩·基德兰德（Finn E. Kydland, 1943—　）和美国经济学家爱德华·普雷斯科特（Edward C. Prescott, 1940—　）因在有关宏观经济政策的"时间一致性难题"和商业周期的影响因素等问题的研究中所做出的杰出贡献而平分 130 万美元的诺贝尔经济学奖。

2. 经济周期的阶段

经济周期可以分为两大阶段：扩张阶段与收缩阶段。扩张阶段由复苏、繁荣组成；收缩阶段则由衰退、萧条组成。其中繁荣、萧条是经济周期的两个主要阶段，衰退和复苏是两个过渡阶段。

8.1.2 经济周期的类型

西方经济学家按照经济周期的时间长短将经济周期划分为长期、中期、短期三种类型。

（1）长周期，又称康德拉耶夫周期（Kondratieff Cycle）。俄国经济学家康德拉耶夫在 1925 年发表的《经济生活中的长期波动》一文中首次提出他的"长波理论"，平均长约 50 年。

（2）中周期，又称朱格拉周期（Juglar Cycle）。法国的朱格拉最初是一名医生，以后弃医而研究经济周期问题。他在 1860 年发表的《论法国、英国和美国的商业危机及其发生周期》一书中首先提出周期理论。朱格拉周期一般为 9~10 年。

（3）短周期，又称基钦周期（Kitchin Cycle）。英国经济学家基钦认为经济周期实际上有大小两种周期。一个大周期（相当于朱格拉周期）通常包括 2~3 个小周期。小（短）周期平均为 40 个月左右。

8.1.3 经济波动的原因

关于经济周期的原因的解释，西方经济学家分别从不同的角度提出了不同的解释，有外生经济周期理论与内生经济周期理论两种。前者用非经济因素来解释经济周期。而后者则用经济因素来解释经济周期。

1. 外生经济周期理论

外生经济周期理论认为，经济周期的根源在于经济体系之外的某些因素的变动。外生经济周期理论包括创新理论、太阳黑子理论、心理理论、政治周期理论和实际经济周期理论。其中主要的有以下几个。

（1）太阳黑子理论。太阳黑子理论把经济的周期性波动归因于太阳黑子的周期性变化。因为据说太阳黑子的周期性变化会影响气候的周期变化，而这又会影响农业收成，而农业收成的丰歉又会影响整个经济。太阳黑子的出现是有规律的，大约每十年左右出现一次，因而经济周期大约也是每十年一次。该理论由英国经济学家杰文斯（W. S. Jevons）于1875年提出的。

（2）政治性周期理论。外因经济周期的一个主要例证就是政治性周期。政治性周期理论把经济周期性循环的原因归之为政府的周期性的决策（主要是为了循环解决通货膨胀和失业问题）。政治性周期的产生有三个基本条件：① 凯恩斯国民收入决定理论为政策制定者提供了刺激经济的工具。② 选民喜欢高经济增长、低失业以及低通货膨胀的时期。③ 政治家喜欢连选连任。

（3）创新理论。创新（Lnnovation Theory）是奥地利经济学家J. 熊波特提出用以解释经济波动与发展的一个概念。所谓创新是指一种新的生产函数，或者说是生产要素的一种"新组合"。生产要素新组合的出现会刺激经济的发展与繁荣。当新组合出现时，老的生产要素组合仍然在市场上存在。新老组合的共存必然给新组合的创新者提供获利条件。而一旦用新组合的技术扩散，被大多数企业获得，最后的阶段——停滞阶段也就临近了。在停滞阶段，因为没有新的技术创新出现，因而很难刺激大规模投资，从而难以摆脱萧条。这种情况直到新的创新出现才被打破，才会有新的繁荣的出现。

2. 内生经济周期理论

内生经济周期理论强调经济波动是由经济体系内部的因素引起的，但并不否认外生因素对经济的冲击作用。内生周期理论强调经济中周期性的波动是经济体系内的因素引起的，如货币供给、投资、消费、心理因素等。这些因素本身受经济的影响，反过来又影响经济。属于内生经济周期理论的主要有以下几个。

（1）纯货币理论。该理论主要由英国经济学家霍特里（R. Hawtrey）在1913—1933年的一系列著作中提出的。纯货币理论认为货币供应量和货币流通度直接决定了名义国民收入的波动，而且极端地认为，经济波动完全是由于银行体系交替地扩张和紧缩信用所造成的，尤其以短期利率起着重要的作用。现代货币主义者在分析经济的周期性波动时，几乎一脉相承地接受了霍特里的观点。但应该明确肯定的是，把经济周期性循环唯一地归结为货币信用扩张与收缩是欠妥的。

（2）投资过度理论。投资过度理论把经济的周期性循环归因于投资过度。由于投资过多，与消费品生产相对比，资本品生产发展过快。资本品生产的过度发展促使经济进入繁荣阶段，但资本品过度生产从而导致的过剩又会促进经济进入萧条阶段。

（3）消费不足理论。消费不足理论的出现较为久远。早期有西斯蒙第和马尔萨斯，近代则以霍布森为代表。该理论把经济的衰退归因于消费品的需求赶不上社会对消费品生产的增长。这种不足又根据源于国民收入分配不公所造成的过度储蓄。该理论一个很大的缺陷是，它只解释了经济周期危机产生的原因，而未说明其他三个阶段。因而在周期理论中，它并不占有重要位置。

（4）心理理论。心理理论和投资过度理论是紧密相连的。该理论认为经济的循环周期取决于投资,而投资大小主要取决于业主对未来的预期。而预期却是一种心理现象,而心理现象又具有不确定性的特点。因此,经济波动的最终原因取决于人们对未来的预期。当预期乐观时,增加投资,经济步入复苏与繁荣,当预期悲观时,减少投资,经济则陷入衰退与萧条。随着人们情绪的变化,经济也就周期性地发生波动。但很多经济学家认为,经济周期是由内外两种因素互相结合互相影响引起的,就像摇篮的摆动一样。

8.1.4 创新引起的经济波动

1. 创新的含义

创新理论是熊彼特在1912年出版的《经济发展理论》一书中提出的。所谓创新是指新的生产函数的建立或企业家对生产要素的新的组合,包括引进新产品或提高产品的质量、采用新的生产方法或技术、开辟新市场、获得原材料新的供给来源、实行新的企业组织形式,例如建立一种垄断地位或打破一种垄断地位。创新是一个经济学概念,它与专利中的新发明、新创造不同:一种新发明只有被应用于经济活动时,才成为创新。发明家也不一定是创新者,只有将新发明运用到经济活动中去的企业家才是创新者。熊彼特把创新作为社会进步的原动力,用创新来解释经济和社会的发展,解释经济周期。

2. 创新的第一次浪潮使经济在繁荣与衰退两个阶段之间波动

(1) 创新导致了经济的繁荣。创新为创新者带来超额利润(在熊彼特看来,创新者之所以要创新,不仅是为了超额利润,更主要的是为了实现自我价值,出于某种征服的欲望,证明自己比别人优越)。受利益的驱动,其他企业纷纷仿效,社会投资增加,生产资料价格上升,信贷扩张,国民收入增长,经济走向繁荣,从而形成"创新的第一次浪潮"。他特别强调了信贷在创新活动中的作用,这种作用主要表现在信贷为企业家提供了创新所需要的购买力,将资源从其他领域投入到创新领域。

(2) 创新结束时,经济就会衰退。随着某种创新在全社会的普及,新产品大量增加,价格下降,该创新带来的经济利润也随之消失。此时社会投资不仅不再增加,反而减少。

第一,创新在引起投资增加的同时,也使投资品的价格提高,未进行创新的企业将因此减少投资,甚至被淘汰出局。

第二,进行了创新的那些企业在获得了很多利润以后,由于找不到新的投资场所,也愿意偿还其债务,使银行信贷紧缩。投资的减少和信贷紧缩,必然导致经济衰退。

由于创新活动是不连续的,某次创新结束后所导致的经济衰退不能被下一次创新所引起的经济繁荣所抵消,于是,资本主义经济就在繁荣与衰退两个阶段的交替中运行,呈现出波动的性质,即具有周期性。由于创新的规模与影响不同,经济周期的长短也不同。他认为经济周期可分为长波、中波与短波三种类型。显然,在创新的"纯模式"中,经济周期仅有繁荣与衰退两个阶段。

3. 创新的第二次浪潮导致了萧条与复苏

实际上，资本主义经济周期包括繁荣、衰退、萧条与复苏四个阶段。为了解释经济周期的萧条与复苏阶段，熊彼特又提出了创新引起的第二次浪潮（1939年）。

（1）第二次浪潮的含义。所谓第二次浪潮是指建立在创新引起的第一次浪潮基础之上的其他非创新生产部门的扩张：在创新普及过程中，经济逐渐高涨，不仅模仿创新的厂商会增加投资，其他厂商在乐观情绪的支配下，高估社会对产品（消费品与投资品）的需求，也大量地增加投资。消费者的乐观情绪也使得消费者高估未来的收入，常用抵押贷款方式来购买消费品。社会对资本品和消费品的需求的增加导致物价普遍上涨，必然引起其他非创新生产部门的扩张。

（2）创新的第二次浪潮导致了萧条与复苏。第二次浪潮与第一次浪潮有差别。第一次浪潮中的新投资是与创新直接相关的，而第二次浪潮中的新投资大多与创新无直接的关系，是由第一次浪潮引起的，存在失误和过度的可能。当第一次创新浪潮消退，经济走向衰退时，第二次浪潮也必然随之消退，那些失误和过度的投资大量减少，使经济走向萧条。在萧条阶段，当第二次浪潮的不良影响被消除以后，经济便进入复苏阶段，使经济由低于均衡水平趋于均衡水平。当新的创新产生时，经济又逐渐进入高涨，开始新一轮的波动。

8.2 经济增长理论

8.2.1 经济增长的含义和特征

1. 经济增长的含义

经济增长是指人均国民收入的增长。美国统计学家和经济学家西蒙·史密斯·库兹涅茨（Simon Smith Kuznets，1901年4月30日出生于俄罗斯的犹太家庭，1922年随母亲移居美国与父亲团聚，1985年7月10日去世）在1971年接受诺贝尔经济学奖时所作的演说《现代经济增长：发现和反映》中，曾给经济增长下了这样一个定义："一个国家的经济增长，可以定义为给居民提供种类日益繁多的经济产品的能力长期上升，这种不断增长的能力是建立在先进技术以及所需要的制度和思想意识之相应的调整基础上的。"经济增长这一定义有以下三个含义。

（1）经济增长就是实际国内生产总值的增加。如果考虑到人口的增加，经济增长就是人均实际国内生产总值的增加。

（2）技术进步是实现经济增长的必要条件。在影响经济增长的诸因素中，技术进步是第一位的。一部经济增长的历史，就是一部技术进步的历史。

（3）制度与意识形态的调整或变革是经济增长的充分条件：一方面，社会制度与意识形态的变革是经济快速增长的前提。例如，私有产权的确立是经济增长的起点和基础。只有在制度与意识形态的调整基础上，技术才能极大地进步。另一方面，新的经济制度的出现，使交易费用降低时，分工将进一步细化，促进经济增长（杨小凯认为，制度模仿对于后发国家来说比技术模仿重要得多。然而多数后发国家往往是模仿技术而不模仿制度，产生后发劣势）。

经济增长指一个国家或地区生产的物质产品和服务的持续增加，它意味着经济规模和生产能力的扩大，可以反映一个国家或地区经济实力的增长。现在我国主要是用国内生产总值、国民生产总值来测量经济增长。为了消除价格变动的影响，反映实际的经济增长，应该使用不变价格计算。度量经济增长除了测算增长总量和总量增长率之外，还应计算人均占有量，如按人口平均的国内生产总值或国民生产总值及其增长率。

2. 经济增长的基本特征

（1）实际 GDP 的增长率超过各种投入的增长率，表明技术进步在经济增长中起着十分重要的作用。

（2）资本存量的增长超过就业量的增加，导致人均资本占有量的增加。

（3）实际工资明显上升。工资在 GDP 中的比重虽有所上升，但非常微小。

（4）实际利率与利润率没有明显的上升或下降趋势，尽管在商业周期中它们会急剧变动。

（5）资本—产出比率下降。这显然是技术进步的作用。因为若技术既定，根据边际报酬递减规律，资本—产出比率应该上升。

（6）储蓄在国民收入中的比重比较稳定，发达国家为 10%～20%，美国在 1980 年以后大幅度下降为 6%。

（7）社会结构与意识形态迅速改变。例如教育与宗教的分离、城市化、民主化、法制化、政治生活的公开化、居民生活的科学化等不仅是经济增长的结果，也是经济进一步增长的条件。

8.2.2 经济增长的源泉

对于经济增长的源泉，不同的经济学家常有不同的看法。亚当·斯密强调分工、专业化生产与国际贸易中的绝对优势；李嘉图强调了比较优势与自由贸易；马克思和恩格斯以及熊彼特强调了创新；而索洛等人强调生产要素；贝克尔和舒尔茨则强调了教育与人力资本；新经济增长理论中，罗默和卢卡斯强调内生性增长，特别是规模报酬递增在经济增长中的贡献，其实质是强调内生性技术创新；诺斯等人强调制度创新对经济增长的作用；鲍默尔则强调自由市场机制是资本主义经济增长的关键。

一般来说，经济增长的源泉主要有四个：人力资源、自然资源、资本和技术。

可以根据总量生产函数来研究增长的源泉：$Y = AF(L, K, R)$。其中，Y 代表总产量，K 代表资本，L 代表劳动，A 代表技术，R 代表自然资源。由总量生产函数可以看出，经济增长的源泉是资本积累、自然条件的改良、劳动素质的提高或人力资本的积累与技术进步。

1. 人力资源

劳动力的数量与质量是决定一国经济增长的重要因素。尤其是劳动力的质量或素质，如劳动者的生产技术水平、知识水平与结构、纪律性以及健康程度，是决定一国经济增长最重要的因素。一个国家可以购买最先进的生产设备，但是这些先进的生产设备只有拥有一定技术、受过良好训练的劳动者才能使用，并使它们充分发挥效用。提高劳动者的知识水平与生产技能，增强他们的身体素质与纪律意识，将极大地提高劳动生产率。一般来说，在经济增长的开始阶段，人口增长率较高，这时，经济增长主要依靠劳动力数量的增加。而经济增长到了一定阶段，人口增长率下降，劳动时间缩短，这时，就要通过提高劳动力的质量或人力资本的积累来促进经济增长。

2. 自然资源

自然资源也是影响一国经济增长的重要因素。一些国家，例如加拿大和挪威，就是凭借其丰富的自然资源，在农业、渔业和林业等方面获得高产而发展起来的。但在当今世界上，自然资源的拥有量并不是取得成功的必要条件。许多几乎没有自然资源可言的国家，如日本，通过大力发展劳动密集型与资本密集型的产业而获得经济发展。

3. 资本

资本分为物质资本和人力资本。物质资本又称有形资本，是指设备、厂房、基础设施等存量。人力资本又称无形资本，是指体现在劳动者身上的投资，如劳动者的文化技术水平、纪律性与健康状况等，已经包含在人力资源之中。因此，这里的资本是指物质资本，包括厂房、机器设备、道路以及其他基础设施等。

资本积累是经济增长的基础。英国古典经济学家亚当·斯密曾把资本的增加作为国民财富增加的源泉。现代经济学家认为，只有人均资本量的增加，才有人均产量的提高。许多经济学家都把资本积累占国民收入的10%～15%作为经济起飞的先决条件，把增加资本积累作为实现经济增长的首要任务。西方各国经济增长的事实表明，储蓄多从而资本积累多的国家，经济增长率往往是比较高的，例如德国、日本等。

4. 技术进步

技术进步在经济增长中的作用，主要体现在生产率的提高上，使得同样的生产要素投入量能提供更多的产品。随着 K、L、R 投入的增加，产出虽然也增加，但由于其 MP（边际产量）递减，经济增长的速度会日益减慢。而技术水平的提高可以使一国的经济快速增长。

技术进步在经济增长中有着十分重要的作用。据罗伯特·默顿·索洛（Robert Merton Solow，1924年— ）估算，在1909—1940年间，美国2.9%的年增长率中，由技术进步引起的增长率为1.49%，即技术进步在经济增长中所做出的贡献占51%左右。而且，随着经济的发展，技术进步的作用越来越重要。

上述分析，隐含着现存的社会政治经济制度和意识形态符合经济增长的要求的假定。若不具备这一假设条件，社会政治经济制度和意识形态的相应调整对促进经济增长具有十分重要的作用。一个社会只有在具备了经济增长所要求的基本制度条件，有了一套能促进经济增长的制度之后，上述影响经济增长的因素才能发挥其作用。战后许多发展中国家经济发展缓慢的原因，关键并不是缺乏资本、劳动或技术，而是没有改变他们落后的制度。

【阅读材料 8-2】

经济增长

经济增长（Economic Growth）：通常是指在一个较长的时间跨度上，一个国家人均产出（或人均收入）水平的持续增加。经济增长率的高低体现了一个国家或地区在一定时期内经济总量的增长速度，也是衡量一个国家或地区总体经济实力增长速度的标志。在较早的文献中，经济增长是指一个国家或地区在一定时期内的总产出与前期相比实现的增长。总产出通常用国内生产总值（GDP）来衡量。对一国经济增长速度的度量，通常用经济增长率来表示。设 ΔY_t 为本年度经济总量的增量，Y_{t-1} 为上年所实现的经济总量，则经济增长率（G）就可以用下面公式来表示：

$$G = \Delta Y_t / Y_{t-1}$$

由于 GDP 中包含了产品或服务的价格因素，因此在计算 GDP 时，就可以分为，用现价计算的 GDP 和用不变价格计算的 GDP。用现价计算的 GDP 可以反映一个国家或地区的经济发展规模，用不变价计算的 GDP 可以用来计算经济增长的速度。

经济增长率的高低体现了一个国家或地区在一定时期内经济总量的增长速度，也是衡量一个国家或地区总体经济实力增长速度的标志。

一、决定经济增长的直接因素

一是投资量。一般情况下，投资量与经济增长成正比。

二是劳动量。在劳动者同生产资料数量、结构相适应的条件下，劳动者数量与经济增长成正比。

三是生产率。生产率是指资源（包括人力、物力、财力）利用的效率。提高生产率也对经济增长直接作出贡献。

三个因素对经济增长贡献的大小，在经济发展程度不同的国家或不同的阶段，是有差别的。一般来说，在经济比较发达的国家或阶段，生产率提高对经济增长的贡献较大。在经济比较落后的国家或阶段，资本投入和劳动投入增加对经济增长的贡献较大。

二、实现较快经济增长的必要性和可能性

（1）量度经济增长速度快慢的指标是经济增长率。

（2）我国实现经济较快增长的必要性在于：

第一，现在我国与资本主义发达国家在国民生产总值的总量和人均量方面存在着很大的差距。只有实现较快的经济增长，才能逐步赶上并最终超过它们。

第二，我国人民现在的生活水平不高，生活质量比较差。只有实现经济较快的经济增长，才能较快地增加人民群众的收入，提高人民群众的生活水平。

第三，我国目前也面临着一系列的社会问题（如失业、社会保障、环境污染

等），没有较快的经济增长也难以解决。

（3）我国经济实现较快增长的可能性在于：

第一，资源条件比较有利（可以从自然资源、劳动力资源、资金积累的潜力等多方面进行分析）。

第二，制度条件良好。社会主义的经济制度和政治制度的建立，为迅速发展社会生产力、实现经济快速增长创造了根本性条件；改革的深化和社会主义市场经济体制的建立和完善，是经济持续快速增长的强大推动力。

第三，国际条件有利。世界多极化和经济全球化趋势的发展，给世界的和平与发展带来了机遇和有利的条件，为我国开展国际经济技术合作、加快经济增长提供了有利的条件。

三、技术进步对经济增长的作用

（1）科学技术是知识形态的生产力，它一旦加入生产过程，就转化为物质生产力。科学技术在当代生产力发展中起着决定性作用，技术进步已成为推动经济增长的首要因素。

技术进步通过两种途径来推动经济增长：

一是技术进步通过对生产力三要素的渗透和影响，提高生产率，推动经济增长。

二是在高科技基础上形成的独立的产业，其产值直接成为国民生产总值的组成部分和经济增长的重要来源。

（2）我国实现技术进步的途径：

第一，从我国国情出发，实施正确的科学技术发展战略。

第二，着重发展关键技术。

第三，改革科技体制推动科技创新体系建设。

此外，还要注意经济增长与其他两个重要概念的区别。首先，与经济周期波动中产出的恢复性增长不同，经济增长在此来说是一个长期概念，其实质是潜在国民产出的增加或经济系统生产能力的增长。其次，经济增长也不同于"经济发展"（Economic Development）。如果说经济增长是一个单纯的"量"的概念，那么经济发展就是一个比较复杂的"质"的概念，衡量的是一个国家以经济增长为基础的政治、社会、文化的综合发展。也就是说，经济增长是经济发展的"必要而非充分"条件。

（资料来源：http://www.022net.com/2010/1-24/506965342254759.html 2010-1-24）

8.2.3 经济增长率的分解

1. 总量生产函数

假定社会只用劳动与资本两种要素从事生产，则有以下的总量生产函数

$$Q_t = A_t f(L_t, K_t) \tag{8.1}$$

其中，Q_t 代表 t 期的总产量；A_t、L_t 与 K_t 分别代表 t 期的技术水平、劳动投入量与资本投入量。

2. 经济增长率的分解公式

对总产量求时间 t 的导数，可得：

$$\frac{dQ_t}{dt} = \frac{f(L_t, K_t) dA_t}{dt} + \frac{A_t \partial f(L_t, K_t)}{\partial L_t} \cdot \frac{dL_t}{dt} + \frac{A_t \partial f(L_t, K_t)}{\partial t} \cdot \frac{dK_t}{dt} \quad (8.2)$$

式（8.2）除以式（8.1），且令 $\alpha = \frac{\partial Q_t}{\partial L_t} \cdot \frac{L_t}{Q_t}$（产出的劳动弹性），$\beta = \frac{\partial Q_t}{\partial K_t} \cdot \frac{K_t}{Q_t}$（产出的资本弹性），可得：

$$\frac{dQ_t}{dt} \cdot \frac{1}{Q_t} = \frac{dA_t}{dt} \cdot \frac{1}{A_t} + \alpha \frac{dL_t}{dt} \cdot \frac{1}{L_t} + \beta \frac{dK_t}{dt} \cdot \frac{1}{K_t} \quad (8.3)$$

显然，经济增长率等于技术进步率、劳动增长率和资本投入增长率之和。

3. 索洛剩余：技术进步率的测算

尽管技术进步率不容易测算，但由于经济增长率、劳动增长率、资本投入增长率、产出的劳动弹性与资本弹性都可以根据经验数据估算出来，技术进步率也可以间接地测算出来：技术进步率等于总产量增长率减去劳动投入增长率与资本投入增长率对产出增长率的贡献以后剩余的部分，即

$$\frac{dA_t}{dt} \cdot \frac{1}{A_t} = \frac{dQ_t}{dt} \cdot \frac{1}{Q_t} - \alpha \frac{dL_t}{dt} \cdot \frac{1}{L_t} - \beta \frac{dK_t}{dt} \cdot \frac{1}{K_t} \quad (8.4)$$

8.2.4 哈罗德—多马模型

1. 凯恩斯收入决定理论的不足

凯恩斯收入决定理论的不足，主要表现在它只强调了投资对需求的作用，而看不到投资对潜在产出或供给的影响。实际上，投资的增加，不仅会增加总需求，也会增加一国的资本存量，增加潜在产出。

根据单市场两部门收入决定模型，如果经济原来处于充分就业状态，即投资等于充分就业储蓄，则为了保持这种充分就业状态，只要保持原来的投资水平就行。但这一结论在长期就不对。从长期看，一期又一期的投资会增加资本存量，从而扩大生产能力，增加潜在产出，提高充分就业收入水平。此时，如果仍然保持从前的投资水平不变，则它与储蓄曲线的交点所决定的收入不再是充分就业收入，而是低于充分就业收入（图略）。因此，为了在长期使经济处于充分就业收入状态，投资水平不能不变，而必须提高。那么，投资按什么样的速度提高才能达到长期充分就业状态呢？哈罗德—多马模型试图回答这个问题。

英国的哈罗德在1939年、1948年提出的经济增长模型同美国的多马在1946年、1947年提出的经济增长模型基本相同，故合称为哈罗德—多马经济增长模型。现代经济增长模型大多根源于该模型。这里仅考察哈罗德模型。

2. 哈罗德模型的假定

（1）为单市场两部门经济，收入均衡的条件为总需求等于收入。

（2）折旧等于零，即 $I = \Delta K$。

(3) 资本—产量比率固定不变，即 $v = \frac{K}{Y} \Rightarrow Y = \frac{1}{v}K$。

这就是哈罗德模型中的生产函数（任何经济增长模型都有一独特的生产函数）。该生产函数只有资本一种要素，撇开了劳动，意味着资本—劳动比率是固定不变的。否则，产出就不可能仅仅是资本的函数。

由 $Y = \frac{1}{v}K \Rightarrow \Delta Y = \frac{1}{v}\Delta K = \frac{1}{v}I$，即 $\Delta Y = \frac{1}{v}I$，它的意义是：$I = \Delta K \rightarrow K\uparrow \rightarrow Y_f\uparrow$。

(4) 采用长期消费函数分析，$C = cY_d$，平均消费倾向与边际消费倾向相等。

(5) 劳动力按照固定不变的速率 $n = \frac{\Delta L}{L}$ 增长。

(6) 技术、价格与利率等其他因素既定不变。

3. 哈罗德模型的基本公式：实际增长率

(1) 实际增长率的公式：$G_A = \frac{s}{v}(s = \frac{S}{Y})$。$v$ 为实际的资本—产量比率。

(2) 实际增长率是定义性恒等式：$S = I \Rightarrow sY = v\Delta Y \Rightarrow \frac{\Delta Y}{Y} = \frac{s}{v} \Rightarrow G = \frac{s}{v}$

因此，实际增长率本身没有多少意义。需要引入其他两种增长率。

4. 合意增长率与自然增长率

(1) 合意增长率。

①定义。合意增长率是指资本—产量比率合乎厂商意愿时的收入增长率。合意增长率也常常被称为有保证的增长率。如果实际的资本—产量比率与合意的资本—产量比率相等，企业家就愿意保持现有的投资水平，国民收入就会年复一年地按照这种增长率增长下去。于是，合意增长率就变成了有保证的增长率。

②公式：$G_w = \frac{s}{v_r}$。 其中 v_r 为合意的资本—产量比率。在技术水平既定的条件下，生产一定产量总有一最佳资本存量。在某一产量水平上，当实际的资本存量不等于最佳资本存量时，厂商就会将实际资本存量调整到最佳资本存量：当产品供大于求时，卖不出去的产品企业就得自己买下来，企业的实际投资与资本存量增加，从而使资本—产量比率过高，超过厂商意愿的程度。此时，企业将减少投资，以便将实际资本存量调整到最佳资本存量。反之，当产品供不应求时，企业的计划存货就会减少，实际投资小于意愿投资，从而使资本产量比率过低，低于厂商意愿的程度。此时，企业将增加投资。

③公式的含义：本期投资增加了资本存量进而增加了生产能力，最终增加了充分就业收入。为了使下一期的收入仍然为充分就业收入，下一期的总需求即投资必须按一定比率增长，以吸纳新增加的生产能力，保证经济沿着充分就业轨迹增长。设 $Y_0 = 100$，$s = 15\%$，$v_r = 3$，则 $G_w = \frac{s}{v_r} = 5\%$

初始的投资 $I = S = s \cdot Y_o = 15\% \cdot 100 = 15$，在 $v_r = 3$ 的条件下，增加了5单位生产能力或充分就业收入：$\Delta Y = \dfrac{1}{v}I = \dfrac{15}{3} = 5$。

为了使新增生产能力被充分利用，保证下期的收入仍然是充分就业收入，下一期的收入必须增加5单位，即增长5%。为了保证下一期的收入增长5%，下一期的总需求必须增长5%，从而要求投资增长5%：

$$\Delta Y = \dfrac{1}{1-c}\Delta I = \dfrac{1}{s}\Delta I \Rightarrow \Delta I = 15\% \times 5 = 0.75 \Rightarrow \dfrac{\Delta I}{I} = \dfrac{0.75}{15} = 5\%$$

即投资增长率等于收入增长率：$\Delta I = s\Delta Y = s\dfrac{I}{v} \Rightarrow \dfrac{\Delta I}{I} = \dfrac{s}{v}$

资本增长率：$\Delta K = v\Delta Y \Rightarrow \dfrac{\Delta K}{K} = \dfrac{v\Delta Y}{vY} = \dfrac{s}{v}$

从而劳动增长率也必然为 $\dfrac{s}{v}$（技术系数固定）。由于要素增长率等于产出增长率，故规模报酬不变。

（2）自然增长率。

①定义：自然增长率是指技术进步与劳动力按一定比率增长条件下，社会所能达到的最大的可持续的经济增长率。从长期看，一国的最高收入就是充分就业国民收入，因此，一国最大的可持续的增长率就取决于劳动力增长率及其效率的增长率。

②公式：

$$G_n = \dfrac{s_0}{v_r} = n + a + na \approx n + a \tag{8.5}$$

其中，s_0 为实现自然增长率所必需的储蓄率，a 为技术进步下的劳动生产率增长率。假设劳动力或人口每年增长1%，由于技术进步，劳动生产率每年增长2%，则自然增长率为：

$$G_n = 0.01 + 0.02 + 0.01 \cdot 0.02 \approx 3\%$$

如果技术既定不变，则自然增长率为：

$$G_n = \dfrac{s_0}{v_r} = n$$

5. 经济均衡增长的可能性与稳定性

（1）经济均衡增长的条件。

哈罗德认为，在长期中经济均衡增长的条件是实际增长率、有保证的增长率与自然增长率相等，即：

$$G_A = G_w = G_n \tag{8.6}$$

（2）经济均衡增长的可能性极小的原因。

在哈罗德模型中，经济均衡增长的存在性或可能性极小，因为三种增长率取决于各不相同的因素，很难相等。

①实际增长率取决于实际投资或实际的资本—产量比率，从而取决于实际的产品

供求状况：产品供大于求时，企业的非计划存货增加，使得实际投资上升，从而实际的资本存量 K 上升，导致实际的资本—产量比率上升，在储蓄率既定的条件下，导致实际增长率下降。若产品供不应求，企业的计划存货减少，使得实际投资下降，导致实际资本存量下降，进而导致实际的资本—产量比率下降，在储蓄率既定的条件下，导致实际增长率上升。

②合意增长率取决于意愿的投资或合意的资本产量比率，从而取决于一定的技术水平：技术水平的提高，将提高要素的生产效率，使同样多的要素投入带来更多的产量，意味着合意的资本—产量比率下降，从而在储蓄率既定的条件下，导致合意增长率上升；技术水平降低，将导致合意的资本产量比率上升，从而在储蓄率既定的条件下，导致合意增长率下降。

③自然增长率在技术水平既定条件下，取决于人口增长率与储蓄率。为了保证新增长的人口都能够就业，需要一个合适的储蓄率，以便由储蓄转化而来的投资所增加的资本存量，在人口按一定比例增长的条件下，正好使既定的资本—劳动比率保持不变。

（3）经济均衡增长的稳定性极差的原因。

一旦三种增长率不相等，即经济一旦偏离均衡增长轨迹，那么实际的增长率将远离均衡增长轨迹而去，永不回归。经济均衡增长的稳定性极差的原因如下。

①若 $G_A > G_w$，在 s 既定的条件下，则 $v = \dfrac{I}{\Delta Y} < v_r = \dfrac{I_w}{\Delta Y}$，从而实际 I 小于意愿 I，意味着产品供不应求，企业将增加投资以便将资本存量增加到意愿的水平。投资的增加通过乘数与加速数机制，使收入或经济累积性地扩张：

$$G_A > G_w \to \dfrac{s}{v} > \dfrac{s}{v_r} \to v < v_r \to \dfrac{I}{\Delta Y} < \dfrac{I_w}{\Delta Y} \to S < I \to I\uparrow \to \Delta Y\uparrow \to G_A\uparrow$$

②若 $G_A < G_w$，在 s 既定的条件下，则 $v = \dfrac{I}{\Delta Y} > v_r = \dfrac{I_w}{\Delta Y}$，从而实际 I 大于意愿 I，意味着产品供大于求，企业将减少 I 以便将资本存量减少到意愿的水平。投资的减少通过乘数与加速数机制，使收入或经济累积性地收缩：

$$G_A < G_w \to \dfrac{s}{v} < \dfrac{s}{v_r} \to v > v_r \to \dfrac{I}{\Delta Y} > \dfrac{I_w}{\Delta Y} \to S > I \to I\downarrow \to \Delta Y\downarrow \to G_A\downarrow$$

因此在哈罗德模型中，不仅经济均衡增长的可能性极小，而且均衡增长的稳定性极差。经济均衡增长的轨迹是"刀刃"式的，非常狭窄，一旦滑落，很难再攀登上去。

③有保证的增长率（G_w）与自然增长率（G_n）的不一致也会引起经济的剧烈的动荡。

如果 $G_w > G_n$，经济在长期处于就业不足的萧条状态。

如果 $G_w < G_n$，经济在长期处于过度繁荣的状态。

6. 政府可以采取相应的措施稳定经济

（1）当 $G > G_w$ 即产品供不应求时，政府应采取紧缩性货币政策，以提高利率，减少投资，减少总需求；社会实际资本存量过少的解决方式是减少投资，即减少需求。

（2）当 $G < G_w$ 即产品供大于求时，政府应采取扩张性货币政策，以降低利率，增加投资，增加总需求；实际资本存量过多的解决方式是增加投资，即增加需求。例如，如果水泥等产品过剩，实际资本存量过多，那么，增加投资将减少这些实际资本存量。

7. 与凯恩斯收入决定理论的异同点

（1）相同点：收入由总需求决定，当总需求与总供给相等时，收入就稳定下来。

（2）不同点：第一，投资不仅增加需求而且还增加生产能力。为了保证经济终沿着充分就业轨迹运行，投资必须增长，以便使新增加的投资能够吸纳上期投资所增加的生产能力，实现均衡增长。第二，凯恩斯的收入决定模型是静态的、短期的、稳定的，而哈罗德经济增长模型是动态的、长期的与不稳定的。

8.2.5 新古典经济增长模型

在哈罗德模型中，经济均衡增长的条件是三种增长率相等。由于三种增长率各取决于不同的因素，它们的相等是非常困难的，几乎是不可能的。一旦它们不相等，经济就会发散，远离均衡增长轨迹而去。这种结论既被大多数经济学家怀疑，也不符合战后资本主义经济发展的事实。资本主义经济在战后虽然发生过几次较大的危机，但从未出现过如哈罗德模型中所描绘的那种剧烈的波动。为了说明资本主义经济可以实现持续的稳定的均衡增长，人们提出了各种增长模型，其中最为流行的是索洛等学者提出的新古典经济增长模型。

1. 新古典增长模型的基本假定

新古典经济增长模型最初是美国经济学家索洛在1956年发表的《经济理论》一文中提出来的，该模型建立在哈罗德经济增长模型的基础上，主要包括以下几个假设条件：

（1）为两部门经济，经济均衡增长的条件为 $I = S$。

（2）生产函数为 $Q = f(L, K)$，不存在技术进步，且 $MP_L \downarrow, MP_K \downarrow$。

（3）规模报酬不变：$f\left(L\dfrac{1}{L}, K\dfrac{1}{L}\right) = \dfrac{1}{L}f(L,K) = \dfrac{1}{L}Q \Rightarrow Q = L \cdot f\left(\dfrac{K}{L}, 1\right)$。

令 $k = \dfrac{K}{L}$，得：$Q = L \cdot f(k)$，或 $\dfrac{Q}{L} = f(k)$，即人均产量是人均资本的函数。

这是索罗模型中的生产函数。与哈罗德模型中的生产函数不同，该生产函数中的资本—劳动比率可以变动，尽管规模报酬不变。

（4）劳动按固定比率 n 增长：$L_t = L_0 e^{nt}$。

（5）不存在资本折旧，即 $\Delta K = I$。

（6）储蓄函数采取长期的形式：$S = sY$。

2. 新古典增长模型的基本方程

（1）基本方程：$sf(k) = \dfrac{dk}{dt} + nk$。

（2）基本方程推导：

$$\because \dfrac{dK}{dt} = I_t = S_t = sQ_t = sLf(k) = sL_0 e^{nt} f(k),$$

$$k = \dfrac{K}{L} \Rightarrow K = kL \Rightarrow \dfrac{dK}{dt} = \dfrac{dk}{dt}L + \dfrac{dL}{dt}k = L_0 e^{nt}\dfrac{dk}{dt} + nL_0 e^{nt} k$$

$$\therefore L_0 e^{nt}\dfrac{dk}{dt} + nL_0 e^{nt}k = sL_0 e^{nt}f(k) \Rightarrow sf(k) = \dfrac{dk}{dt} + nk$$

（3）基本方程的含义。基本方程表示，一个社会由人均储蓄 $sf(k)$ 转化而来的新资本分为两个部分：一部分（nk）是为新增加的每个劳动力提供社会平均水平的资本量，称为"资本广化"；另一部分 $\dfrac{dk}{dt}$ 则用来增加人均资本拥有量，即为每个人配备更多的资本品，称为"资本深化"。

也可以这样来理解，在两部门经济中，社会总产品扣除消费（C）以后，剩下的便是储蓄，储蓄转化为投资，投资所增加的资本存量，分成两部分，用于两种用途：一部分为新增加的劳动力提供社会平均水平的资本，另一部分用于增加人均资本拥有量。

3. 经济均衡增长的条件及其稳定性

（1）经济均衡增长的条件。

经济均衡增长的条件是人均储蓄量等于资本广化量，资本深化量等于零，即：$sf(k) = nk$。此时，收入、投资与资本均按自然增长率 n 增长。

①收入按 n 增长：$\dfrac{Q}{L} = f(k)$，当经济均衡增长时，由于人均资本量 k 不变，故人均产量 $f(k)$ 也不变。但劳动力始终按 n 增长，为了保证人均产量不变，产量也必须按 n 增长。

②资本按 n 增长。由于经济均衡增长时，人均资本量 k 不变，而劳动力始终按 n 增长，故资本也必须按 n 增长：

$$sf(k) = nk \Rightarrow \dfrac{sf(k)}{k} = \dfrac{s\dfrac{Q}{L}}{\dfrac{K}{L}} = \dfrac{sQ}{K} = \dfrac{S}{K} = \dfrac{I}{K} = \dfrac{\Delta K}{K} = n，即：K_t = K_0 e^{nt}$$

③投资也按 n 增长：$\dfrac{\dfrac{dI}{dt}}{I} = \dfrac{\dfrac{d^2K}{dt^2}}{\dfrac{dK}{dt}} = \dfrac{n^2 K_0 e^{nt}}{n K_0 e^{nt}} = n$，即：$I_t = I_0 e^{nt}$。

（2）经济均衡增长的稳定性。

在新古典模型中，不仅存在经济均衡增长的可能性，而且经济均衡增长具有稳定性，当经济均衡条件遭到破坏时，经济系统会迅速地恢复该均衡条件。

①若 $sf(k) > nk \Rightarrow \dfrac{\mathrm{d}k}{\mathrm{d}t} > 0 \to k\uparrow \to nk\uparrow \to sf(k) = nk$。

均衡机制：如果社会储蓄率较高，储蓄量较多，大于资本广化（充分就业）所需要的储蓄量，资本供大于求，利率就会降低，厂商就会增加对资本的需求，人均资本量就会上升，资本广化量也相应上升，最终使人均储蓄量正好等于资本的广化量。

②若 $sf(k) < nk \Rightarrow \dfrac{\mathrm{d}k}{\mathrm{d}t} < 0 \to k\downarrow \to nk\downarrow \to sf(k) = nk$。

均衡机制：如果社会储蓄率较低，储蓄量较少，少于资本广化（充分就业）所需要的储蓄量，资本供不应求，利率就会上升，厂商就会减少对资本的需求量，人均资本量就会下降，资本广化量也相应降低，最终使人均储蓄量正好等于资本的广化量。

4. 与哈罗德经济增长模型的异同点

（1）相同点。

①收入均衡的条件相同：$I = S$。

②增长率相同：

$$sf(k) = nk \Rightarrow \frac{sf(k)}{k} = n \Rightarrow \frac{s\dfrac{Q}{L}}{\dfrac{K}{L}} = n \Rightarrow \frac{sQ}{K} = n \Rightarrow \frac{s}{\dfrac{K}{Q}} = n \Rightarrow \frac{s}{v} = n$$

（2）不同点。

①对生产函数的假定不同。哈罗德认为，$\dfrac{K}{L}$ 不能变动，为固定技术系数；而索洛认为，$\dfrac{K}{L}$ 可以变动，为可变技术系数。

②均衡增长的可能性与稳定性不同。哈罗德认为，经济均衡增长的路径不仅十分狭窄，而且极不稳定，像刀刃一样，一旦偏离均衡增长的路径，经济就会远离均衡而去，即储蓄与投资的不相等将导致经济累积性的扩张或收缩；在索洛看来，经济体系能够自动保持均衡增长，因为利率的变动能保证投资与储蓄相等，使经济处于充分就业均衡。

例如，哈罗德认为，当 $G_A < G_w$，$V > V_r$，$S > I$ 时，实际投资大于意愿投资时，企业会减少投资，投资的减少意味着需求的减少，最终使产品积压更加严重，V 更大于 V_r，G 更小于 G_w。经济累积性收缩。

而在索洛看来，当 $G < G_w$，$V > V_r$，$S > I$ 时，利率降低，追求利润最大化的厂商会用资本替代劳动，增加投资，导致总需求增加，使产品的积压减少，引起 V 降低，最终使得 $V = V_r$，$G = G_w$。经济重新回到均衡状态。

当 $G_A > G_w$，$V < V_r$，$S < I$ 时，哈罗德认为，实际投资小于意愿投资，企业会增加投资，使产品供不应求情况更加严重，实际投资更小于意愿投资，V 更小于 V_r，G 更

大于 G_w。经济累积性扩张。

而在索洛看来，当 $G>G_w$，$V<V_r$，$S<I$ 时，利率提高，厂商会用劳动替代资本，减少投资，导致总需求减少，最终使得 $V=V_r$，$G=G_w$。经济重新回到均衡状态。

总之，新古典经济增长模型得出了与哈罗德模型截然不同的结论：资本主义经济可以在充分就业的情况下，保持长期的稳定增长。产生这种相反的结论是因为两种模型中的假设条件不同。

【阅读材料 8-3】

一、半个世纪人类发展观大反省

自从 18 世纪工业革命在西方发轫以来，人类便对经济增长充满乐观情绪。但这种乐观最终被 20 世纪发生的一系列环境问题击碎。"可持续"增长模式逐渐占据主导地位。20 世纪发生的一系列公害事件，促使人类开始反思经济增长的模式：1930 年比利时马斯河谷烟雾事件、1948 年美国宾州多诺拉烟雾事件、1961 年日本四日市哮喘病事件、1955 年开始的日本富士山县骨痛病事件等等。

1962 年，美国生物学家卡森发表著作《寂静的春天》，该书描述了杀虫剂、特别是滴滴涕对鸟类和生态环境所造成的毁灭性危害。此书的问世，给作者带来了一些麻烦，但发展必须顾及环境问题的思维，却从此根深蒂固地走进了全球政治、经济议程的中心。书中提到的"可持续性"一词，逐渐成为流行概念。1968 年，来自全球（主要是欧洲）的 100 多位学者、名流聚会罗马，成立了一个名为"罗马俱乐部"的组织。该组织讨论人类面临的困境与出路，研究人口增长、工业发展、粮食生产、资源耗费和环境污染等重大问题。4 年后，这个组织发表了震动世界的研究报告《增长的极限》。报告预言：在未来一个世纪中，人口和经济增长，将导致地球资源耗竭、生态破坏和环境污染；除非人类自觉限制人口增长和工业发展，这一悲剧将无法避免。

报告给出了一个激烈的解决方案：零增长。这显然有失偏激，以至反对者以同样的关键词撰书《没有极限的增长》进行反驳。但在"可持续发展"大行其道之后，这个闪耀着人类自我反省光辉的报告，被"绿色行动组织"奉为"圣经"。

1972 年，联合国人类环境会议在斯德哥尔摩举行，同年联合国环境署（UNEP）成立。联合国选择了"可持续发展"的经济增长模式。20 世纪 80 年代初，美国连续出版《公元 2000 年的地球》与《建设一个可持续发展的社会》两个报告。1983 年 11 月，联合国成立世界环境与发展委员会（WECD）。

WECD 于 1987 年发表了《我们共同的未来》报告，正式提出了"可持续发展"的模式，强调需要从当代和后代两个维度谋划发展，并注意生态环境的保护与改善，明确提出要变革人类沿袭已久的生产方式和生活方式，并调整现行的国际经济关系。1992 年，联合国环境与发展大会（UNCED）通过《21 世纪议程》，更进一步确认和明晰了"可持续发展观"的理念与内涵。

不少后发国家在自己的经济赶超阶段都声明，自己不会重复"先发展、后治理"的老路——然而结果还是很不理想。我国同样如此。

二、粗放型的经济增长方式该终结了

党的十六届五中全会强调,必须把加快转变经济增长方式作为"十一五"时期的战略重点,努力取得突破性进展,使经济增长建立在提高人口素质、高效利用资源、减少环境污染、注重质量效益的基础上。这是"十一五"时期创新发展模式、提高发展质量的必然要求。目前我国的经济增长方式仍然表现出比较粗放的特征,重要资源的产出效率不仅大大低于发达国家水平,也低于世界平均水平。2003年我国GDP约占世界的4%,但资源消耗占世界的比重:石油为7.4%、原煤为31%、钢铁为27%、氧化铝为25%、水泥为40%。我国用水总量与美国相当,但GDP仅为美国的1/8;消耗每吨标准煤实现的GDP,仅为世界平均水平的30%。从近年来部分地区频繁发生的"电荒"、"油荒"中,人们已经强烈地感受到,传统的高投入、高消耗、低产出的老路已经走到了尽头。

三、诺贝尔经济学奖得主认为:中国人力资本投资偏低

2003年12月4日,2000年诺贝尔经济学奖得主、芝加哥大学经济学教授詹姆斯·赫克曼在北京大学演讲时指出,中国目前对人力资本的投资低于世界平均水平,甚至低于一些发展中国家。中国现阶段存在物质资本投资与人力资本投资比例失衡的现象,这将阻碍中国的经济发展。

他对美国经济发展的研究及其他国家经济发展的数据都表明,人力资本对各个国家生产率的提高起重要作用。人在创造财富和维持经济健康发展方面与物质资本一样重要。因此,中国领导人在政策选择上就应该多注意,中国是否存在教育投资不足问题,中国在物质资本和人力资本方面的投资组合是否应当调整。

赫克曼教授说,中国教育的真实回报率高达30%~40%。中国政府应该对各种项目进行评估,这样才能做出更好的投资决策。成本收益分析对各级地方政府与中央政府都有益处。对物质资本和人力资本进行优化配置将促进中国经济的发展。"人力资本是决定中国财富状况的最终决定因素,"赫克曼最后说,"如果中国能够提高工人的受教育程度,使他们能够使用21世纪的新科技,中国的潜力就能实现。"

我国的教育经费长期严重不足。发展中国家教育经费占GDP的比例平均是4%,我国的教育经费低于发展中国家的平均水平。2003年9月9日至21日,联合国专员托马舍夫斯基考察了中国的教育状况。结果发现,中国的教育经费只占国内生产总值的2%。而政府预算只占教育总经费的53%,剩下的47%则要求家长或其他来源填补。其他来源往往不能保证,使得实际教育经费又低于计划的目标值。据统计,在1993年以来的10年间各级政府实际少支付的教育经费超过6 000亿元。

国务院1993年《中国教育改革发展纲要》提出的目标是到上个世纪末,国家财政性教育经费支出占国民生产总值的比例要达到4%,但是2000年,这个指标仅为2.86%。2005年是多少呢?2.79%。芬兰的教育经费占GDP的18%,已连续三年被评为世界上最有竞争力的经济体。芬兰的名言就是:"教育是芬兰的国际竞争力"。芬兰从小学到大学,都是免费的。

四、我国近几年的经济增长

(1) 根据国际货币基金组织的算法，2004 年我国人均 GDP 上调为 1 490 美元，在世界上的排位升至第 107 位（服务行业的产值增加）。按世界银行的算法，即以三年平均汇率计算，我国 2004 年人均 GDP，由世界第 132 位上升到第 129 位，只超过了埃及、瓦努阿图、土库曼斯坦。但无论用哪种算法，都改变不了 2004 年我国调整后的人均 GDP 只有全球人均 GDP 的五分之一这个客观现实。

据悉，到 2004 年底，我国农村中生活在年人均纯收入 668 元以下的贫困人口有 2 610 万人，生活在 668 元至 924 元之间的低收入贫困人口有 4 977 万人。两项合计 7 587 万人，加上各种突发性因素，在实际工作中需要政府帮扶的贫困农民总计近 1 亿人。另外，城市中需要给予最低生活保障补助的有 2 000 多万名居民。城乡合计，我国共有 1.2 亿人口生活困难，比绝大多数国家的总人口数还多。

(2) 2006 年，国内生产总值 20.94 万亿元，比上年增长 10.7%；居民消费价格总水平上涨 1.5%。经济增长连续四年达到或略高于 10%，没有出现明显通货膨胀。

2007 年国民经济和社会发展的主要目标（2007 年政府工作报告）是：在优化结构、提高效益和降低消耗、保护环境的基础上，国内生产总值增长 8% 左右；城镇登记失业率控制在 4.6% 以内；居民消费价格总水平涨幅在 3% 以内；国际收支不平衡状况得到改善。

（资料来源：新华网 2015－10－18）

本章小结

1. 经济周期是指经济活动水平的一种波动（通常以国民收入来代表），它形成一种规律性模式，即先是经济活动的扩展，接着是进一步扩张。这类周期随着产量的长期趋势进程而出现。

2. 西方经济学通常把经济增长规定为产量的增加，用来衡量这一经济量的尺度通常是国民收入或人均国民收入。经济增长的源泉是资本积累、自然条件的改良、劳动素质的提高或人力资本的积累与技术进步。

3. 哈罗德—多马经济增长模型是建立在凯恩斯储蓄—投资理论基础上的，是凯恩斯理论的发展，是将凯恩斯的储蓄—投资的分析加以长期化、动态化。所谓长期化，就是将人口、资本和技术等关系经济增长的因素看作是随着时间的推移而变动的变量；所谓动态化，就是阐述长期内投资和储蓄的均衡及其对国民收入均衡变动的影响。哈罗德—多马经济增长模型得出的结论是：尽管经济在长期中均衡增长的可能性是存在的，但经济的长期、均衡增长的可能性极小；一般情况下，资本主义经济很难稳定在一个不变的增长速度上，表现出的是或者连续上升或者连续下降的剧烈波动状态。

4. 同哈罗德不同，索洛认为，通过资本主义市场机制的作用调整生产中资本—

劳动的组合比例，充分就业稳定状态的经济增长是可以实现的，长期均衡增长率就是由劳动力增长率与技术进步决定的。哈罗德所说的自然增长率 G_n 稳态是指一种长期稳定、均衡的状态，是人均资本与人均产量达到均衡数值并维持在均衡水平不变。稳态条件是：$sf(k) = \dfrac{dk}{dt} + nk$。稳态时，$\dfrac{dk}{dt} = 0$。

练习题

一、名词解释

1. 经济周期 2. 经济增长 3. 经济发展

二、简答题

根据时间的长短，经济周期的分类有哪些？

【网络资源】

1. 高校财经数据库 http://www.bjinfobank.com/

检索路径：首页 >> 中国统计数据库 >> 行业"个人收入"地域"中国" >> 输入字词"中国历年城乡居民家庭人均收入和指数统计" >> 检索最新的"中国城乡居民家庭人均收入和指数统计"数据。

网络应用：对你的数据进行横向比较——农村居民家庭人均现金收入与城镇居民家庭人均可支配收入相比，并进行纵向比较——各项数据在最近一段时间内的增长速度，你能得出什么结论？

分组讨论：寻找同期的经济增长速度，与同期的收入增长速度相比，是不是一致？为什么？近年来个人所得税在财政收入中的比重有何变化？

2. 中国国家统计局 http://www.stats.gov.cn/

检索路径：首页 >> 统计数据 >> 年度数据 >> "综合" + "2008" >> 五、固定资产投资 >> 5-3 各地区按登记注册类型分全社会固定资产投资（2007年）。

网络应用：综合比较表中各类型经济（国有、集体、个人、其他）1996年以后的固定资产投资增长速度，看看哪种经济增长较快？观察的结果是否与你先前的认识相符合？

分组讨论：观察全社会1996年以后的历年增幅，哪些年份增长得比较快？当时的经济形势是怎样的？

3. 研究中国经济增长率：经济学家如何进行经济预测 http://www.ftchinese.com/story/001063535? full = y

4. "低增长"的中国经济怎么啦？ http://business.sohu.com/s2015/picture -

talk-222/index.shtml

5. 新常态下中国经济靠什么增长　http://finance.sina.com.cn/zl/china/20150928/084723365883.shtml

6. 经济发展新常态下中国经济的增长潜力　http://www.qstheory.cn/dukan/hqwg/2015-07/24/c_1116028805.htm

（注：这里提供了一些网络链接，目的是为读者提供一些参考，拓展知识面，并且提供一种获取资料的方法。其中的一些链接可能会因为网站更新、网址变更等网络原因无法登录，请读者注意。）

第9章 开放经济理论

【教学提示】

前面章节分析一般都是就封闭经济研究的，本章要从开放经济的角度去研究一国的国民收入的均衡与调节问题。

【教学目的】

通过本章的学习，你应该能够：
- 明确开放经济中的总需求；
- 掌握开放经济中国内总需求增加与出口的增加对内在均衡与外在均衡的影响；
- 了解对外贸易政策；
- 理解同时实现内在均衡与外在均衡的困难。

【阅读材料9-1】

我国外贸顺差大幅下降传递了怎样的信号？

我国继3月份出现6年来首度单月贸易逆差后，4月份贸易顺差出现大幅收窄。专家认为，在进出口额双双保持稳定增长态势的前提下，我国顺差持续收窄是一个积极现象，显现了我国进出口更加趋于平衡的趋势。

一、外贸进出口基本平衡将成为常态

"实现进出口大体平衡是我们的长期方针。在外贸持续的恢复性增长中，顺差收窄甚至出现月度逆差，说明进出口增长更趋于协调和平衡，有利于缓解人民币升值压力，是外贸健康发展的标志。"李健说。

海关总署10日公布的数据显示，今年4月份，我国进出口值2 381.6亿美元，增长39.4%。其中出口1 199.2亿美元，增长30.5%，比上月加快6.3个百分点；进口1 182.4亿美元，增长49.7%。当月贸易顺差为16.8亿美元，下降87%。

国际上通常认为，贸易差额与当年贸易总额的比值在10%以内，则对外贸易处于基本平衡状态。国际金融危机以来，2009年中国贸易顺差与贸易总额的比值收敛至8.9%。而今年前4个月这一比值已进一步降至1.9%，我国对外贸易平衡发展态势更加巩固。

商务部新闻发言人姚坚近日表示，今年全年我国贸易顺差将在去年基础上继续减少1 000亿美元，上半年外贸进出口处于平衡点将成为常态。

据海关统计，1至4月，我国进出口总值8 559.9亿美元，比去年同期增长42.7%。其中出口4 360.5亿美元，增长29.2%；进口4 199.4亿美元，增长60.1%；贸易顺差为161.1亿美元，下降78.6%。

二、进口扩张促使我国贸易顺差继续收窄

国际金融危机爆发后,国家实施了刺激经济一揽子计划,投资和消费持续快速增长,而这种内需持续增长带动了进口需求的旺盛。"近几个月我国顺差的收窄是由于进口增长持续快于出口增长的结果。"商务部国际贸易经济研究院研究员李健说。

海关总署综合统计司统计分析处处长黄国华认为,国际市场原油、铁矿砂等大宗产品进入价格恢复通道,必将继续促进进口值的快速增加,同时,我国正在采取措施促进对外贸易进出口实现基本平衡,加大自主进口的力度,扩大从主要顺差国的进口。这都将促使我国贸易顺差继续收窄。

海关统计显示,在进口商品中,主要大宗商品进口均价普遍出现明显回升。今年前4个月,铁矿砂进口2.1亿吨,增长11.6%,进口均价为每吨100.3美元,上涨27.2%;大豆进口1523万吨,增长9.9%,进口均价为每吨452.1美元,上涨13.3%。

李健说,由于加工贸易占据我国出口结构的半壁江山。随着全球经济的复苏,企业出口订单去年年底以来迅速增加,在出口预期转好的带动下,一些依赖进口原材料和零部件的企业势必要补充库存,加大进口。前4个月我国加工贸易进口额增长52.9%印证了这一点。

黄国华对此表示认同,他说,一般贸易项下由顺差逆转为巨大逆差,而加工贸易项下顺差小幅增加。这是我国贸易顺差大幅收窄的重要因素。

海关统计显示,今年前4个月,我国一般贸易项下出现贸易逆差392.9亿美元,而2009年同期则为顺差124.8亿美元;加工贸易项下贸易顺差845.8亿美元,增长6.5%。

三、我国外贸进出口依然面临艰巨挑战

对于未来外贸发展形势,国务院发展研究中心研究员张小济说,今年4月份,我国进出口额双双迈上千亿美元平台,并分别比上月增长了30.5%和49.7%,"我国对外贸易稳住了增长势头,但是与此同时我们仍不能忽视调整进出口结构的任务仍然非常艰巨。"

李健认为今年前4个月外贸出现较高的增速与去年同期的基数低有关,有一定的回补库存因素。随着基数的提高,我国未来一段时间乃至全年的进出口增长速度肯定会有所放缓。同时,近期欧洲国家主权债务危机、国际主要资本市场发生震荡都说明主要发达国家引发金融危机的一些深层矛盾都还没有解决,不能因前4个月进出口的高速增长而对全年外贸形势盲目乐观。

事实上,眼光转向内部,我国广大出口企业正面临能源、原材料和运费持续上涨、用工紧缺和成本大幅升高、人民币升值压力增大、保护主义威胁增多等一系列新的挑战。商务部近期的一项调查显示,外贸企业的订单虽然有所恢复,但是仍多为"短单"和"小单"。

李健说,对未来的外贸形势,还需要密切跟踪和观察。在保持近几年来国家一系列支持外经贸发展政策措施基本稳定的前提下,必须适当增加调控的针对性和灵活

性。应当更加重视提高增长的质量、效益和协调性,继续严格控制"两高一资"产品出口,促进外贸结构进一步优化和增长方式的根本转变。

(资料来源:记者王优玲、王希 新华网 2010-5-10)

前面关于宏观经济的均衡分析及宏观调节的政策抉择,是就一国没有对外贸易的封闭经济而言的,但在当今的世界上,几乎所有的国家,都被卷入了世界市场。无论一国的社会、政治、经济制度以及意识形态如何,都在经济上存在着某种程度的相互依存或相互联系的关系。一国的经济活动会通过某种渠道,以某种方式影响另一些国家,同时也受其他国家经济活动的影响,因而,宏观经济学还必须从开放经济的角度去研究一国的国民收入的均衡和调节问题。

9.1 开放经济的基本知识

9.1.1 经济开放程度的衡量与决定开放的因素

1. 开放经济的含义

开放经济就是指参与国际经济活动的经济。由于国际经济活动中,最重要的是国际贸易,因此开放经济也可以说是参与国际贸易的一种经济。

2. 经济开放程度的衡量

当前,虽然绝大多数国家的经济是开放经济,但各国的开放程度却并不相同。衡量一个国家开放程度的标准,是进口占国内生产总值(GDP)或国民生产总值(GNP)的比例。此外还可以用外资流入与国内投资总额的比例,非贸易外汇收入与国内零售总额的比例等指标来衡量一国的经济开放程度。

3. 决定开放程度的因素

决定一国开放程度的因素很多,其中主要有:①自然资源的禀赋状况,一般来说,自然资源丰富的国家,经济开放程度较低,而自然资源匮乏的国家,经济开放程度往往较高。②经济的发达程度,一般来讲,发达国家开放程度较高,而不发达国家的开放程度较低。③经济结构上的差异,一般地说,经济结构层次越高,其开放程度也越高。④历史传统和制度因素。⑤政府的经济政策。这些因素共同作用,决定了一国开放程度的高低。

9.1.2 当代国际贸易发展的几大趋势及国际贸易理论

国际贸易是各国物品与劳务之间的交易。出口是一国卖给外国产品与劳务,进口是一国向外国购买产品与劳务。出口与进口之差称为净出口,或称贸易余额。出口大于进口称为贸易盈余(或贸易顺差),出口小于进口称为贸易赤字(或贸易逆差)。国际贸易对一国宏观经济有重要的影响。

1. 当代国际贸易发展的几大趋势

在以发达国家为主建立的自由贸易协定（FTA）中，由于科学技术的发明国及主要使用者都集中在发达国家，其对科学技术的吸纳能力也是巨大的，这样就势必造成了资金和技术首先流向发达国家，之后才是区内的发展中国家，真正流向区外发展中国家的就更少了。

20世纪90年代以来，经济全球化和高新技术的发展，对传统国际贸易产生了深刻的影响。国际贸易发展在保持其80年代所出现的发展中国家在世界贸易中地位增强，国际贸易支持世界经济增长以及服务贸易异军突起等特点的基础上，近期又出现了几大新的发展趋势，值得我们做深入的研究和思考。

（1）FTA发展如火如荼。近年来，经济全球化与区域经济一体化已成为世界经济发展的重要趋势。区域化和全球化的相互促进，互为补充乃至阶段性的交替发展，凸显了社会生产力发展的必然要求及当代世界经济贸易发展的本质性特征。

一方面，在贸易自由化、生产国际化和经济一体化不断突破国家和地域限制，各国及各地区之间经济联系日益增强的条件下，世界贸易组织的建立和运作，协调和规范了国际贸易发展的秩序，推动经济全球化进入了一个新的发展阶段。

另一方面，由于多边贸易体制存在着一定的局限性，双边和区域层次上的贸易自由化的努力仍然十分活跃，由此促进区域经济一体化的发展。

20世纪90年代末期以来，世界上再次兴起区域贸易集团化的热潮，FTA及优惠贸易安排大量涌现。据不完全统计，目前全球约有240个区域贸易协定，135个自由贸易区，涉及世贸组织97%的成员，其中双边的FTA约占90%左右。FTA的蓬勃兴起，表明通过区域经济合作来推进一国或一地区的经济贸易增长，已成为当今国际经贸发展的重要趋势。这一趋势的出现，主要有以下几个方面的原因：

首先，由于多边贸易体系自乌拉圭回合结束以来无所作为，特别是WTO欲启动新一轮贸易谈判受挫后，期待从多边贸易自由化中进一步获得经济及贸易利益的理想变得渺茫，WTO成员便纷纷转向双边或区域经济合作。

其次，随着经济全球化的发展，近年来WTO成员急剧增加，受各成员经济发展水平差异及不同利益要求的制约，多边贸易体制在进一步推进多边层次的合作上不断遇到障碍。如协调及谈判范围已从过去的关税措施、市场开放准入等，逐渐转向各种非关税措施，如各种技术标准、环境要求等。由于多边贸易体系不易协调，难以达成共识，因此WTO成员便希冀从区域或次区域的经济合作中寻求获益的机会。加之，区域内若干个国家（或地区）的经济联系相对较为紧密，易于形成较为合理的协作体系，贸易自由化范围相对较小并易于推进，遂使区域经济合作呈现迅速发展的势头。

再次，在现代科技发展推动下，生产力的快速发展及利益的驱动，特别是受现有区域贸易集团内既得利益的局限性，一些集团开始进行新的调整，如吸收新成员，或与其他集团联合成更大规模的贸易集团，或是集团内成员再与集团外其他国家和地区进行新的组合，以拓展发展空间，获取更大的利益。

从实际情况来看，FTA 的建立和发展的确对区域乃至全球的经济产生了重要影响。

① FTA 促进了区内经济和贸易增长。自由贸易区内部贸易壁垒的逐步消除，促进生产要素的自由流动，资源的配置和利用也更趋合理，规模经济效益进一步提高。据测算，欧盟在实现了商品、服务、资本和人才自由流动后，可从取消壁垒过程中获益 3 000 亿美元，国民生产总值增长 5%、公共费用减少 20%、工业成本下降 7%、增加 200 万～300 万个就业机会。北美自由贸易区的运行也使三国受益：墨西哥贸易出口最高年增长率达 20%，加拿大为 10%，美国是 5%。

② 影响世界商品、资金、技术和人才的流向。在以发达国家为主建立的 FTA 中，由于科学技术的发明国及主要使用者都集中在发达国家，其对科学技术的吸纳能力也是巨大的，这样就势必造成了资金和技术首先流向发达国家，之后才是区内的发展中国家，真正流向区外发展中国家的就更少了。近年来，为了分享 FTA 的利益，FTA 以外的国家都在积极寻求与其开展合作，这样就出现了 FTA 之间相互投资，特别是为了绕过 FTA 的贸易壁垒，区外国家的直接投资便成为最普遍的进入方式。

③ FTA 所固有的排他性对世界经济发展产生了一定不利影响。由于 FTA 是内部开放市场，相互提供优惠，而区外的国家及地区享受不到此种优惠，从而导致外来产品竞争力下降，形成"贸易转移效应"。如北美自由贸易区的运行，使墨西哥产品对美国输出大幅增加，亚洲地区的电子产品和纺织品对美国出口遭受巨大冲击。现墨西哥已取代中国成为纺织品对美国出口的第一大国。

（2）FDI 成为国际贸易发展的加速器。近年来，跨国公司的投资活动对世界经济贸易发展发挥了举足轻重的作用。随着经济全球化步伐加快，各国政府竞相采取优惠政策吸引外资，大幅削减贸易和投资壁垒，使跨国公司在全球范围内配置资源、扩张经营获得了有利的环境空间。

据《2000 年世界投资报告》统计，目前世界上约有 5 万多家跨国公司，其海外分支机构达 30 余万家，累计跨国直接投资总计约 4 万亿美元，其中 30% 是由全球最大的 100 家跨国公司控制，由这些投资所创造的商品销售额，比世界出口总额还要多。2000 年跨国公司海内外分支机构的销售额达 6.5 万亿美元（其中 30% 是公司内部交易），数字表明跨国公司投资带动了国际经济贸易的快速增长。跨国公司大规模向各地区渗透，进行跨国生产、经营和销售，不仅增加了东道国的对外贸易量，而且其开创的以公司内部分工为特征的国际生产一体化体系，使母公司分支机构间的内部贸易量急剧增长，成为当今国际贸易增长中的重要构成。由于公司内部贸易可以大大减少"交易成本"，因此，跨国公司生产、销售越来越多地在内部进行。据统计，20 世纪 70 年代跨国公司的内部贸易占世界贸易的 20%，20 世纪 80—90 年代这一比重上升至 40%，目前世界贸易总量中有 70%～80% 与跨国公司有关。需要指出的是，WTO《与贸易有关的投资措施协议》要求各成员通报其与此相关的法规中存在的限制情况，并要求各成员根据确定的时间表在最长 7 年时间内取消这些规定。可见，国际贸易发展使跨国公司在世界市场上的竞争地位不断加强，同时也为跨国公司的发展提供了更多的机会和制度保证。

（3）电子商务引发了交易手段的革命。随着国际互联网和信息技术的飞速发展，为适应国际贸易规模迅速扩张的需要，20世纪90年代后半期产生的电子商务一经问世，就以不可逆转的势头为世界贸易搭建起了快速运行的平台。特别是在美国、欧盟、日本等主要发达国家的大力推动下，电子商务已成为21世纪最具发展前途的领域之一。

众所周知，20世纪90年代以前的全球电子市场交易额几乎可以忽略不计，但到1997年就迅速达到约300亿美元，2000年增至2 500亿美元。专家估计，在21世纪的前10年里电子商务市场完成的交易额将以每两年翻一番的速度发展。

在进行电子交易的同时，各国或地区已将传统国际贸易领域内正在进行的全球制度化建设实践同步应用到电子商务平台的建设上。当然，由于电子商务平台自身运行的高技术特点，其规则的制定并非一蹴而就，但人们努力的成效还是比较明显的。如联合国国际贸易委员会通过《电子商务示范法》、WTO部长级会议上通过的《关于全球电子商务宣言》、OECD召开的电子商务部长级会议以及电子商务全球对话形成的《巴黎倡议》，都是国际范围内进行电子商务规则建设的可喜成果。

另外，美国的《全球电子商务政策框架》、欧盟的《欧洲电子商务倡议书》以及英国的《电子商务——英国税收政策指南》、亚洲国家新加坡的《电子商务比较框架》等，都是从本国能力和利益出发完成的单项立法，虽然还不系统，但对解决目前电子商务发展中存在的突出障碍还是有积极作用的。

上述两个方面的概述虽然还不是电子商务发展的全貌，但是已清楚地说明，电子商务提供的交易平台对国际贸易产生的影响是巨大的。

首先，电子商务以其快捷的运行和履约方式冲击现有的交易方式，使交易商可以在传统的谈判室与因特网之间做出选择。

其次，相当数量和比例的新生业务从初始到终结均在网络中运行，基本与传统的市场没有关系。

第三，网上交易既是一个平台，同时也是一个市场，数据库建设、域名注册以及电子市场自身开发也在进行着激烈的商战。

凡此，可以看出电子商务将引发全球贸易的又一次洗牌。就发展趋势而言，电子商务不仅冲击着传统贸易方式，也将取代传统的商务活动。同时，电子商务以其自身的优势，使信息跨国界传递和资源共享得以实现，从而使各国间的经济联系、贸易联系大大加强，并推动经济全球化的进一步发展。

总之，当前国际贸易所出现的新的发展趋势既是经济全球化的产物或阶段性现象，又是经济全球化进程继续的基础和条件。每一种趋势都以巨大的力量在助推着全球经济的发展，同时，各种趋势又交织在一起相互作用及相互影响。

2. 自由贸易理论

从亚当·斯密到当代国际贸易的迅速发展说明国际贸易对各国都是有利的。这种利在何处呢？经济学家对此作出了解释，提出了各种不同的理论。

（1）亚当·斯密的绝对优势理论。如果一国生产一种产品的效率比另一国高，该国在这种产品生产上就有绝对优势。英国古典经济学家亚当·斯密提出，分工能提高生产率，这一原则不仅适用于国内，而且适用于各国之间。各国由于自然资源赋予或后天的条件，生产同一种商品所用的成本并不一样。各国生产自己生产成本最低的产品，然后与其他国家交换其他产品，这样对各国都是有利的。根据这一理论，斯密提出了自由贸易的主张。

（2）李嘉图的比较优势理论。如果一国生产一种产品的机会成本比另一国低，该国在生产这种物品上就有比较优势。斯密的理论建立在两国绝对成本比较的基础之上，但实际上，往往是一国无论生产什么绝对成本都低于另一国。在这种情况下，国际贸易还有利于双方吗？李嘉图的比较优势理论正是要解决这一问题的。这种理论认为，一国生产自己相对成本低的产品，即有比较优势的产品，与别国进行交换，对双方都是有利的。根据这种理论，国际贸易给各国带来的好处是：第一，资源配置在世界范围内实现最优化。各国按自己的资源条件进行专业化生产，这就可以使资源得到最有效的运用。由于资源配置的改善，同样的资源可以生产出更多的产品，这样，就会增加世界各国的福利。第二，产品价格的均等化。各国产品在世界范围内进行竞争，其结果使各种产品在各国的水平相等，而且是最低的价格水平。第三，生产要素的价格均等化。通过国际贸易，各国生产要素的价格也均等化。在进行贸易之前，同种要素在各国的价格不同，这正是进行贸易的原因。通过各国之间的贸易，某种要素价格低的国家生产这类物品出口，需求增加，价格提高，生产要素价格也提高。某种要素价格低的国家进口这类物品，其要素价格必然下降。各国产品流动的结果就是要素价格的均等化。

（3）新国际贸易理论。战后发达国家之间制成品贸易的迅速增长是传统的比较优势理论和要素禀赋理论都无法解释的。20世纪80年代后，美国经济学家克鲁格曼等人提出了新国际贸易理论来解释这种现象。这种理论的依据是世界市场竞争的不完全性和规模经济的存在。新贸易理论从需求出发来解释国际贸易。这种理论认为，由于收入和偏好不同，消费者的需求千差万别。即使是同一种产品，例如汽车，消费者也有不同的需求，有的人喜欢豪华型，有的人喜欢节油型的，也有的人喜欢不同的颜色等等。这种不同的需求就使企业要生产出有差别的产品。产品差别引起垄断，这样，像汽车这样制成品的市场就是不完全竞争市场。在这种市场上，企业只有具有一定的规模才有创造产品差别的能力，也才能实现低成本生产。在这种市场上规模经济十分重要。如果企业以本国需求为目标来生产有差别的产品（如不同的汽车），国内市场有限，难以实现规模经济。只有以全世界的需求为目标才能实现规模经济。这样，各国生产不同有细微差别的制成品，然后交易，各国都实现了规模经济，无论企业和消费者都受益。这就是国际贸易的利益所在。各种自由贸易理论都证明了国际贸易的好处，也推动了国际贸易的发展。

3. 保护贸易理论

从重商主义到当代，尽管国际贸易有了极大的发展，而且总的趋势是贸易自由化，但在不同时期和不同国家，保护贸易仍然相当严重。历史上最早的保护贸易理论是欧洲16世纪至17世纪的重商主义。重商主义是近代资本主义历史上第一个经济学派，其中心观点是，只有以金银为形式的货币才是一国真正的财富。增加一国财富的唯一方法是只出口不进口，或者多出口少进口。当一国有贸易顺差时其他国家的金银流入，这时本国财富就增加了。由此得出贸易限制政策有利于一国经济的结论。重商主义的这种理论是贸易保护主义的鼻祖。19世纪德国历史学派经济学家李斯特等人根据当时德国经济发展的要求提出了贸易保护主义。他们认为，面对英国经济的强大，德国这样落后的国家只有依靠保护国内市场才能发展起来，在发展起来之后才可以自由贸易。这种以保护求发展，通过限制进口来保护国内工业的观点对许多理论有相当大的影响。现代许多保护贸易理论是这种理论的发展。在现代经济中仍有一定影响的保护贸易理论主要有下面一些观点。

（1）工作岗位论。这种观点认为，与其他国家之间的贸易会减少国内的工作岗位，从而加剧失业。例如，当一国向他国进口纺织品时，该国的纺织行业失业就会增加。尽管增加出口也会创造一些工作岗位，但原来纺织行业的人由于年龄、技术等限制，无法进入新行业，这就加剧了失业。发达国家工资高、劳动成本高，在一些劳动密集型行业（如纺织）竞争不过劳动成本低的发展中国家，因此，在国际贸易中会失去这些工作岗位。为了保护这些工作岗位与国内就业，需要保护市场。

（2）国家安全论。有些行业影响到国家安全，如钢铁行业，如果实行自由贸易，这些行业消失，完全依靠进口，一旦出口国与进口国成为敌对国，进口国的国家安全就会受到威胁，或者出口国会把这些出口品作为威胁对方的武器。因此，从国家安全出发，也应该对某些行业进行保护。

（3）幼稚产业论。幼稚产业论是为了使国内尚不具备国际竞争力的行业得以发展而进行保护的保护贸易理论。落后国家的新兴行业无法与发达国家竞争。为了使落后国家的这些行业得到保护，就应该实行保护，最少是暂时的保护，等这些行业发展起来，能与发达国家抗争之后再放开。这种理论与德国历史学派相似，而且在发展中国家颇为流行。

（4）战略性保护论。这种理论认为，一国要建立起自己有比较优势的战略性行业，才能进入世界市场进行竞争。战略性保护论是为了建立国内有竞争力的行业而进行保护的保护贸易理论。这就是说，比较优势不一定自然存在，可以人为地创造，建立战略性行业正是创造自己的比较优势。要建立这种行业，并使之能具有规模经济，一是要靠国家支持，二是要保护国内市场。这种理论在20世纪90年代颇流行，其实质与幼稚产业论颇为相似，不过强调的不是保护一些幼稚产业，而是重点保护未来有竞争力的战略性产业。

（5）不公平竞争论。这种理论认为世界并不是一个完全竞争的市场，发达国家在世界市场上具有垄断地位，尤其是大型跨国公司增强了发达国家的竞争实力。加之，国际经济秩序总体上有利于发达国家，这就使发展中国家在国际贸易中处于不利地位。因此，发展中国家用限制性贸易政策保护自己的国内市场是天经地义的。此外，各种的法律与政策不同，有些国家对国内出口行业给予补贴，这也形成世界市场竞争的不公平，因此，保护是合理的。

（6）作为讨价还价筹码的保护论。这种理论认为，各国在国际贸易中要就开放市场、降低关税等问题相互谈判。为了在谈判中有讨价还价的余地，就对一些部门实行保护，然后在谈判中以放弃或减少保护为代价换取其他好处。总之，这各种理论都要说明保护贸易政策的有利性与合理性。这些理论仍有相当影响，这正是保护贸易主义经常抬头，国际贸易中纷争与贸易战从未停止过的原因。

4. 国际贸易对一国宏观经济的影响

当考虑到国际贸易时，决定宏观经济状况的仍然是总需求与总供给，我们分析这时总需求的变动及其对宏观经济的影响。首先来看总需求的变动。在存在国际贸易时，一部分国内产品要卖给外国人（即出口），国内居民的一部分支出主要用于购买外国产品（即进口）。因此，在开放经济中，要区分国内支出（即国内总需求）与对国内产品支出（即对国内产品总需求）这两个概念。国内支出指国内家庭、企业与政府的支出，其中部分用于国内产品，部分用于进口品。对国内产品的支出包括了本国对国内产品的支出与国外对本国产品的支出。国内支出中减去进口，是本国对国内产品的支出，国外对本国产品的支出就是出口。所以：对国内产品的支出＝国内支出－进口＋出口＝国内支出＋（出口－进口）＝国内支出＋净出口。这时决定国内生产总值水平的总需求不是国内总需求，而是对国内产品的总需求。这时，我们不仅要考虑总需求变动对国内生产总值的影响，还要考虑国内生产总值变动与贸易余额之间的关系。总需求的变动不仅会影响均衡的国内生产总值，而且要影响贸易余额状况。总需求的变动来自国内总需求（消费与投资）的变动和出口的变动。由此得出的结论是：国内总需求的增加会使 AD 曲线向右上方移动，这就会使均衡的国内生产总值增加，同时也会使贸易收支状况恶化（即贸易收支盈余减少或赤字增加）。但是，应该注意的是，这时，国内总需求增加对国内生产总值增加的影响大小，即国内总需求增加所引起的国内生产总值增加量取决于乘数的大小。但开放经济中的乘数要考虑到进口增加在国内生产总值增加中所占的比例。进口增加在国内生产总值增加中所占的比例，称为边际进口倾向。开放经济中的乘数称为对外贸易乘数。对外贸易乘数的公式为：对外贸易乘数＝1/（1－边际消费倾向＋边际进口倾向）。这一乘数小于封闭经济中的乘数（$K=1/(1-c)$）。根据上述论述同样可以推出：国内总需求的减少，会使国内生产总值减少，并使贸易收支状况改善（贸易收支盈余增加或赤字减少）。可见这时国内总需求的增加（例如政府支出的增加），不仅会影响国内的国内生产总值，还会影响贸易收支状况，而且国内总需求增加所引起的国内生产总值增加量也与封闭经济时不一样。如果总需求的变动是由于出口的变动引起的，宏观经济均衡的变动与国内总需求引起的变动有所不同。这就在于出口的增加提高了对国内产品的需求，从而总需求增加，并使国内生产总值增加。国内生产总值的增加会使进口增加，但由于这时国内生产总值的增加是由出口增加引起的，一般来说，出口增加所引起的国内生产总值增加不会全用于进口（即边际进口倾向是小于 1 的），因此，贸易收支状况改善（贸易盈余增加或赤字减少）。当国内总需求中由对进口品的需求变为对国内产品的需求时，也同样会增加对国内产品的总需求，从而与出口增加的影响相同，即国内生产总值增加，贸易收支状况得以改善。

9.1.3 国际收支及其均衡

1. 国际收支及国际收支平衡表

（1）国际收支的概念。

① 国际收支的含义。国际收支是一个宏观的经济范畴。伴随历史的演进和国际经济交易的发展，国际社会对国际收支的界定经历了由狭义到广义的发展。

在狭义上，国际收支是指在一定时期内，一国居民与非居民所发生的全部货币或外汇的收入和支出。该定义是以支付为基础的，即判断是否是国际收支，核心是看是否发生了货币或外汇的支付。

在广义上，国际收支是指在一定时期内，一国居民与非居民所进行的全部经济交易的以一定货币计值的价值量总和。该定义是以交易为基础的，即判断是否是国际收支，核心是看是否发生了经济交易。在此，被狭义国际收支定义所不能涵盖的易货贸易、物品捐赠、以实物投入的直接投资等等都被纳入国际收支。

无论是狭义还是广义的国际收支，都具有这样的本质特征：第一，国际收支是一个流量的概念，是一定时期的发生额；第二，国际收支是一个收支的概念，是收入和支出的流量，收入和支出的本质是以一定货币计值的价值量；第三，国际收支是一个总量的概念，是整个国家在一定时期内收入和支出的总量；第四，国际收支是一个国际的概念，国际性的本质特征在于经济交易的主体特征——居民与非居民。

② 国际收支的构成。国际收支由经常项目收支和资本项目收支构成。经常项目收支又包括贸易收支、服务收支、要素报酬收支和单方转移收支。资本项目收支又包括直接投资、证券投资和其他投资。

（2）国际收支平衡表。

国际收支平衡表是按照一定会计原理和方法编制的系统记录国际收支的统计报表。

① 国际收支平衡表的编制原理。国际收支平衡表是按照复式簿记的借贷记账法编制的，在表中分设借方和贷方。借方以"-"号表示，记录资金占用科目，即国际收支中的支出科目；贷方以"+"号表示，记录资金来源科目，即国际收支中的收入科目。

② 国际收支平衡表的账户。根据国际货币基金1993年第5版《国际收支手册》中的规定，国际收支平衡表所包括的账户是：第一，经常账户。该账户记录实质资源的国际流动，包括商品、服务、收入和经常转移。第二，资本与金融账户。该账户记录资产和资本的国际流动。资本账户包括资本转移和非生产、非金融资产的收买与放弃。金融账户包括直接投资、证券投资、其他投资和储备资产。第三，错误与遗漏账户。该账户专为人为平衡借方和贷方的总额而设。

【阅读材料9-2】

外汇局公布2009年中国国际收支修订数据　国际收支继续呈现"双顺差"

新华网北京4月19日电（记者安蓓、姚均芳）　国家外汇管理局19日公布了2009年中国国际收支平衡表修订数据。统计显示，2009年中国国际收支经常项目、资本和金融项目继续呈现"双顺差"。

2009年，中国国际收支经常项目顺差2 971亿美元，较上年下降32%。其中，按照国际收支统计口径计算，货物项目顺差2 495亿美元，服务项目逆差294亿美元，收益项目顺差433亿美元，经常转移顺差337亿美元。

2009年，资本和金融项目顺差1 448亿美元，较上年上升6.64倍。其中，直接投资净流入343亿美元，证券投资净流入387亿美元，其他投资净流入679亿美元。

中国国际储备资产因交易而增加3 984亿美元。其中，外汇储备资产净增加3 821亿美元（不含汇率、价格等非交易价值变动影响），特别提款权增加111亿美元，在基金组织的储备头寸增加4亿美元，货币黄金增加49亿美元。

（资料来源：新华网　http://news.xinhuanet.com/2010-04/19/c_1243418.htm　2010-4-19）

2. 国际收支的均衡与不均衡

（1）国际收支均衡与不均衡的含义。

引致国际收支的经济交易，根据其交易动机，可以区分为自主性交易与补偿性交易。自主性交易又称事前交易，是指有关交易主体出于获取利润、利息等经济动机或其他动机，根据本国与他国在价格、利率、利润率等方面存在的差异或其他考虑，而于事前主动进行的经济交易。补偿性交易又称事后交易，是指有关交易主体为了平衡自主性交易发生的收支差额，而于事后被动进行的经济交易。

基于自主性交易与补偿性交易的区分和自主性交易的本原性，就以自主性交易来界定国际收支均衡与不均衡。

国际收支均衡是指自主性交易的收入和支出的均衡。国际收支不均衡是指自主性交易的收入和支出的不均衡。其中，如果自主性交易的收入大于支出，则是国际收支顺差；如果自主性交易的收入小于支出，则是国际收支逆差。

（2）国际收支不均衡的类型。

从不同的角度认识，可以将国际收支不均衡划分为不同的类型。

根据差额的性质，国际收支不均衡分为顺差与逆差。其各自的含义已前述。

根据产生的原因，国际收支不均衡分为收入性不均衡、货币性不均衡、周期性不均衡与结构性不均衡。收入性不均衡是由一国的国民收入增长超过他国的国民收入增长，引起本国进口需求增长超过出口增长而导致的国际收支不均衡。货币性不均衡是由一国的货币供求失衡引起本国通货膨胀率高于他国通货膨胀率，进而刺激进口、限制出口而导致的国际收支不均衡。周期性不均衡是由一国的经济周期性波动而导致的国际收支不均衡。结构性不均衡是由一国的经济结构及其决定的进出口结构不能适应

 第 9 章 开放经济理论

国际分工结构的变化而变化所导致的国际收支不均衡。

根据不同账户的状况，国际收支不均衡分为经常账户不均衡、资本与金融账户不均衡与综合性不均衡。经常账户不均衡是经常账户出现顺差或逆差。资本与金融账户不均衡是资本与金融账户出现顺差或逆差。综合性不均衡是经常账户差额同资本与金融账户差额相抵后出现顺差或逆差。

（3）国际收支不均衡调节的政策措施。

① 国际收支不均衡调节的宏观经济政策。

第一，财政政策。在国际收支逆差时，可以采用紧的财政政策。紧的财政政策对国际收支的调节作用主要有两个方面：一是产生需求效应，即实施紧的财政政策导致进口需求减少，进口下降；二是产生价格效应，即实施紧的财政政策导致价格下跌，从而刺激出口，限制进口。而在国际收支顺差时，可以采用松的财政政策。松的财政政策能对国际收支产生进口需求扩大的需求效应和价格上涨限制出口、刺激进口的价格效应。财政政策主要调节经常项目收支。

第二，货币政策。在国际收支逆差时，可以采用紧的货币政策。紧的货币政策对国际收支的调节作用主要有三个方面：一是产生需求效应，即实施紧的货币政策导致有支付能力的进口需求减少，进口下降；二是产生价格效应，即实施紧的货币政策导致价格下跌，从而刺激出口，限制进口；三是产生利率效应，即实施紧的货币政策导致利率提升，从而刺激资本流入，阻碍资本流出。而在国际收支顺差时，可以采用松的货币政策。松的货币政策能对国际收支产生进口需求扩大的需求效应，价格上涨限制出口、刺激进口的价格效应，以及利率降低阻碍资本流入、刺激资本流出的利率效应。货币政策既调节经常项目收支，也调节资本项目收支。

第三，汇率政策。汇率政策就是货币当局实行本币法定贬值或法定升值，或有意在外汇市场上让本币贬值或升值。汇率政策能够产生相对价格效应。这里的相对价格是指以外币标价的本国出口价格，以本币标价的本国进口价格。在国际收支逆差时，可以采用本币法定贬值或贬值的政策。这样，以外币标价的本国出口价格下降，从而刺激出口，而以本币标价的本国进口价格上涨，从而限制进口。而在国际收支顺差时，可以采用本币法定升值或升值的政策，这会使以外币标价的本国出口价格上涨，从而限制出口，而以本币标价的本国进口价格下跌，从而刺激进口。汇率政策主要调节经常项目收支。

② 国际收支不均衡调节的微观政策措施。

当国际收支出现严重不均衡时，为了迅速扭转局面，收到立竿见影的调节效果，政府和货币当局还可以采取外贸管制和外汇管制的措施。在国际收支逆差时，就加强外贸管制和外汇管制；而在国际收支顺差时，就放宽乃至取消外贸管制和外汇管制。

此外，在国际收支逆差时，还可以采取向国际货币基金或其他国家争取短期信用融资的措施或直接动用本国的国际储备。

（4）国际收支不均衡调节中内部均衡与外部均衡的兼顾。

① 内部均衡与外部均衡的不同组合。内部均衡是国民经济运行处于经济增长、

物价稳定和充分就业的状态。外部均衡就是国际收支均衡。

内部均衡与外部均衡可能有四种不同组合：a. 内部均衡与外部均衡；b. 内部均衡与外部不均衡；c. 内部不均衡与外部均衡；d. 内部不均衡与外部不均衡。

内部不均衡与外部不均衡的组合可能内含四种情形：a. 经济衰退、失业与国际收支逆差；b. 经济衰退、失业与国际收支顺差；c. 通货膨胀与国际收支逆差；d. 通货膨胀与国际收支顺差。

② 兼顾内部均衡与外部均衡的政策措施。内部均衡与外部均衡组合的第一种组合，即内部均衡与外部均衡并存，是追求的最为理想状态：无须采用任何政策措施调节。

第二种组合的内部均衡与外部不均衡并存，此时无须采用影响内部均衡的政策措施，只需采用调节外部不均衡的政策措施，如运用汇率政策等。

第三种组合的内部不均衡与外部均衡并存，此时只需采用调节内部均衡的政策措施，如运用财政政策或货币政策，而无须采用影响外部均衡的政策措施。

第四种组合的内部不均衡与外部不均衡并存，情况复杂，需要区别对待。其中，第二种情形和第三种情形比较容易调节，此时调节内部不均衡和外部不均衡的财政和货币政策的政策取向相同。例如，前者可以采用松的财政和货币政策，既医治了经济衰退和失业，又调节了国际收支顺差；后者可以采用紧的财政和货币政策，既医治了通货膨胀，又调节了国际收支逆差。但是，第一种情形和第四种情形则是两难处境，医治经济衰退和失业需要采用松的财政和货币政策，但会加剧国际收支逆差；医治通货膨胀需要采取紧的财政和货币政策，但会给国际收支顺差雪上加霜。

在第一种情形和第四种情形的两难处境下，需要将财政、货币和汇率政策搭配使用。其中，在第一种情形下，可以采取松的财政政策刺激经济增长，增加就业；采取紧的货币政策刺激资本流入，改善国际收支；同时采取本币贬值的汇率政策刺激出口，限制进口，改善国际收支。在第四种情形下，可以采取紧的财政和货币政策遏制通货膨胀；同时采取本币升值的汇率政策刺激进口，限制出口，减少国际收支顺差。

9.1.4 汇率及汇率制度

1. 汇率

（1）汇率的含义与标价法。

汇率又称汇价，是指一种货币与另一种货币之间兑换或折算的比率，也称一种货币用另一种货币所表示的价格。汇率有直接标价法和间接标价法等两种标价方法。

直接标价法又称应付标价法，是以一定整数单位（1、100、10 000等）的外国货币为标准，折算为若干单位的本国货币。这种标价法是以本国货币表示外国货币的价格，因此可以称为外汇汇率。目前，我国和世界其他绝大多数国家和地区都采用直接标价法。

间接标价法又称应收标价法，是以一定整数单位（1、100、10 000等）的本国货币为标准，折算为若干单位的外国货币。这种标价法是以外国货币表示本国货币的价格，因此可以称为本币汇率。目前，世界上只有英国、美国等少数几个国家采用间接标价法。

(2) 汇率的决定与变动。

① 汇率的决定基础。

第一，金本位制下汇率的决定基础。在金本位制下，各国以金币作为本位货币，黄金是价值的"天然实体"，单位金币都有含金量，黄金可以自由输出和输入。这种货币制度下汇率的决定基础，从本质上是各国单位货币所具有的价值量；从现象上看是各国单位货币的含金量。

汇率的标准是铸币平价，即一国货币的含金量与另一国货币的含金量之比。市场汇率受供求关系变动的影响而围绕铸币平价波动，波动的范围被限制在由黄金输出点和黄金输入点构成的黄金输送点内。

第二，纸币制度下汇率的决定基础。在纸币制度下，各国以纸币作为本位货币，纸币是本身没有价值的价值符号，单位纸币所代表的价值量往往以国家规定的法定含金量来表示。这种货币制度下汇率的决定基础，从本质上来说是各国单位货币所代表的价值量；从现象上看是各国单位货币的法定含金量或购买力。

在第二次世界大战以后建立的布雷顿森林货币体系下，按照国际货币基金协定的要求，均衡汇率就是法定平价，即一国货币的法定含金量与另一国货币的法定含金量之比。根据"购买力平价理论"，均衡汇率就是购买力平价。市场汇率的波动在布雷顿森林货币体系下受制于由国际货币基金协定规定的上下限，而在该货币体系崩溃以后则没有统一的限界。

② 汇率变动的形式。

第一，法定升值（Revaluation）与法定贬值（Devaluation）：官方汇率的变动。法定升值是指一国官方货币当局以法令的形式，公开宣布提高本国货币的法定含金量或币值，降低外汇汇率。法定贬值是指一国官方货币当局以法令的形式，公开宣布降低本国货币的法定含金量或币值，提高外汇汇率。

第二，升值（Appreciation）与贬值（Depreciation）：市场汇率的变动。升值是指在外汇市场上，一定量的一国货币可以兑换到比以前更多的外汇，相应是外汇汇率下跌。贬值是指在外汇市场上，一定量的一国货币职能兑换到比以前为少的外汇，相应是外汇汇率上涨。

③ 汇率理论。

汇率理论起源和发展于西方国家，是说明汇率决定及变动的理论，主要有国际借贷说、购买力平价说、汇兑心理说、利率平价说和资产市场说。其中最有影响的是 20 世纪初由瑞典经济学家卡塞尔系统提出的购买力平价理论，简称 PPP 理论。

购买力平价理论是以各国货币的购买力来说明汇率的决定及变动的汇率学说。其基本思想是：汇率由各国货币的购买力之比决定，即绝对购买力平价；汇率的变动由各国货币购买力之比的变动决定，即相对购买力平价；只有使两国货币各在其本国的购买力相等的汇率，才是两国货币之间的真正汇率平价，即购买力平价。

绝对购买力平价思想是要说明某一时点上汇率的决定，即汇率等于两国货币的购买力之比；由于购买力以物价水平测度，物价水平是购买力的倒数，因此，汇率等于两国物价水平的反向之比。相对购买力平价思想是要说明从某一时点开始的一段时期的汇率变动，即经过一段时间变化后的汇率等于两国货币的购买力之比或物价水平的反向之比。

绝对购买力平价和相对购买力平价之间的关系是：如果绝对购买力平价成立，则相对购买力平价一定成立，因为物价指数就是两个时点物价绝对水平之比；反之，如果相对购买力平价成立，则绝对购买力平价不一定成立，例如，当基期和报告期的汇率都等于绝对购买力平价的 1/2 时，相对购买力平价成立，但绝对购买力平价却不成立。

依据这种理论，一国货币的对外汇率同本国货币的购买力成正比，同外国货币的购买力成反比，国际上通常使用物价指数来表示一国货币购买力的变化。物价指数是指以某一基期价格作为不变价格来计算以后各个时期物价总水平变化的趋势。物价指数同货币购买力呈反向变动，即一国物价指数下降，表示该国货币购买力上升；一国物价指数上升，表示该国货币购买力下降。物价指数低的国家同物价指数高的国家相比，前者的货币购买力比后者的货币购买力有了提高，反映在汇率变化上就是前者的货币对后者货币的兑换比率将会上升。

(3) 汇率变动的经济影响。

① 汇率变动的直接经济影响。汇率变动产生的直接经济影响体现在三个方面。

第一，汇率变动影响国际收支。首先，汇率变动会直接影响经常项目收支。当本币贬值以后，以外币计价的本国出口商品与劳务的价格下降，而以本币计价的本国进口商品与劳务的价格上涨，从而刺激出口，限制进口，增加经常项目收入，减少经常项目支出。反之，当本币升值时，则影响正好相反，最终会减少经常项目收入，增加经常项目支出。其次，汇率变动会直接影响资本与金融项目收支。如果本币贬值，会加重偿还外债的本币负担，减轻外国债务人偿还本币债务的负担，从而减少借贷资本流入，增加借贷资本流出；会提高国外直接投资和证券投资的本币利润，降低外国在本国直接投资和证券投资的外国货币利润，从而刺激直接投资和证券投资项下的资本流出，限制直接投资和证券投资项下的资本流入。反之，如果本币升值，则其影响正好相反。

第二，汇率变动影响外汇储备。汇率变动对外汇储备的影响，集中在对外汇储备价值影响的评价上，需用具体情况具体分析。如果汇率变动发生在本币与外币之间，汇率变动不会影响通常以外币计值的外汇储备价值。只有当外汇储备被国家以某种机制或形式结成本币，用于国内时，如果本币升值，则用外汇储备结成本币的金额会减少，折射出外汇储备价值缩水。

如果汇率变动发生在不同储备货币之间，例如美元与欧元之间，由于通常以美元计量外汇储备价值，则在美元对欧元升值时，欧元外汇储备的美元价值会缩水；反之，在美元对欧元贬值时，欧元外汇储备的美元价值反而膨胀。

第三,汇率变动形成汇率风险。汇率变动形成汇率风险,是汇率变动微观经济影响的范畴。

② 汇率变动的间接经济影响。汇率变动产生的间接经济影响主要是通过国际收支传导的,主要体现在两个方面。

第一,汇率变动影响经济增长。在本币贬值时,由于刺激了商品和劳务的出口,限制了商品和劳务的进口,在推动出口部门和进口替代部门经济增长的同时,还会通过"外贸乘数"作用带动所有经济部门的增长。本币升值对经济增长的影响正好与此相反,是负面的。

在本币升值时,由于刺激了借贷资本、直接投资和证券投资的流入,限制了这些资本的流出,如果宏观管理和金融监管得当,则会推动实体经济和金融经济的增长。而本币贬值对实体经济和金融经济的影响则恰好相反,是负面的。

第二,汇率变动影响产业竞争力和产业结构。由于本币贬值首先刺激了出口部门和进口替代部门的经济增长,也就提升了这两类产业部门的产业竞争力;国内其他产业部门的增长会滞后和落后于这两类产业部门的增长,产业竞争力的提升也会相应滞后和落后。因此,这两类产业部门在整个产业中的占比和地位就得到有力提升,使产业结构发生变化。

(4) 汇率变动的决定因素。

① 物价的相对变动。根据购买力平价理论,反映货币购买力的物价水平是决定汇率长期变动的根本因素。如果一国的物价水平与其他国家的物价水平相比相对上涨,即该国相对通货膨胀,则该国货币对其他国家货币贬值;反之,如果一国的物价水平与其他国家的物价水平相比相对下跌,即该国相对通货紧缩,则该国货币对其他国家货币升值。

在长期中,物价水平变动最终导致汇率变动是通过国家商品和劳务的套购机制实现的,通过国际收支中经常项目收支变化传导的。

② 国家收支差额的变化。市场汇率的变动是直接由外汇市场上的外汇供求变动所决定的。如果外汇供不应求,则外汇汇率上升,本币贬值;反之,如果外汇供不应求,则外汇汇率下跌,本币升值。

外汇市场上的外汇供求关系基本是由国际收支决定托国家收支差额的变动决定外汇供求的变动。如果国际收支逆差则外汇供不应求,外汇汇率上升;反之,如果国际收支顺差,则外汇供过于求,外汇汇率下跌。

进一步说来,国际收支又是由物价、国民收入、利率等因素决定的。如果一国与其他国家相比,物价水平相对上涨,则会限制出口,刺激进口;国民收入相对增长,则会扩大进口;利率水平相对下降,则会刺激资本流出,阻碍资本流入;这些都是导致该国国际收支出现逆差,从而造成外汇供不应求,外汇汇率上升的原因。反之,如果一国与其他国家相比,物价水平相对下降,则会刺激出口,限制进口,国民收入相对萎缩,则会减少进口;利率水平相对上升,则会限制资本流出,刺激资本流入;这些都是导致该国国际收支出现顺差,从而造成外汇供过于求,外汇汇率下跌的原因。

③ 市场预期的变化。市场预期变化是导致市场汇率短期变动的主要因素。市场预期变化决定市场汇率变动的基本机理是：如果人们预期未来本币贬值，就会在外汇市场上抛售本币，导致本币现在的实际贬值；反之，如果人们预期未来本币升值，就会在外汇市场上抢购本币，导致本币现在的实际升值。

市场预期是建立在对经济运行的基本面分析、经济政策走势分析和风险分析之上的，因此便形成了经济变量预期、经济政策预期和风险预期。预期本币贬值，来源于经济变量预期中的预期本国物价水平相对上涨、本国国民收入水平相对下降和本国利率水平相对下跌；来源于经济政策预期中的预期本国要采取松的财政政策、松的货币政策和本币贬值的汇率政策；来源于风险预期中的本国政策性风险、政治性风险和社会性风险增大。反之，预期本币升值，会是因为在经济变量预期中预期到本国物价水平相对下降、本国国民收入水平相对上升和本国利率水平相对提高；会是因为在经济政策预期中预期到本国要采取紧的财政政策、紧的货币政策和本币升值的汇率政策；会是因为在风险预期中预期到本国的政策性风险、政治性风险和社会性风险降低。

④ 政府干预汇率。世界各国赋予货币当局主要是中央银行干预外汇市场，稳定汇率的职责。有的国家为此还专门设立了"外汇平准基金"。当外汇市场上因外汇供不应求、外汇汇率上涨的幅度超出规定的限界或心理大关时，货币当局就会向外汇市场投放外汇，收购本币，使外汇汇率回调；反之，当外汇市场上因外汇供过于求、外汇汇率下跌的幅度超出规定的限界或心理大关时，货币当局就会向外汇市场投放本币，收购外汇，使外汇汇率反弹。

在某些非常情况下，当通过干预外汇市场的措施难以达到预期目的时，如果认为必要，货币当局还会采取外汇管制等行政手段直接管制汇率，促成汇率的稳定或逆转。

2. 汇率制度

汇率制度是指一国货币当局对本国货币汇率确定与变动的基本模式所作的一系列安排。这些制度性安排包括中心汇率水平、汇率的波动幅度、影响和干预汇率变动的机制和方式等。

(1) 固定汇率制与浮动汇率制。

① 固定汇率制。固定汇率制是指汇率平价保持基本不变，市场汇率波动被约束在一个狭小的限界内的汇率制度。历史上，固定汇率制曾分别出现在国际金本位制和布雷顿森林货币体系等两种国家货币制度下。

国际金本位制下的汇率制度是典型的固定汇率制，其基本结构是：第一，使汇率保持固定的基础是各国货币具有含金量；两国货币含金量之比的铸币平价是汇率标准，只要两国货币含金量不变，铸币平价就不变。第二，约束市场汇率变动的限界是客观存在的黄金输送点，由黄金输出点的上限和黄金输入点的下限构成。由于两国之间单位黄金的运费比较低廉，相对稳定，因此黄金输送点的区间也比较狭小和稳定。第三，稳定汇率的机制是没有人为干预的市场机制，即债务人或债权人通过直接输出或输入黄金而改变外汇供求，使汇率稳定在黄金输送点内。

二战后布雷顿森林货币体系下的汇率制度是以美元为中心的固定汇率制,其基本结构是:第一,使汇率保持固定的基础是美元同黄金挂钩,基金组织各成员国的货币同美元挂钩。各成员国根据美元的法定含金量和本币的法定含金量之比制定出本币对美元的法定平价,如果本币没有法定含金量,就直接制定出对美元的法定平价。法定平价一经确认,便不得随意变动。第二,约束市场汇率变动的限界是基金组织人为规定的上下限,在1971年底之前为法定平价的上下各1%,之后调整为2.25%。第三,稳定汇率的机制是人为干预的市场机制,即各成员国的货币当局负有干预外汇市场、稳定汇率的义务,当市场汇率因外汇供求严重失衡而突破规定的限界时,货币当局必须通过在外汇市场上投放或收购外汇来扭转外汇供求失衡,保持汇率的稳定。

② 浮动汇率制。浮动汇率制是指没有汇率平价和波动幅度约束,市场汇率可以随外汇市场供求关系的变化而自由波动的汇率制度。实行浮动汇率有利于通过汇率的波动来调节经济,也有利于促进国际贸易,尤其在中央银行的外汇与黄金储备不足以维持固定汇率的情况下,实行浮动汇率对经济较为有利,同时也能取缔非法的外汇黑市交易。但浮动汇率不利于国内经济和国际经济关系的稳定,会加剧经济波动。

根据官方是否干预,浮动汇率制分为自由浮动与管理浮动。自由浮动又称"清洁浮动",是官方不干预外汇市场,完全听凭市场汇率在外汇供求关系的自发作用下波动的汇率制度;管理浮动又称"肮脏浮动",是官方或明或暗地干预外汇市场,使市场汇率在经过操纵的外汇供求关系作用下相对平稳波动的汇率制度。

根据汇率浮动是否结成国际联合,浮动汇率制分为单独浮动与联合浮动。单独浮动是指本币不与任何外币建立固定联系,其汇率单独进行浮动的汇率制度;联合浮动是若干国家的货币彼此建立固定联系,对此外其他国家货币的汇率共同进行浮动的汇率制度。

(2) 盯住汇率制。

盯住汇率制是指一国单方面将本币与某一关键货币或某一篮子货币挂钩,与之保持相对固定的汇率平价,而本币对其他外币的汇率则随所盯住货币对其他外币汇率的波动而变动的汇率制度。

(3) 国际货币基金对现行汇率制度的划分。

在现行国际货币体系下,各国可以自行安排其汇率制度,从而形成了多种汇率制度并存的格局。目前,根据国际货币基金的划分,按照汇率弹性由小到大,目前的汇率制度安排主要有:① 货币局制。官方通过立法明确规定本币与某一关键货币保持按固定汇率,同时对本币发行作特殊限制,以确保履行法定义务。中国香港的联系汇率制就是一种货币局制。该制度实行于1983年,由香港政府设立外汇基金,发钞行按照7.8HKD/USD的固定汇率向外汇基金交存100%的外汇储备,作为发行港币的依据,其他持牌银行取得港币要以美元向发钞行兑换,在公开的外汇市场上港币是自由浮动的,并通过发钞行的套利机制稳定港币的美元汇率。② 传统的盯住汇率制。官方将本币实际或公开地按照固定汇率盯住一种主要国际货币或一篮子货币,汇率波动幅度不超过±1%。③ 水平区间内盯住汇率制。它类似于传统的盯住汇率制,不同的是汇率波动幅度大于±1%。④ 爬行盯住汇率制。官方按照预先宣布的固定汇率，根据若干量化指标的变动，定期小幅度调整汇率。⑤ 爬行区间盯住汇率制。它是水平区间内的盯住汇率制与爬行盯住汇率制的结合，与爬行盯住汇率制不同的是汇率波动的幅度要大。⑥ 事先不公布汇率目标的管理浮动。官方在不特别指明或事先承诺汇率目标的情况下，通过积极干预外汇市场来影响汇率变动。⑦ 单独浮动。汇率由市场决定，官方即使干预外汇市场，目的也只是缩小汇率的波动幅度，防止汇率过度波动，而不是确立一个汇率水平。

（4）影响汇率制度选择的主要因素。

对汇率制度的选择应当主要根据何种因素的研究分析，国际社会出现了"经济论"和"依附论"两种理论观点。

汇率制度选择的"经济论"认为，一国汇率制度的选择主要受经济因素决定。这些经济因素是：① 经济开放程度。② 经济规模。③ 进出口贸易的商品结构和地域分布。④ 国内金融市场的发达程度及其与国际金融市场的一体化程度。⑤ 相对的通货膨胀率。这些经济因素与汇率制度选择的具体关系是：经济开放程度高，经济规模小，或者进出口集中在某几种商品或某一国家的国家，一般倾向于实行固定汇率制或盯住汇率制；而经济开放程度低，进出口商品多样化或地域分布分散化，同国际金融市场联系密切，资本流出入较为可观和频繁，或国内通货膨胀率与其他主要国家不一致的国家，则倾向于实行浮动汇率制或弹性汇率制。根据美国经济学家赫勒对一些国家汇率政策的比较，实行浮动汇率制的国家，明显具有进出口对 GNP 的低比率（即开放程度低）、进出口贸易商品结构和地域分布的高度多样化、相对较高的通货膨胀率、金融国际化的高度发展等特征。

汇率制度选择的"依附论"认为，一国汇率制度的选择主要取决于其对外经济、政治、军事等诸方面联系的特征。该理论集中探讨的是发展中国家的汇率制度选择问题，认为发展中国家在实行盯住汇率制时，采用哪一种货币作为"参考货币"，即被盯住货币，取决于该国对外经济、政治关系的"集中"程度，以及取决于经济、政治、军事等方面的对外依附关系。从美国的进口在其进口总额中占有很大比例的国家，或者从美国得到大量军事赠予以及从美国大量购买军需物资的国家，还有同美国有复杂的条约关系的国家，往往将本国货币盯住美元。同法国有传统殖民地联系的非洲国家，则趋于盯住法国法郎。而同美国等主要工业国的政治经济关系较为"温和"的国家，则往往选择盯住一篮子货币。这一理论同时还指出，选择哪一种货币作为"参考货币"，反过来又会影响一国对外贸易等经济关系和其他各方面关系的发展。

【阅读材料 9-3】

人民币汇率制度

一、人民币汇率制度的历史演变

在计划经济时期，人民币汇率长期处于高估状态。为了适应改革开放的需要，从1981年起，人民币实行双重官方汇率制度。贸易外汇内部结算价按当时全国出口商品平均换汇成本加10%利润计算，定为1美元等于2.8元人民币，适用于进出口贸易的结算；同时继续公布1美元等于1.5元人民币的官方汇率，沿用原来的"一篮子货币"计算和调整，用于非贸易外汇的结算。1985年1月1日，取消贸易外汇内部结算价，重新实行单一汇率，汇率定为1美元等于2.8元人民币。

改革开放以后，我国进行物价改革，物价开始逐步上涨。为使人民币汇率同物价的变化相适应，起到调节国际收支的作用，在1985年至1990年，我国根据国内物价的变化，多次大幅度调整汇率。由1985年1月1日的1美元等于2.8元人民币，逐步调整至1990年11月17日的1美元等于5.22元人民币。其间，人民币汇率的下调主要是依据全国出口平均换汇成本上升的变化，人民币汇率的下调滞后于国内物价的上涨。

为配合对外贸易，推行承包制，取消财政补贴，从1988年3月起，我国各地先后设立了外汇调剂中心，外汇调剂量逐步增加，形成了官方汇率和调剂市场汇率并存的汇率制度。从1991年4月9日起，对官方汇率的调整由以前大幅度、一次性调整的方式转为逐步缓慢调整的方式，即实行有管理的浮动，至1993年底调至1美元等于5.72元人民币，比1990年11月17日下调了9%。同时，我国放开外汇调剂市场汇率，让其随市场供求状况浮动，人民币贬值幅度较大。在国家加强宏观调控和中国人民银行入市干预下，1993年底人民币汇率回升到1美元等于8.72元人民币。

1994年我国外汇管理体制进行了重大改革。1月1日，人民币官方汇率与市场汇率并轨，实行以市场供求为基础的、单一的、有管理的浮动汇率制，并轨时的人民币汇率为1美元等于8.70元人民币。人民币汇率由市场供求形成，中国人民银行公布每日汇率，允许在一定幅度内浮动。4月1日，银行间外汇市场——中国外汇交易中心在上海成立，采用会员制，实行撮合成交、集中清算制度，并体现价格优先、时间优先原则。中国人民银行根据宏观经济政策目标，对外汇市场进行必要的干预，以调节市场供求，保持人民币汇率的稳定。在五年多时间里，人民币汇率基本稳定，略有上升，全面实行了银行结售汇制，取消了外汇留成制度，建立了银行间外汇市场。

1997年亚洲金融危机爆发，我国承诺人民币不贬值，并成功地稳定了人民币汇率，对亚洲乃至世界经济的稳定起到了重要作用，获得广泛的国际赞誉。尽管我国公开宣布人民币汇率实行有管理浮动，但由于汇率变动幅度较小，国际货币基金将其归类为传统的（或）事实上的盯住汇率制度。

二、人民币汇率形成机制改革

进入21世纪，由于经济持续快速增长，国际收支双顺差，外汇储备快速增长，人民币面临升值压力。来自国际社会的压力则进一步放大了升值预期。2003年10月14日党的十六届三中全会通过《中共中央关于完善社会主义市场经济体制若干问题的决定》，明确要求"完善人民币汇率形成机制，保持人民币汇率在合理、均衡水平上的基本稳定"。

人民币汇率形成机制改革坚持主动性、可控性、渐进性的原则。2005年7月21日，人民币汇率形成机制改革启动，开始实行以市场供求为基础、参考一篮子货币进行调节、有管理的浮动汇率制度。人民币汇率不再盯住单一美元，而是按照我国对外经济发展的实际情况，选择若干种主要货币，赋予相应的权重，组成一个可供管理参考的货币篮子。参考一篮子货币表明不同外币之间的汇率变化会影响人民币汇率，但参考一篮子货币并不等于盯住一篮子货币，它还需要将市场供求关系作为另一重要依据，据此形成有管理的浮动汇率。与盯住单一美元相比，引入参考一篮子货币不仅扩大了人民币汇率形成机制的弹性，而且改变了汇率政策目标，即从过去稳定人民币对美元的双边汇率转向稳定多边的名义有效汇率。

随后，我国又推出一系列外汇市场基础设施建设和汇率管理改革，人民币汇率弹性化和市场化取得重要进展。市场化的汇率形成机制需要完善的外汇市场基础设施。为了适应有管理的浮动汇率的需要，随后的改革将外汇市场基础设施建设作为重中之重，传统的外汇交易品种全部引入，市场功能不再局限于结售汇头寸平补，而拓展到价格发现、风险管理等，一个功能齐全、与国际接轨的规范化市场框架基本形成。从交易主体看，除银行以外，符合条件的非金融企业和非银行金融机构都可以进入银行间即期外汇市场；从交易机制看，改外汇单向交易为双向交易，引进美元做市商制度，并在银行间市场引进询价交易机制，竞价交易方式逐步淡出，而且主要是满足过渡期中小金融机构的需求，完成了市场从有形向无形的转变；从业务品种和范围看，批准中国外汇交易中心开办外币对外币的买卖，允许银行对客户办理人民币对外币掉期业务，增加银行间市场交易品种，开办远期和掉期外汇交易；从汇率管理看，扩大银行间市场非美元货币波幅，取消银行对客户非美元货币挂牌汇率浮动区间限制，扩大美元现汇与现钞买卖差价，允许一日多价等；从结售汇头寸管理看，实行银行结售汇综合头寸管理，大幅增加银行体系的总限额，统一中外资银行管理政策和限额核定标准。

人民币汇率实行一定程度的管理。改革之初，中国人民银行于每个工作日闭市后公布当日银行间外汇市场美元等交易货币对人民币汇率的收盘价，作为下一个工作日该货币对人民币交易的中间价。2006年1月3日，为了使基准汇率更能反映当日市场情况，汇率中间价改为通过加权平均当日开市之初所有做市商的报价来确定。银行间外汇市场人民币对美元买卖价在中国人民银行公布的市场交易中间价±3‰的幅度内浮动（现已扩大至±5‰），欧元、日元、港币、英镑等非美元货币对人民币交易价浮动幅度为±3%。外汇指定银行在规定的浮动范围内确定挂牌汇率，对客户买卖外汇。银行对客户美元挂牌汇率实行价差幅度管理，美元现汇卖出价与买入价之差不得超过交易中间价的1%，现钞卖出价与买入价之差不得超过交易中间价的4%，银行可在规定价差幅度内自行调整当日美元挂牌汇率。银行可自行制定非美元对人民币汇率。银行可与客户议定所有挂牌货币的现汇和现钞买卖汇率。

自汇率形成机制改革以来，人民币汇率弹性逐步扩大，并形成双向波动的格局，呈现稳中有升的态势。

9.2 开放经济中的国民收入均衡

按现代西方经济学的分析,在封闭经济中,国民收入均衡只考虑国内充分就业和价格稳定的问题,即只分析国内总需求与总供给对国民收入和价格水平的影响。但在开放经济中,对国民收入均衡的分析却不能仅限于此。因为在开放经济中:国民收入的均衡不仅要考虑内在均衡,而且要考虑外在均衡,即不仅要考虑充分就业的实现与价格稳定,而且要考虑国际收支均衡,对国民收入的调节是要达到这两方面的同时均衡;国民经济中的各种变量(总需求、价格、利息率等等)的变动,不仅影响着内在均衡,而且还在影响着外在均衡;在开放经济中,各国之间的贸易、资本的流动、汇率的变动等,不仅会影响一国的外在均衡,而且会影响该国的内在均衡。因而,就必须将国内经济与国外经济作为一个整体来进行均衡分析。

9.2.1 开放经济中的总需求与国民收入的决定

在开放经济中,国民收入的均衡仍然是由总需求与总供给决定,但开放经济中的总需求却不同于封闭经济中的总需求。在开放经济中,一部分国内产品会卖给外国人,即会出口,同时,国内居民也会将其收入的一部分用在购买外国产品上,即会有进口。因而,就有必要将国内支出(即国内总需求)和对国内产品的支出(即对国内产品的总需求)这两个概念区分开来。

国内总需求指的是国内居民、厂商和政府的需求,它既包含了对国内产品的需求,也包含了对国外产品的需求(即进口)。对国内产品的总需求所指的是本国对国内产品的需求和国外对本国产品的需求(即出口)。因此,对国内产品的总需求 = 国内需求 + 出口 − 进口 = 国内需求 + (出口 − 进口) = 国内需求 + 净出口。

而按现代西方宏观经济学的原理,这时决定国内国民收入水平的总需求便是指的对国内产品的总需求,而不是指的国内总需求。

9.2.2 开放经济中国民收入均衡的变动

按现代西方宏观经济学的分析,开放经济实际上是指四部门经济,在四部门经济中,如果只考虑对外贸易,则国民收入均衡的条件是总需求等于总供给,即:

$$C + I + G + X = C + S + T + M \tag{9.1}$$

即投资、政府支出及出口之和应等于储蓄、政府税收及进口之和。在开放经济中,当总需求发生变动,即对国内产品的总需求发生变动时,会对内在均衡和外在均衡产生影响。为分析问题的简便起见,需作如下假设:第一,不考虑价格变动对均衡的影响,即假定价格不变;第二,不考虑资本项目对均衡的影响,即只分析经常项目对均衡的影响,并且用贸易收支状况来代表外在均衡;第三,假定出口不变,进口取决于国民收入并与国民收入同方向变动,即进口随国民收入的增加而增加,随国民收入的减少而减少。

在这样的假设条件下，再分别说明总需求（即对国内产品总需求）变动对内在均衡与外在均衡的影响。

1. 国内总需求的变动对内部均衡和外部均衡的影响

现以国内总需求即国内支出增加为例，分两种情况来分析国内支出变动对内部均衡和外部均衡的影响。

如果国内经济原来处于充分就业状况，对外贸易和国际收支均处于均衡状态。在浮动汇率制下，则国内支出增加对内部均衡的影响是造成通货膨胀，但同时仍会保持充分就业。而这时国内支出的增加对外部均衡的影响是：造成对外贸易赤字、资本流入和汇率不稳定。在固定汇率制下，国内支出增加对内外均衡也会产生大致相同的影响，但不会影响汇率。

如果国内经济原来处于失业状况，而对外贸易和国际收支却处于均衡的状况。这时，国内支出的增加对内部均衡的影响是使就业增加，失业率降低。对外部均衡的影响是造成对外贸易赤字和资本流入。如果这时实行的是浮动汇率制，则还会造成汇率的不稳定。

2. 出口变动对内部均衡与外部均衡的影响

出口变动对内外均衡的影响大致与国内支出的作用相反。下面以出口增加为例，分两种情况来分析出口变动对内外均衡，特别是对国际收支均衡的影响。

如果国内经济原来处于充分就业、价格稳定、对外贸易和国际收支平衡的状况。在浮动汇率制下，出口增加对内部均衡的影响是：造成通货紧缩和继续保持充分就业；其对外部均衡的影响是使汇率下跌。若这时实行的是固定汇率制，其对内部均衡的影响便与实行浮动汇率制时相同，只是其对外部均衡的影响是使对外贸易和国际收支产生盈余或顺差。

如果国内经济原来处于失业率较高，但对外贸易和国际收支平衡。在浮动汇率制下，出口增加对内部均衡的影响是造成不稳定的就业率，其对外部均衡的影响是使汇率下跌。若这时实行的是固定汇率制，其对内部均衡的影响是降低失业率，其对外部均衡的影响是使对外贸易和国际收支出现盈余或顺差。

在开放经济中，影响国民收入均衡变动的除了总需求外，还有价格、汇率、利率等因素。

3. 开放经济中的对外贸易乘数

对外贸易乘数理论是凯恩斯的乘数理论在对外贸易方面的应用。根据凯恩斯的理论，在封闭经济中，投资的乘数效应亦即投资对收入的影响取决于边际消费倾向（MPC）的大小。而开放经济的乘数不仅取决于边际消费倾向的大小，而且还要考虑到进口增加在国民收入增加中所占的比例。进口增加在国民收入增加中所占的比例，称为边际进口倾向（MPM）。开放经济中的乘数称为对外贸易乘数。对外贸易乘数的公式为：

$$对外贸易乘数 = 1/(1 - MPC + MPM) \qquad (9.2)$$

由此可看出，开放经济中的外贸易乘数的数值要小于封闭经济中的投资乘数的数值。因而它对内部经济和外部经济的影响作用也要比封闭经济中的影响小。

9.3 开放经济中的国民收入调节

开放经济中，各国的国内生产总值决定与变动是相互影响的。一国的失业和通货膨胀会通过不同的渠道传递到其他国家。各国经济的这种相互依赖性，是我们分析开放经济中一国经济调节的出发点。

9.3.1 开放经济中各国经济的相互依赖性

在开放经济中，各国经济通过国际贸易和国际金融联为一体，这就是全球经济一体化。

在开放经济中，各国国内生产总值的决定与变动是相互影响的。一国国内总需求与国内生产总值的增加会通过进口的增加而影响对国外产品的需求，从而使与之有贸易关系的国家的国内生产总值也增加。这种一国总需求与国内生产总值增加对别国的影响，称为"溢出效应"。反过来，别国由于"溢出效应"所引起的国内生产总值增加，又会通过进口的增加使最初引起"溢出效应"的国家的国内生产总值再增加，这种影响被称为"回波效应"。这两种效应概括了各国间国内生产总值变动的相互影响。

各国之间相互影响的程度并不一样，大体取决于这样几个因素：第一，国家的大小。一般来说，大国对小国的影响大，小国对大国的影响小。第二，开放程度。开放程度高的国家对别国的影响与受别国的影响都大。相反，开放程度低的国家对别国的影响与受别国的影响都小。第三，各国边际进口倾向的大小。一国的边际进口倾向越高，对别国的影响与受别国的影响越大。反之，一国的边际进口倾向越低，对别国的影响与受别国的影响越小。

各国之间的这种影响是很重要的。根据经济合作与发展组织的估算，美国的总需求增加1%，使德国的国内生产总值增加0.23%，即美国对德国的溢出效应为0.23。而德国国内生产总值增加0.23%，又会使美国的国内生产总值增加0.011 5%，即德国对美国的回波效应为0.011 5。这种影响对经济的作用相当大。例如，德国1981—1982年的经济衰退就是依靠美国的复兴而得以摆脱的。就是说，因为美国经济复兴引起的国内生产总值增加提高了进口水平，而美国的进口中有相当一部分来自德国，这就增加了德国的出口，使其经济摆脱衰退。

总之，通过溢出效应与回波效应，国际贸易就把各种经济紧紧联系在一起，既可以由一国的繁荣带动其他国的繁荣，也可以由一国的萧条引起其他国家的萧条。

在当前世界上，除了国际贸易之外，国际资本流动也把各国经济紧紧联系在一起。

这种联系可能是短期资本的流动，也可能是利率的变动。在前一种情况下，如果一国发生了衰退而引起资金周转不灵，从各国抽回资本或减少对外投资，这就会引起其他国家由于资本外流而总需求减少，从而也发生衰退。在后一种情况下则是一国经济变动引起利率变动，而利率变动引起国际短期资本流动，从而影响其他国家的经济。关于这一点我们就不详细分析了。

9.3.2　内在均衡与外在均衡同时实现的困难

在开放经济中，进行经济调节时，一方面要考虑到各国经济的相互关系，另一方面又要同时实现内在均衡与外在均衡。但在现实中往往会产生各种矛盾。这就要求我们寻找出最优的政策方案。我们在这里重点分析同时实现内在均衡与外在均衡的困难。

我们把内在均衡界定为充分就业与物价稳定，把外在均衡界定为国际收支平衡。这三者之间的关系在现实中则有不同的情况。可把这三种关系组合的情况归纳如下：

（1）国内通货膨胀与国际收支赤字。
（2）国内经济衰退与国际收支盈余。
（3）国内通货膨胀与国际收支盈余。
（4）国内经济衰退与国际收支赤字。
（5）国内经济均衡与国际收支赤字。
（6）国内经济均衡与国际收支盈余。
（7）国内通货膨胀与国际收支均衡。
（8）国内经济衰退与国际收支均衡。
（9）国内经济均衡与国际收支均衡。

在上述九种情况中，第九种实现了内在均衡与外在均衡，不用进行任何调节，是最优状态。但这种情况毕竟是少的，大量存在的还是其他八种情况。在这八种情况中，第一种与第二种情况很好解决。在第一种情况下，采取紧缩性的政策，这就可以使总需求得到抑制，国内生产总值减少，消灭通货膨胀；国内生产总值的减少又会使进口减少，从而消除国际收支赤字。第二种情况采取扩张性政策，这就可以刺激总需求，使国内生产总值增加；经济摆脱衰退；国内生产总值的增加又会增加进口，从而消除国际收支盈余。但从第三到第八种情况，则存在着政策上的矛盾。例如，第三种情况，如果采用紧缩性政策，可以制止国内的通货膨胀，但国内生产总值的减少则会减少进口，使国际收支盈余更多；而采取扩张性政策，增加国内生产总值固然可以增加进口，减少国际收支盈余，但却又加剧了国内的通货膨胀。第四种情况与此相反，采用扩张性政策可以摆脱国内经济衰退，但却加重了国际收支赤字；采用紧缩性政策可以减少国际收支赤字，但却加剧了经济衰退。第五与第六种情况是国内实现了均衡，而国际收支不均衡，采取任何解决国际收支不均衡的政策，都会破坏国内的均衡。第七与第八种情况是国际收支均衡，但国内不均衡，采取任何解决国内问题的政策，都会破坏国际收支的均衡。这些矛盾的情况，使经济政策面临着进退维谷的困境,这就是同时实现内在均衡与外在均衡的困难。

9.3.3 最优政策的选择与配合

开放经济中内在均衡与外在均衡的种种复杂情况,要求政府的决策者们进行政策选择并实行最优的政策配合。而要进行最优政策选择,就必须遵循以下原则。

1. 应注意各种政策对内与对外的不同影响

从总体上来讲,货币政策的对外影响通常要大于其对内的影响。例如,货币供给量的增加通过利息率下降而对国内总需求的刺激作用,通常比降低利息率对资本流入的影响要小一些。而财政政策对内的影响通常要大于其对外的影响。例如,增加政府支出引起国民收入增加的作用要大于增加进口的作用。

2. 应明确某一时期或某一经济状况下政策所要解决的主要问题

假如现时期一国经济正处于国内经济衰退与国际收支盈余的状况,那么政策主要解决的问题就应当是解决国内经济衰退问题,政策的重点就应放在刺激国内经济上。

3. 应注意各种政策的协调配合

每种政策都有自己的利弊,将各种政策协调配合使用,可以以一种政策的积极作用去抵消另一种政策的消极方面的作用。

根据以上原则,针对国内通货膨胀与国际收支盈余的情况,可采用紧缩性财政政策以制止通货膨胀,同时用扩张性货币政策去增加货币供给量,降低利息率,以资本流出,克服国际收支盈余。此外还可用使本国货币升值的政策来配合国内经济政策。针对国内经济衰退与国际收支赤字的情况,则可以采用扩张性财政政策与紧缩性货币政策相配合,以摆脱国内经济衰退,同时又能吸引外资流入从而克服国际收支赤字。此外,还可以采用使本国货币适当贬值的汇率政策来配合国内经济政策。针对国内经济均衡与国际收支赤字的情况,可以通过支出转换政策来加以调节,即在对国内产品总需求保持不变的情况下,通过改变总需求的结构(其具体方式是通过保护贸易的各项政策或汇率贬值的政策等)来扩大出口,既使国内经济保持均衡,又使国际收支赤字得以消除。

最优政策的配合与协调运用是一个复杂的系统工程,在实施中不仅要考虑到国内国外的经济状况、既定的政策、政策目标以及政策效应等问题,而且要考虑到各种复杂的政治因素、有关国家的历史传统、国际关系等。因此,对决策者来说,这是一个相当重要而非常复杂的难题。

内在均衡与外在均衡的矛盾要求经济学家寻找出最优政策配合的方案。最优政策配合的含义是:在国内外需要不同的调节政策的情况下,所采用的政策应使其中一种政策的积极作用超过另一种政策的消极作用。在选择最优政策时,首先应该注意各种政策对内与对外的不同影响。货币政策对外的影响往往要大于对内的影响,例如,货币量增加通过利率下降对国内总需求的刺激作用,比利率下降对资本流入的影响要小。财政政策对内的影响往往要大于对外的影响,例如,增加政府支出引起的国内生产总值增加的作用要大于增加进口的作用。其次,应该确定政策所要解决的主要问题。例如，如果在国内经济衰退与国际收支盈余的情况下，主要是要解决国内经济衰退问题，那就要把政策重点放在刺激国内经济上。最后，要把各种政策配合运用，用一种政策去抵消另一种政策的负作用。

加拿大经济学家 R. 芒德尔提出了解决最优政策配合的有效市场分类原理。这一原理认为，每一种政策手段应当用于其能产生最大的有利影响的市场或经济环境。其对另一市场或经济环境所必然产生的某种不利副作用，可用性质相反的另一种经济手段加以抵消。这样，两种经济政策的相互配合就可以达到此种目的。例如在第三种情况，即国内通货膨胀与国际收支盈余的情况下，应该采用紧缩性财政政策以制止通货膨胀，同时用扩张性货币政策增加货币量，降低利率，以使资本流出，克服国际收支盈余。第四种情况则可用扩张性财政政策与紧缩性货币政策相结合，以摆脱国内经济衰退，同时又吸引外资克服国际收支赤字。此外，还可以用对外经济政策来配合国内经济政策。例如，在第五种情况，国内经济均衡与国际收支赤字时，可以通过支出转换政策来调节。支出转换是在对国内产品总需求保持不变的情况下，改变总需求的构成，即通过保护贸易政策或汇率贬值政策来减少进口，以使国内经济仍保持均衡，而国际收支赤字得以消除。

最优政策配合是一个很复杂的问题，不但要考虑到国内国外的经济状况、政策目标、政策效应等问题，还要考虑到各种复杂的政治因素、国际关系、国家的历史传统等问题。例如，在通过增加进口来消除国际收支盈余时，应考虑到本国的边际进口倾向有多大。边际进口倾向是由许多经济与非经济因素决定的，在一定时期内有相对稳定性。如果一国由于历史原因边际进口倾向较低，那么，增加进口消除国际收支盈余的作用就有限。此外，在通过扩张性货币政策降低利率，以吸引资本流入，消除国际收支赤字时，还要考虑资本流动对本国利率变动的反应程度，这种反应程度在相当程度上取决于一国的政局是否稳定，投资环境与政策是否足以吸引外资，等等。在通过出口来增加国内生产总值，消除国际收支赤字时，应考虑到国际经济形势及世界市场对本国出口产品的需求弹性。如果国际经济处于衰退时期，而且本国出口产品在世界市场上的需求弹性低，那么，这一政策就很难奏效。

9.3.4 对外经济政策

上面的分析说明，在开放经济中，要实现内在均衡与外在均衡，不仅需要各种国内经济政策，而且还需要各种对外经济政策与之配合。对外经济政策主要有以下几种。

1. 对外贸易政策

对外外贸政策可分为两类：自由贸易政策与保护贸易政策。

实行自由贸易可以形成有利的国际分工，促进生产的专业化，提高劳动生产率，使资源在全球范围内得到最优配置，并在长期内提高各国的生活水平，使全球经济福利达到最大化。尽管自由贸易的作用广为人知，尽管各国都能从自由贸易中受益，但由于全球经济福利最大化并不一定是各国自身经济福利的最大化，因此，自由贸易往往受到限制。各国在不同的时期,都实行了不同程度的贸易保护。

实行保护贸易政策旨在借助国家权力保护国内市场,以减轻或消除本国遭受外国商品竞争的损害。实行保护贸易,有利于保护民族工业,促进国内经济增长,实现充分就业,有利于改善国际收支状况。保护贸易的政策工具主要有:关税壁垒和非关税壁垒。

2. 汇率政策

汇率不仅会影响对外贸易与国际收支,而且也会影响国内经济。因此,在对外经济政策中,汇率政策有着十分重要的作用。汇率政策的主要内容有两个方面。

(1) 贬值政策。在固定汇率制下,使本国货币贬值可以提高进口品的相对价格,降低出口品的相对价值,从而可以增加出口,减少进口。贬值政策既有利于增加国内就业,减少失业,又有利于减少国际收支赤字。但不少经济学家认为,贬值对经济的影响并没有这么简单,它对经济的影响是先不利而后有利。

(2) 汇率管制政策。在浮动汇率制下,政府要运用买卖外汇的办法对汇率进行干预,避免汇率的大幅度波动,以保持经济稳定。

3. 国际经济关系的协调

各种对外经济政策从实质上讲都是损人利己的,这就必然会影响各国之间的关系,甚至引起冲突。而各国之间经济的相互依赖性,决定了各国只有在共同繁荣中才能得到进一步发展,因此,这就需要各国政府根据形势的变化来调整自己跟各国之间的经济关系。从世界范围来看,对各种经济关系的调整或协调的途径主要有:通过国际经济(如世界贸易组织、国际货币基金组织)来协调;通过双边或多边贸易谈判来协调;通过建立地区性经济一体化组织来协调本地区的经济关系,加强本地区的发展等。

本章小结

1. 决定开放程度的因素有经济开放程度、资源赋予程度、经济结构特征、历史文化传统和政治与经济政策等。

2. 当代国际贸易发展的几大趋势为 FTA 发展如火如荼、FDI 成为国际贸易发展的加速器、电子商务引发了交易手段的革命。贸易理论分自由贸易理论和保护贸易理论。

3. 国际收支平衡表是按照一定会计原理和方法编制的系统记录国际收支的统计报表。国际收支平衡表所包括的账户有经常账户、资本与金融账户和错误与遗漏账户。

4. 国际收支不均衡调节的宏观经济政策有财政政策、货币政策、汇率政策;国际收支不均衡调节的微观政策措施可以采取外贸管制和外汇管制或者放宽乃至取消外贸管制和外汇管制;此外,在国际收支逆差时,还可以采取向国际货币基金或其他国家争取短期信用融资的措施或直接动用本国的国际储备。

5. 外汇是指其他国家的货币，进行各国货币买卖的场所称为外汇市场。汇率指不同国家货币之间交换的比率，汇率有直接标价法和间接标价法两种表现形式。

6. 汇率理论解释汇率如何决定、怎么变动。购买力平价说认为汇率应该取决于相应货币购买力的大小，也可以说是取决于各国物价水平的高低。

7. 汇率制度是指一国政府对本国汇率水平变动方式所进行的一系列制度安排。基本的汇率制度包括浮动汇率制和固定汇率制，固定汇率制是指政府通过积极干预，使本币汇率稳定在某个水平上；浮动汇率制是指政府不加干预，汇率完全由市场决定。

练 习 题

一、名词解释

1. 经济开放度　2. 国际收支平衡表　3. 汇率　4. 固定汇率制度　5. 浮动汇率制度　6. 绝对优势原理　7. 相对优势原理　8. 对外贸易乘数

二、简答题

1. 简述经济开放度及其影响因素。
2. 如何理解国际收支平衡？国际收支均衡对一国的经济意义是什么？保持国际收支顺差对一国的经济发展会不会更有意义？
3. 比较优势理论是否仅适用于国际贸易？
4. 简述对外贸易乘数及其作用的局限性。
5. 简述国内外经济协调政策。
6. 汇率受哪些因素的影响？

【网络资源】

1. 金融时报　http://www.financialnews.com.cn/index.htm
2. 中国海关总署　http://www.customs.gov.cn/publish/portal0/

检索路径：首页 >> 海关统计 >> 海关主要统计数据（月度进出口）。

网络应用：根据你看到的最新月度进出口数据和同比增幅计算每月的环比增幅，看看哪些月份增长较快，这些数据告诉你什么信息？

分组讨论：首页 >> 海关统计 >> 海关主要统计数据（进出口主要国别（地区）总值），你看到的是最近一段时期的主要进口国和出口国，据此讨论一下中国主要贸易伙伴的国别分布及其成因。

3. 人民币贬值的秘密　http://business.sohu.com/s2015/picture-talk-258/index.shtml

4. 人民币汇率震荡的背后　http：//business.sohu.com/s2015/picture-talk-268/index.shtml

5. 外汇储备锐减，多大一个事？　http：//business.sohu.com/s2015/picture-talk-266/index.shtml

6. 为什么人人都在担心人民币？　http：//business.sohu.com/s2015/picture-talk-265/index.shtml

7. 中国央行：上海自贸区将率先实现资本项目可兑换　http：//www.fxdp.com/news/26540

（注：这里提供了一些网络链接，目的是为读者提供一些参考，拓展知识面，并且提供一种获取资料的方法。其中的一些链接可能会因为网站更新、网址变更等网络原因无法登录，请读者注意。）

参 考 文 献

[1] 厉以宁. 西方经济学 [M]. 2版. 北京：高等教育出版社，2006.
[2] 梁小民. 西方经济学 [M]. 北京：中央广播电视大学出版社，2003.
[3] 王花球. 西方经济学概论 [M]. 北京：经济科学出版社，2007.
[4] 张嫚. 经济学 [M]. 北京：经济科学出版社，2004.
[5] 缪代文. 微观经济学与宏观经济学 [M]. 3版. 北京：高等教育出版社，2008.
[6] 吴宇晖，张嘉昕. 外国经济思想史 [M]. 1版. 北京：高等教育出版社，2007.
[7] [美] 保罗·萨缪尔森，威廉·诺德豪斯. 宏观经济学 [M]. 16版. 萧琛，等译. 北京：华夏出版社，1998.
[8] [美] 曼昆. 经济学原理 [M]. 3版. 梁小民，译. 北京：机械工业出版社，2003.
[9] 冯华. 西方经济学 [M]. 辽宁：东北财经大学出版社，2009.
[10] 龚治国，魏玉. 西方经济学 [M]. 北京：电子工业出版社，2009.
[11] 连汉，王瑞芬. 西方经济学 [M]. 北京：清华大学出版社，2008.
[12] 高鸿业. 西方经济学 [M]. 4版. 北京：中国人民大学出版社，2007.
[13] 梁小民. 写给企业家的经济学 [M]. 北京：中信出版社，2006.
[14] 肖桂山. 西方经济学 [M]. 辽宁：东北财经大学出版社，2004.
[15] 张元鹏. 西方经济学 [M]. 北京：首都经济贸易大学出版社，2006.
[16] 乔瑞. 西方经济学 [M]. 北京：科学出版社，2009.
[17] [美] N·格里高利·曼昆. 宏观经济学 [M]. 5版. 张帆，梁晓钟，译. 北京：中国人民大学出版社，2005.
[18] 武康平. 高级宏观经济学 [M]. 北京：清华大学出版社，2006.
[19] 杨长江，石洪波. 宏观经济学 [M]. 上海：复旦大学出版社，2007.
[20] 赵英军. 西方经济学（宏观部分）[M]. 3版. 北京：机械工业出版社，2012.